高等院校物流管理专业系列教材·物流企业岗位培训系列教材

物流仓储与配送管理

（第2版）

梁　旭　刘徐方◎主　编

赵艳立　汤　宁◎副主编

清华大学出版社

北　京

内 容 简 介

本书根据物流仓储配送发展的新特点,系统介绍仓储商务能力、仓储布局与库房规划、仓储经营管理、库存控制、仓储作业、配送组织方法、仓储与配送成本管理与绩效评估等物流仓储配送管理知识,并通过就业能力训练,培养提高读者的应用能力。

本书具有知识系统、内容丰富、案例经典、版式活泼、注重创新、集理论和实践于一体等特点,因而既可以作为普通高等院校本科物流管理及工商管理等经管专业教学的首选教材,同时兼顾高职高专、应用型大学的教学,也可作为物流企业从业人员的在岗职业培训教材,对广大社会创业者亦是一本有益的指导手册。

图书在版编目(CIP)数据

物流仓储与配送管理/梁旭,刘徐方主编. —2版. —北京:清华大学出版社,2017(2024.8重印)
(高等院校物流管理专业系列教材·物流企业岗位培训系列教材)
ISBN 978-7-302-48127-0

Ⅰ. ①物… Ⅱ. ①梁… ②刘… Ⅲ. ①物流管理—仓库管理—高等学校—教材 Ⅳ. ①F253

中国版本图书馆 CIP 数据核字(2017)第 202048 号

责任编辑:贺　岩
封面设计:汉风唐韵
责任校对:宋玉莲
责任印制:杨　艳

出版发行:清华大学出版社
　　　　网　　址:https://www.tup.com.cn,https://www.wqxuetang.com
　　　　地　　址:北京清华大学学研大厦 A 座　　　　邮　　编:100084
　　　　社 总 机:010-83470000　　　　　　　　　　邮　　购:010-62786544
　　　　投稿与读者服务:010-62776969,c-service@tup.tsinghua.edu.cn
　　　　质量反馈:010-62772015,zhiliang@tup.tsinghua.edu.cn
印 装 者:三河市龙大印装有限公司
经　　销:全国新华书店
开　　本:185mm×230mm　　　印　　张:16.75　　　字　　数:360 千字
版　　次:2013 年 1 月第 1 版　2017 年 8 月第 2 版　　印　　次:2024 年 8 月第 7 次印刷
定　　价:45.00 元

产品编号:075928-02

编审委员会

主　任

车惟仲　中国物流技术协会理事长、教授级高级工程师

副主任

翁心刚　北京物资学院副院长、教授

冀俊杰　中国物资信息中心原副主任、总工程师

张昌连　中国商业信息中心原主任、总工程师

吴　明　中国物流技术协会副理事长兼秘书长、高级工程师

李大军　中国物流技术协会副秘书长、中国计算机协会市场
　　　　发展分会秘书长

委　员

吴江江　林　征　车亚军　张建国　孙　军　梁　露

刘徐方　田振中　张劲珊　李爱华　刘阳威　郑秀恋

王　艳　罗佩华　李　青　刘　华　林玲玲　梁　旭

王海文　刘丽艳　李耀华　卢亚丽　丁玉书　温卫娟

张淑谦　林南南　李秀华　刘文歌　朱凤仙　任　斐

崔　娜　李战国　雷　燕　耿　燕　罗松涛　于汶艳

总　编

李大军

副总编

刘徐方　王海文　李爱华　田振中　卢亚丽　孙　军

物流是国民经济的重要组成部分，也是我国经济发展新的增长点，加快我国现代物流发展，对于调整经济结构、促进产业升级、优化资源配置、改善投资环境、增强综合国力和企业竞争能力、提高经济运行质量与效益、实现可持续发展战略、推进我国经济体制与经济增长方式的根本性转变，具有非常重要而深远的意义。

为推动我国现代物流业的健康快速发展，国务院陆续下发《国务院关于印发物流业调整和振兴规划的通知》（国发〔2009〕8号）《国务院办公厅关于促进物流业健康发展政策措施的意见》（国办发〔2011〕38号）《国务院办公厅关于促进内贸流通健康发展的若干意见》（国办发〔2014〕51号）等多个文件，制定和完善相关配套政策措施，以有序实施促进物流企业加大整合、改造、提升、转型的力度，并逐步实现转型发展、集约发展、联动发展、融合发展，通过物流的组织创新、技术创新、服务创新，在保证我国物流总量平稳较快增长的同时，加快供需结构、地区结构、行业结构、人力资源结构、企业组织结构的调整步伐，创新服务模式，提高服务能力，努力满足经济建设与社会发展的需要。

2015年3月，经国务院授权，国家发展和改革委员会、外交部、商务部联合发布《推动共建丝绸之路经济带和21世纪海上丝绸之路的愿景与行动》，随着我国改革开放和社会主义市场经济的加速推进，随着国家"一带一路、互联互通"总体发展战略的制定和实施，我国迅速融入全球经济一体化的进程，中国市场国际化的特征越发凸显。

物流既涉及国际贸易、国际商务活动等外向型经济领域，也涉及交通运输、仓储配送、通关报检等多个业务环节。当前面对世界经济的迅猛发展和国际市场激烈竞争的压力，加强物流科技知识的推广应用、加速物流专业技能型应用人才的培养，已成为我国经济转型发展亟待解决的问题。

需求促进专业建设，市场驱动人才培养，针对我国高等职业教育院校已沿用多年的物流教材陈旧和知识老化而急需更新的问题，为了适应国家经济发展和社会就业急需，为了满足物流行业规模发展对操作技能型人才的需求，在中国物流技术协会的支持下，我们组织北京物资学院、大连工业大学、北京城市学院、吉林工程技术师范学院、北京财贸职业学院、郑州大学、哈尔滨理工大学、燕山大学、浙江工业大学、河北理工大学、华北水利水电大学、江西财经大学、山东外贸职业学院、吉林财经大学、广东理工大学、辽宁中医药大学、郑州升达经贸管理学院等全国20多个省市高职高专院校及应用类大学物流管理专业的主讲教师和物流企业经理，共同精心编撰了此套教材，旨在迅速提高高等院校物流管理专业学生和物流行业从业者的专业技术素质，更好地服务于我国物流产业和物流经济。

本套教材作为普通高等教育院校物流管理专业的特色教材，融入了物流运营管理的最新实践教学理念，坚持以科学发展观为统领，力求严谨，注重与时俱进，根据物流业发展的新形势和新特点，依照物流活动的基本过程和规律，全面贯彻国家"十二五"教育发展规划，按照物流企业对人才的需求模式，结合学生就业加强实践能力训练，注重校企结合、贴近物流企业业务实际，注重新设施设备操作技术的掌握，强化实践技能与岗位应用培养训练，并注重教学内容和教材结构的创新。

本套教材根据高等教育院校"物流管理"专业教学大纲和课程设置，各教材的出版对强化物流从业人员教育培训、提高经营管理能力，对帮助学生尽快熟悉物流操作规程与业务管理、毕业后能够顺利走上社会就业具有特殊意义，因而既可作为本科高职院校物流管理专业教学的首选教材，也可作为物流、商务贸易等企业在职员工的培训用书。

中国物流技术协会理事长　牟惟仲

2017年5月于北京

物流是经济活动的命脉，也是国家经济建设的重要支撑，物流业现已成为我国经济发展新的增长点，物流产业化进程在我国国民经济发展中占有重要的位置。现代物流仓储与配送管理对规范经营、完善服务、降低成本、减少损失、提高经济效益、提升物流品质、获取国内外客户满意度等各方面具有积极的促进功能，对物流企业经济运行的质量和效益产生重大影响，并在国际间大物流中发挥着衔接、协调、枢纽等极其重要的作用。因而，越来越受到我国物流行业主管部门和物流企业的高度重视。

当前，随着国家"一带一路、互联互通"总体发展战略的制定和实施，面对物流市场国际化的迅速发展与激烈竞争，对从事物流仓储配送工作人员素质的要求越来越高，社会物资流通和物流产业发展急需大量实用型、技能型、操作型的专门人才。

保障我国全球经济活动和国际化物流服务业的顺利运转，加强现代物流仓储配送作业与管理从业者的应用知识技能培训，强化专业技能与综合业务素质培养，加速推进物流产业化进程，提高我国物流仓储与配送管理水平，更好地为我国物流经济和物流教学实践服务，这既是物流企业可持续快速发展的战略选择，也是本书出版的真正目的和意义。

本书自2013年出版以来，因写作质量高、突出应用能力培养，故深受全国各高等院校广大师生的欢迎，目前已经第4次重印。此次再版，作者审慎地对原教材进行了反复论证、精心设计，包括：结构调整、压缩篇幅、补充知识、增加技能训练等相应修改，以使其更贴近现代物流业仓储配送发展实际，更好地为国家物流经济和教学服务。

本书作为普通高等教育物流管理专业的特色教材，共分七章，以学习者应用能力培养为主线，坚持科学发展观，根据物流仓储配送发展的新特点，结合物流仓储与配送业务工作环节、具体操作规程及内在规律，具体介绍：仓储商务能力、仓储布局与库房规划、仓储经营管理、库存控制、仓储作业、配送组织方法、仓储与配送成本管理与绩效评价等物流仓储与配送管理知识，并通过就业能力训练，培养提高读者的应用能力。

由于本书融入了物流仓储与配送管理最新的教学理念，力求严谨，注重与时俱进，具有知识系统、理论适中、内容丰富、案例经典、注重创新、集理论和实践于一体等特点，因此既可以作为普通高等院校本科物流管理及工商管理等专业教学的首选教材，同时兼顾高职高专、应用型大学的教学，也适用于物流企业从业人员的在岗职业培训，对广大社会创业者亦是一本非常有益的指导手册。

本书由李大军筹划并具体组织，梁旭和刘徐方主编(梁旭统改稿)，赵艳立和汤宁为副主编，由具有丰富教学实践经验的吴青梅教授审订。作者编写分工：牟惟仲（序言），梁旭、田振中（第一章），刘徐方（第二章），王晓芳（第三章），梁旭（第四章），赵艳立（第五章），汤宁（第六章），梁鑫（第七章），华燕萍、李晓新负责本书文字修改、版式调整、课件制作。

在教材修订再版过程中，我们参阅借鉴了国内外大量有关仓储与配送管理的最新书刊资料及国家新颁布实施的物流法规与行业主管部门的相关管理规定，并得到物流业界有关专家教授的具体指导，在此一并致以衷心感谢。为了配合教学，本书配有电子课件，读者可以从清华大学出版社网站（www.tup.com.cn）免费下载使用。

因编者水平有限，书中难免有疏漏和不足，恳请同行和读者批评指正。

编　者
2017 年 8 月

第一章

仓储商务能力

第一节 市场调研

学习目标

1. 熟悉物流仓储企业市场调研工作流程；
2. 明确物流仓储企业市场调查计划的内容。

技能要求

1. 能够对物流仓储市场进行调研，设计调查问卷；
2. 能够编写物流市场调查计划并组织实施；
3. 能够根据调研资料，撰写调研报告。

引导案例

　　某新设立的物流公司拥有两个 2 000 平方米仓库和相关设备，其仓储条件以电子类产品为主，拥有流动资金 300 万元，员工 80 人。现公司要求市场部调查本地区的仓储的需求状况并根据公司自身的情况设计一套完整的具有针对性的调查问卷。对此，市场部应该怎么做？

　　市场营销调研是针对企业特定的营销问题，采用科学的研究方法，系统地、客观地收集、整理、分析、解释和沟通有关市场营销各方面的信息，为营销管理者制定、评估和改进营销决策提供依据。现代企业中，市场调研活动已经贯穿于整个经营过程的始终，渗透到了企业经营的每个环节之中。物流企业要想真正在目标市场上进行有效服务，就需要准确掌握市场需求状况和顾客购买行为，以及对竞争对手进行深入细致的分析，做好市场调研工作。

　　市场营销调研应用的范围很广，物流企业中常见的一些调研项目有：物流市场环境调研、供应调研、需求调研、物流价格研究及物流销售分析等。

一、市场营销调研的程序

典型的市场营销调研一般包括三个阶段：准备调查阶段、正式调查阶段和结果处理阶段。三个阶段又可以进一步分为五个步骤：明确问题、制定调研计划、组织实施计划、分析调查资料、提出调研报告，如图 1-1 所示。

图 1-1　市场营销调研程序

（一）明确问题

营销调研人员根据决策者的要求或由市场营销调研活动中所发现的新情况和新问题，提出需要调研的课题。根据调查课题，收集有关资料作初步分析研究。物流企业会面临这样或那样的问题，但一项调研的目标不能漫无边际，相反只有将每次调研所要解决问题的范围圈定到一个确切的限度内，才便于有效地制定计划和实施调研。

如：某一区域的工业企业或商业企业希望仓储企业能提供哪些服务？问题提得越明确，越能防止调研过程中不必要的浪费，将信息采集量和处理量减至最低。明确问题阶段提出的假设或目标，即是正式调查阶段所要验证或解决的。

（二）制定调研计划

调研计划中要确定调研目的、具体的调研对象、调研过程的步骤与时间等，在这个计划中还必须明确规定调查单位的选择方法、调研资料的收集方式和处理方法等问题。调研计划需要包含以下内容。

1. 调研对象

明确调研目的之后，就要确定调研对象和范围，这主要是为了解决向谁调研和由谁具体提供资料的问题。在确定调研对象和范围时，要特别注意调研对象和调研范围之间的联系，这是整个计划的基础。

2. 信息来源

信息可分为第一手资料和第二手资料：一手资料又称为"原始资料"，是为当前某种特定目的直接从调查对象那里获取的信息；二手资料则是已经由别人收集、整理且通常是已经发表过的信息，如各种公开的出版物，各类咨询、信息公司提供的数据，企业信息系统里储存的各种数据。

一般来说,调研中应尽可能利用二手资料,因为获得二手资料相对来说比较容易而且快捷。但是在有些营销调研中,收集一手资料必不可少,一是一手资料对解决当前问题针对性更强;二是二手资料可能存在客观性、时效性和准确性等方面的问题。

3. 调研方法

选择调研方法时,要综合考虑各调研方法的适用范围,这个阶段主要是收集一手资料,方法有三种:观察法、实验法和询问法。

（1）观察法

通过调研人员直接到现场观察调查对象收集信息,也可以通过照相机、摄像机等工具达到观察的目的。有经验的调研人员可以通过观察法方便地得到某些在其他场合难以得到的信息,并能排除被调查对象的紧张心理或主观因素的影响。但观察法不适合用于需要判断调查对象内心的情况。因此,更适合描述型的调查,不适合因果型调查。

（2）实验法

实验法是最科学的方法,适合因果型调查,如研究仓储费用对仓储市场的影响。运用实验法,需挑选被实验者,组成若干相互对照的小组,给予不同的条件,同时对其他变量加以控制,然后观察不同条件下所得结果的差异是否具有统计学上的意义,以找出因果关系。

（3）询问法

询问法介于观察法的探索性和实验法的严密性之间,是最常见的方法,更适合于描述性调查。询问法在具体做法上又有多种形式:邮寄问卷、电话询问和直接面谈等。

目前,在大多数市场调研中,往往会采用两种以上的调研方法收集市场信息。

4. 抽样计划

这一计划要解决以下三个问题:谁是抽样对象? 调查样本有多大? 样本应如何挑选出来? 抽样方法常见的有随机抽样和非随机抽样两大类。在随机抽样中包括单纯随机抽样、分层抽样、分群抽样和地区抽样几种具体方法;在非随机抽样中包括任意抽样、判断抽样和配额抽样等几种具体方法。这些方法各有利弊,需要根据实际情况权衡之后选择使用。

5. 调研工具

在收集原始数据时,有两类可供选择的调研工具:一是问卷;二是某些机械工具,如录音机、照相机、摄像机、收视测试器、印象测试机等。其中,最常用的是问卷。

除以上内容外,调研计划还应该包含行动的时间安排和费用预算。

（三）组织实施计划

在这一阶段的主要任务是根据调研方案,组织调查人员深入实际收集资料。计划报上级主管部门批准后,就要按照计划规定的时间、方法、内容着手信息的收集工作了。这一阶段的实际工作量最大,费用支出也最高,而且最容易出现错误。这一阶段的工作主要有下面几项。

(1) 市场调研人员招聘与培训,市场调研人员必须具备品德素质、业务素质和良好的身体素质,公司需要根据市场调研人员的总体和个体情况,结合具体的市场调研项目,制定有针对性的、内容和方法不同的培训计划,使调研人员明确调研的目的、任务和内容。

(2) 根据调研实施计划中规定的人员、任务、日程,安排具体的调研活动。

(3) 调研项目负责人应对具体的调研活动进行管理、协调和控制。这一阶段还可根据调研项目的实际情况外请专业调查公司。

(四) 分析调查资料

营销调研的作用能否充分发挥,这和做好调研总结具体工作密切相关。实地调研中收集的原始数据大多是零散的、不系统的,只能反映事物的表面现象,无法深入研究事物的本质和规律性,这就需要对大量的原始资料进行加工、汇总,使之系统化、条理化。这一阶段的工作包括以下几项。

(1) 对资料进行审核、订正、分类汇总,检查资料是否齐全;

(2) 分辨资料的真实可靠性,并核查资料是否有遗漏,对资料进行加工整理;

(3) 对资料进行分类、列表,以便于归档、查找、使用;

(4) 运用统计模型和其他数学模型对数据进行处理,以充分发掘从现有数据中可推出的结果,在看似无关的信息之间建立起内在联系。

通过营销调查取得的资料往往是相当零乱的,有些只是反映问题的某个侧面,带有很大的片面性或虚假性,所以对这些资料必须做审核、分类、制表工作。审核即是去伪存真,不仅要审核资料的正确与否,还要审核资料的全面性和可比性。分类是为了便于资料的进一步利用。制表的目的是使各种具有相关关系或因果关系的经济因素更为清晰地显示出来,便于做深入的分析研究。

(五) 提出调研报告

调研的目的显然不是让大量的统计数字、表格和数学公式搅昏决策者的头脑,而是要对决策者关心的问题提出结论性的建议。市场调研报告是市场调研的终点,是调研的最后一个环节,也是调研成果的集中表现。因此,调研报告的好坏可以说是衡量整个调研工作好坏的一个重要标志。本步骤包括书面调研报告撰写和调研成果的提供,物流市场调研报告书包括以下内容。

1. 调研项目的产生和项目过程概况

说明调研项目的产生过程,项目的目的和意义、项目的大致过程等。

2．调研过程

这部分要具体说明调研工作的全过程，包括具体阶段、步骤、人员、组织、调研计划、调研对象、调研内容、调研方法、进度安排、控制措施、实际工作情况等。

3．调研结果

这部分是调研得到的原始数据资料的说明、原始资料分析整理后得到的数据资料及其说明、整理后的对象资料的空间时间结构和变化规律说明等。

4．分析和建议

这部分工作是结合调研过程对调研结果进行理论分析，特别是对数据资料的空间时间结构、变化规律、发展趋势等进行分析；为帮助说明，可以根据数据资料画成图表，进行数学分析计算，得出一些具体的结论。再根据这些结论，结合企业的工作实际对企业的工作进行分析评价，找出问题，提出改进工作的方法、方案等方面的建议。

这部分内容主要是主观性文件，是最有价值的内容，是直接根据调研结果得出的、对企业经营决策提供决策支持的建议方案，要有理有据、有说服力，文字不含糊、观点要明确，这部分是决策者最为关心的一个部分。

5．其他说明

关于调研过程、调研结果和调研分析以外的其他内容的说明，是辅助性文字，例如，人员组成和介绍、经费使用、组织领导、调研风险和意外事故等。

6．附录

这部分是调研有关文件，包括项目建议书、调研计划、调研大纲、样本分配、调研原始资料、数据图表、访问记录、参考资料目录等。这些文件作为附件附在调研报告之后，存档以备参考。

二、物流仓储企业市场调研

物流仓储企业市场调研工作流程，如图 1-2 所示。具体步骤如下：

1．调研立项

物流市场调研项目负责人提出调研立项申请，报公司审批；公司批准后，形成调研任务书。

2．拟定调研策划书

调研项目负责人接到调研项目任务书后，仔细研究公司的批复意见，明确调研目的、任务及要求，对调

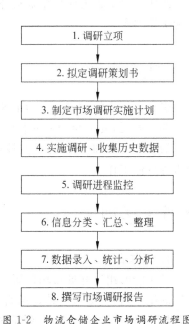

图 1-2　物流仓储企业市场调研流程图

研项目进行策划,制定调研计划。

3. 制定市场调研实施计划

调研项目负责人针对调研计划中的某一具体项目进一步制定调研实施计划。

4. 实施调研、收集历史数据

根据调研实施计划,组织安排调研小组进行实地调查,并安排人员收集相关的历史资料和二手数据。

5. 调研进程监控

调研项目负责人应对调研过程予以指导、协调、监督,以保证调研结果的客观性、科学性。

6. 信息分类、汇总、整理

组织调研小组成员将调研所得资料按一定规律进行初步的分类、汇总和整理,并审核信息的有效性,剔除无效信息。

7. 数据录入、统计、分析

组织人员录入数据,以便利用专业的统计软件进行数据分析,并根据结果进行策略研究。

8. 撰写市场调研报告

调研项目负责人应根据资料分析的结果撰写相应的市场调研报告,提供给公司领导作为决策参考。

任务实施

引导案例中的物流公司的市场部结合本公司仓储条件(以电子类产品为主,拥有流动资金300万元,员工80人)对本地区的仓储需求进行调研,公司员工应该服从调研项目负责人的统一部署和安排,进行实地调查,收集资料和数据,并进行分类、汇总、整理、录入和分析等具体工作。

课堂实训

1. 工作目标

学生能够组织开展市场调研工作,并能结合调研过程对调研结果进行分析,得出一些具体的结论,再根据这些结论结合企业的工作实际对企业的工作进行分析评价,找出问题,提出改进工作的方法、方案等方面的建议。

2. 工作准备

(1) 掌握市场调研相关知识和方法,熟悉物流市场调研的特点及相关内容。

(2) 将全班学生分组,每组 5～10 人。

(3) 时间安排 4 学时。

3. 工作任务

(1) 制定物流仓储公司市场调研方案

调查内容包括:企业经营情况、业绩、主要物流设施、流动资金、组织机构及员工素质、公司的经营战略和理念、公司的主要经营方式、手段和策略等。调查方法有:座谈会、个别访谈、资料查询等。

深入某地工商行政管理部门,了解该区域企业的设置情况;通过实地考察,全面了解仓储配送公司所处地区的交通情况;拟订调查方案初稿,包括:调查对象、内容、方式、线路、费用预算等;对初步方案进行评审并修订;拟订正式调查方案。

(2) 设计该物流公司物流市场调研问卷

确定问卷的结构与内容:调研问卷的基本结构一般可由前言、问题与答案、结束语、被访者个人资料几部分组成;设计问卷中的问题;问卷的自查;问卷的测试。

(3) 进行该物流公司物流市场调研的实施

分组确定调研人员,训练调研人员,包括:态度训练、能力训练、处理问题训练、市场调研专业知识的培训;调研实施过程:典型企业调查经营业务范围和物流业务,典型企业调查物流业务实施现状和物流业务外包的可能性;调研实施过程中的监督和管理。

(4) 市场调查的调研控制

回收和检查问卷;对问卷进行编码与数据录入、对问卷进行分组整理、对调查结果进行分析、使用图表表示调研分析的结果。

(5) 撰写调研报告

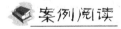 案例阅读

2016 年 12 月中国仓储指数为 52.7%

中国物流与采购联合会与中储发展股份有限公司联合调查的 2016 年 12 月中国仓储指数为 52.7%,较上月回落 1.8 个百分点,连续 10 个月位于扩张区间。各分项指数中,除企业员工指数较上月有所回升外,其余指数均有不同程度的回落。

由 21 类商品组成的 2016 年 12 月期末库存指数为 53.2%,较上月回落 3.5 个百分点,仍处于扩张区间。分品种来看,生产资料类商品中,煤炭、建材、机械设备等商品库存下降,木材库存有所回升;生活资料类商品中,服装、纺织品、家电、医药库存量下降,食品

库存有所回升。

中储发展股份有限公司总经理助理王勇认为：12月总指数虽然回落了1.8个百分点，但仍保持在52.7%的高位水平，新订单指数连续10个月处于扩张区间，显示仓储业务在上月的高水平基础上继续保持需求旺盛的状态。不过各单项指数中除企业员工指数外，其余指数均有不同程度的回落，表明仓储行业运行存在一定的下行压力，特别是随着天气转冷以及春节的临近，钢材、有色金属等生产资料行业进入传统消费淡季，终端市场需求趋弱，后期行业经营压力或将进一步加大。12月仓储行业呈现以下几个特点。

（1）业务量增速放缓。12月份，业务量指数为50.0%，较上月回落8.5个百分点，位于临界点上，反映出仓储行业12月份业务总量与上月持平，增速放缓。分品种来看，钢材、机械设备等生产资料类商品及食品、日用品、纺织品、医药等生活资料类商品业务量指数增长幅度较大。

（2）周转效率继续加快。12月份，平均库存周转次数指数为54.5%，较上月回落1.0个百分点，从今年3月份起已连续10个月保持在扩张区间，反映出仓储行业货物周转效率继续加快。

（3）期末库存指数有所下降。12月份，期末库存指数为53.2%，较上月回落3.5个百分点，反映出库存总量继续增加，但增速放缓。

（4）收费价格指数保持在荣枯线以上。12月份，收费价格指数为50.6%，较上月回落0.6个百分点，继续位于扩张区间，反映出仓储业务收费价格涨势趋缓。

（5）业务成本指数及业务利润指数双双下降。12月份，主营业务成本指数为55.1%，较上月回落5.9个百分点，仍位于扩张区间。业务利润指数为47.4%，较上月回落0.8个百分点，反映出企业成本仍在上升，但趋势有所减缓，盈利依旧十分困难。

（6）企业用工数量有所增加。12月份，企业员工指数为51.3%，较上月回升1.3个百分点，反映出仓储企业用工数量有所增加。

从后期走势来看，新订单指数为51.9%，连续10个月保持扩张走势，但业务预期活动指数为49.4%，结束了之前连续7个月的扩张走势，反映出尽管新订单业务依然活跃，但随着天气转冷及春节的临近，企业对未来短期内的需求走势持谨慎态度。

资料来源：http://www.chinawuliu.com.cn/xsyj/201701/03/318183.shtml.

复习与思考

1. 市场调研包括哪五个步骤？
2. 市场调研的方法有哪些？
3. 物流仓储企业市场调研的工作流程是什么？
4. 物流市场调研报告书包括哪些内容？

第二节 仓储合同管理

学习目标

1. 熟知仓储合同中的当事人和标的物；

2. 熟知仓储合同的条款。

技能要求

1. 能够熟练草拟仓储合同；

2. 能够正确处理仓储合同纠纷。

引导案例

2016 年 6 月 3 日，某市 NJ 家用电器集团（下称 NJ 公司）向该市 WH 储运公司发出一份函电称："由 WH 储运公司为 NJ 公司储存保管家用电器，保管期限自 2016 年 7 月 10 日起至 2017 年 7 月 10 日止，仓库租金是全国统一价 12 元/m^2 • 月，任何一方违约，均需支付违约金 2 万元，如无异议，一周后正式签订合同。"

WH 储运公司的小陈学习了合同的起草和签订。合同签订后，WH 储运公司即开始清理其仓库，并拒绝其他有关部门在这三个仓库存货的要求。后另一家储运公司以更低的价格招揽 NJ 公司，于是同年 7 月 8 日，NJ 公司书面通知 WH 储运公司："因故我公司家电不需存放贵公司仓库，双方于 6 月 3 日所签订的仓储合同终止履行，请谅解。"

WH 储运公司接到 NJ 公司书面通知后，电告 NJ 公司：同意仓储合同终止履行，但贵公司应当按合同约定支付违约金 2 万元。NJ 公司拒绝支付违约金，双方因此而形成纠纷。WH 储运公司的小陈应怎样处理合同的纠纷？

一、仓储合同基本知识

（一）仓储合同的定义

仓储合同，又称仓储保管合同，是保管人储存存货人交付的仓储物，存货人支付仓储费的合同。在仓储合同关系中，存入货物的一方是存货人，保管货物的一方是保管人，交付保管的货物为仓储物。仓储业是专为他人储藏、保管货物的商业营业活动，也是现代化大生产和国际、国内商品货物的流转中一个不可或缺的环节。

根据我国《合同法》第 381 条的规定："仓储合同是保管人储存存货人交付的仓储物，存货人支付仓储费的合同。"

（二）仓储合同当事人

仓储合同双方当事人分别为存货人和保管人。

1. 存货人

存货人是指将仓储物交付仓储的一方。存货人必须是具有将仓储物交付仓储的处分权的人，可以是仓储物的所有人，如货主；也可以是只有仓储权利的占有人，如承运人；或者是受让仓储物但未实际占有仓储物的拟似所有人，或者是有权处分人，如法院、行政机关等。可以是法人单位、非法人单位、个人等的企业、事业单位、个体经营户、国家机关、群众组织、公民等。本引导案例中存货人即为 NJ 公司。

2. 保管人

保管人为仓储货物的保管一方。根据合同法规定，保管人必须是有仓储设备并具有专门从事仓储保管业务资格的。也就是说保管人必须拥有仓储保管设备和设施，具有仓库、场地、货架、装卸搬运设施、安全、消防等基本条件；取得相应的公安、消防部门的许可。从事特殊保管的，还要有特殊保管的条件要求。

保管人可以是独立的企业法人、企业分支机构，或个体工商户、其他组织等，可以是专门从事仓储业务的仓储经营者，也可以是贸易堆栈、车站、码头的兼营机构，从事配送经营的配送中心。本引导案例中保管人即为 WH 仓储公司。

（三）标的和标的物

1. 标的

仓储保管行为，包括仓储空间、仓储时间和保管要求。合同标的是指合同关系指向的对象，也就是当事人权利和义务指向的对象，即存货人按时交付货物，支付仓储费，保管人给予养护，保管期满，完整归还。因此，仓储合同是一种行为合同，一种双方当事人都需要履行的双务合同。

2. 标的物

仓储物、标的物是标的的载体和表现，如仓储货物的质量、数量完好，说明保管人保管行为良好。本引导案例中的标的物即为家用电器。

二、仓储合同的订立

（一）仓储合同订立的原则

仓储合同的订立，是存货人与保管人之间依双方当事人意思表示而实施的能够引起权利与义务关系发生的民事法律行为。订立仓储合同，应当遵循以下基本原则。

1. 平等原则

平等原则是指作为仓储合同的当事人双方,在法律上地位一律平等。无论谁为存货人,也不论保管人是谁,双方均享有独立的法律人格,独立地表达自己的意思,双方是在平等基础上的利益互换。

2. 公平及等价有偿原则

该项原则原本是一项经济原则,是价值规律的要求。等价有偿原则,要求仓储合同的双方当事人依价值规律来进行利益选择,禁止无偿划拨、调拨仓储物,也禁止强迫保管人或存货人接受不平等利益交换。合同双方都要承担相应的合同义务,享受相应的合同利益。

3. 自愿与协商一致的原则

自愿意味着让存货人与保管人完全地依照自己的知识、判断去追求自己最大的利益。协商一致是在自愿基础上寻求意思表示一致,寻求利益的结合点。存货人与保管人协商一致的约定,具有与法律同等的约束力。仓储合同的订立只有在协商一致的基础上,才能最充分地体现出双方的利益,从而保证双方的履行约定。

(二) 仓储合同订立的程序

一般来说,订立合同主要有两个阶段即准备阶段和实质阶段,实质阶段又包括要约和承诺两个阶段。

1. 准备阶段

在许多场合,当事人并非直接提出要约,而是经过一定的准备,才考虑订立合同,其中包括接触、预约和预约邀请,其意义在于使当事人双方相互了解,为双方进入实质的缔约阶段(即要约和承诺阶段)创造条件,扫除障碍。

2. 实质阶段

根据《合同法》的规定,只要存货人与保管人之间依法就仓储合同的有关内容,经过要约与承诺的方式达成意思表示一致,仓储合同即告成立,正因为要约与承诺直接关系到当事人的利益,决定合同是否成立,所以我们称其为合同订立的实质阶段。

(1) 仓储合同中的要约

要约,是指向特定人发出的订立合同的意思表示,发出要约的当事人称为要约人,而要约所指向的当事人则称为受要约人。要约具有两个特点:一是要约的内容必须明确具体,不能含糊其辞、模棱两可。对方也不得对要约的内容做出实质性变更,否则视为对方的新要约;二是要约一经受要约人承诺,要约人即受该意思表示的约束,不得因条件的改变而对要约的内容反悔。

在仓储合同中，一般来说，要约的内容至少应当包括以下内容：标的物数量、质量、仓储费用，即使没有具体的数量、质量和仓储费用表述，也可以通过具体的方式来确定这些内容。本引导案例中要约方 NJ 公司向受要约方 WH 储运公司发出要约："由 WH 储运公司为 NJ 公司储存保管家用电器，保管期限自 2016 年 7 月 10 日起至 2017 年 7 月 10 日止，仓库租金是全国统一价 12 元/平方米/月，任何一方违约，均需支付违约金 2 万元，如无异议，一周后正式签订合同。"

（2）承诺

承诺，是指受要约人作出的同意要约内容的意思表示，承诺必须在要约的有效期限或合理期限内作出，并与要约的内容一致。除受要约人之外的任何第三人所作的承诺不是法律上的承诺，而仅仅是一项要约，就像迟到的承诺只是要约一样。受要约人对要约内容的任何扩充、限制或者其他变更，都只能构成一项新要约，而非有效的承诺。

在仓储合同订立过程中，保管人一经承诺，仓储合同即告成立，且同时生效。也就是说仓储合同是诺成合同，合同的成立与生效同时发生，该效力的发生基于一个有效的承诺。本引导案例中，WH 储运公司并无异议，作出了承诺，即表明合同成立。

（三）仓储合同的形式

根据《合同法》的规定，合同可以采取书面形式、口头形式或其他形式，因而仓储合同也可以采用书面形式、口头形式或者其他形式，订立仓储合同的要约、承诺也可以是书面、口头或者其他形式。本引导案例中采用书面合同的形式。

（四）仓储合同的内容

仓储合同的内容，又称仓储合同的主要条款，是经存货人和保管人双方协商一致订立的，规定双方的主要权利和义务的条款，同时也是检验合同的合法性、有效性的重要依据，下面就仓储合同的主要内容作出简要介绍。

1. 存货人、保管人的名称和地址

合同当事人是履行合同的主体，需要承担合同责任，需要采用完整的企业注册名称和登记地址，或者主办单位地址。主体为个人的必须明示个人的姓名和户籍地或常住地（临时户籍地）。有必要时可在合同中增加通知人，但通知人不是合同当事人，仅仅履行通知当事人的义务。

2. 货物的品名或品类

双方当事人必须在合同中对货物的品名和种类作出明确详细的规定。如果存放的是易燃、易爆、易渗雨、有毒等危险货物或易腐、超限等特殊货物，还必须在合同中加以特别注明。

3. 货物的数量、质量、包装

在此条款中,货物的数量应使用标准的计量单位,计量单位应准确到最小的计量单位;货物的质量应使用国家或有关部门规定的质量标准,也可以使用经批准的企业或行业标准。在没有上述质量标准时,可以由存货人与保管人在仓储合同中自行约定质量标准。如果双方在仓储合同中没有约定质量标准,则依《合同法》第 61 条,可以协议补充,不能达成补充协议的,按照合同有关条款或者交易习惯确定。

至于货物的包装,一般由存货方负责,有国家或专业标准的,按照国家或专业标准执行;没有国家或专业标准的,应根据货物的性能和便于保管、运输的原则由保管人与存货人双方约定。

4. 货物验收的内容、标准、方法、时间

验收存货人的货物是保管人的义务和责任,合同中应明确约定验收的内容、标准。

5. 货物保管条件和保管要求

合同双方当事人应根据货物性质、要求的不同,在合同中明确规定保管条件。保管人如因仓库条件所限,不能达到存货人要求,则不能接受。对某些比较特殊的货物,如易燃、易爆、易渗漏、有毒等危险物品,保管人保管时,应当有专门的仓库、设备,并配备有专业技术知识的人负责管理。

6. 货物入出库手续、时间、地点、运输方式

仓储合同的当事人双方,应当重视货物入库环节,防止将来发生纠纷。因此在合同中,要明确入库应办理的手续、理货方法、入库的时间和地点,以及货物运输、装卸搬运的方式等内容。

出库时间由仓储合同的当事人双方在合同中约定,当事人对储存期间没有约定或者约定不明确的,存货人可以随时提取仓储物,保管人也可以随时要求存货人提取仓储物,但是应当给予必要的准备时间。另外提货时应办理的手续、验收的内容、标准、方式、地点、运输方式等也要明确。

7. 货物损耗标准和损耗的处理

储物的损耗标准是指货物在储存过程中,由于自然原因(如干燥、风化、散失、挥发、黏结等)和货物本身的性质等原因,不可避免地要发生一定数量的减少、破损,而由合同当事人双方事先商定一定的货物自然减量标准和破损率等。在确定仓储物的损耗标准时,要注意易腐货物的损耗标准应该高于一般货物的损耗标准。

8. 计费项目、标准和结算方式、银行、账号、时间

计费项目和计费标准是最终计算保管人收取的仓储费用的根据,只有明确了计费项目和计费标准,才能准确地确定存货人的支付义务。计费项目包括:保管费、转仓费、出入库装卸搬运费、车皮、站台、包装整理、商品养护等费用。此条款除了明确上述费用由哪一方承担外，还应对下列项目作出明确规定：计费标准、支付方式、支付时间、地点、开户银行、账号等。

9. 责任划分和违约处理

仓储合同可以从货物的入库、验收、保管、包装、出库等五个方面明确双方当事人的责任。同时双方应约定，什么性质的违约行为承担什么性质的违约责任，并且明确约定承担违约责任的方式，即支付违约金、赔偿金及赔偿实际损失等，约定赔偿金的数额和计算方法。

10. 合同的有效期限

合同的有效期限，即货物的保管期限。合同有效期限的长短，也与货物本身的有效储存期有关。所谓有效储存期，是指某些货物由于本身的特性，不能长时间存放，如药品、胶卷、化学试剂等，一般都注明了有效使用期限。根据有效使用期限确定的储存保管期限，称为有效储存期。

11. 变更和解除合同的期限

仓储合同的当事人如果需要变更或解除合同，必须事先通知另一方，双方一致即可变更或解除合同。变更或解除合同的建议和答复，必须在法律规定或者合同约定的期限内提出。如果发生了法律或合同中规定的可以单方变更或解除合同的情形，那么，拥有权利的一方可以变更或解除合同。

（五）仓储合同的生效与无效

1. 生效

仓储合同为承诺性合同，在合同成立时就生效。仓储合同生效的条件为合同成立，具体表现为：双方签署合同书；合同确认书送达对方；受要约方的承诺送达对方；公共保管人签发格式合同或仓单；存货人将仓储物交付保管人，保管人接收。

无论仓储物是否交付存储，仓储合同自成立时生效。仓储合同生效后，发生的存货人未交付仓储物、保管人不能接受仓储物都是仓储合同的未履行，由责任人承担违约责任。本情境中，仓储合同已经签订，属有效合同。

2. 无效

无效仓储合同，是指仓储合同虽然已经订立，但是因为违反了法律、行政法规或者公共利益，而被确认为无效。无效仓储合同具有违法性、不得履行性、自始无效性、当然无效性等特征。合同无效由人民法院或仲裁机构、工商行政机关认定，可以认定为合同整体无效或部分无效，可以采取变更或撤销的方式处理；合同无效可以在合同订立之后、履行之前、履行之中或者履行之后认定。

常见的无效仓储合同主要有以下几种形式。

（1）一方以欺诈、胁迫手段订立合同，损害国家利益的仓储合同

欺诈的基本含义就是故意把不真实的情况作为真实情况来表示，或者故意隐瞒真实情况。而胁迫则是以损害相威胁，迫使仓储合同的另一方当事人与自己订立合同。需要强调指出的是，仓储合同的一方当事人以欺诈、胁迫手段订立仓储合同，必须是在损害了国家利益的前提下才为无效。至于欺诈、胁迫订立的合同不损害国家利益的情形下，仓储合同则仅为可变更或可撤销合同。

（2）恶意串通，损害国家、集体或者第三人利益的仓储合同

仓储合同中的恶意串通是指存货人与保管人非法串通在一起，合谋订立仓储合同而使国家、集体、第三人利益受到损害。所谓恶意，是存货人与保管人明知或者应当知道自己的行为将给国家、集体或第三人造成损害，而故意行为。所谓互相串通，是指存货人与保管人都是基于共同的目的，而希望通过订立仓储合同而损害国家、集体或者第三人的利益，而且存货人与保管人互相配合、共同实施。

（3）以合法形式掩盖非法目的的仓储合同

以合法形式掩盖非法目的的仓储合同，是指存货人与保管人通过订立仓储合同的形式来掩盖彼此间非法目的，即以形式上的合法来掩盖某种不合法的真正目的。

（4）损害社会公共利益的仓储合同

社会公共利益在民法上又称为公序良俗、公共秩序。各国立法均从原则上确定了违反公序良俗或者公共秩序的合同无效。仓储合同也不例外。仓储合同遵循公共秩序和善良风俗原则，对于维护国家和社会的一般利益及社会道德观念具有重要价值。

例如，尸体应当存储于火葬场或医院的停尸房，这是基本的约定俗成，如果普通冷库与他人订立储存尸体的合同，则该合同因违背善良风俗而无效。

无效仓储合同无论什么时候认定，都是自始无效，也就是说因无效合同所产生的民事关系无效。依法采取返还财产或折价赔偿、赔偿损失、追缴财产等方式是因无效合同所产生的利益消亡，对造成合同无效方给予处罚。

三、仓储合同的履行

仓储合同一经成立，即发生法律效力。存货人和保管人在享有自己的权利的同时，都应严格按照合同的约定履行自己的法律义务。

（一）保管人的义务和权利

1. 保管人的义务

（1）给付仓单的义务

我国《合同法》第385条规定："存货人交付仓储物的，保管人应当给付仓单。"仓单既

是存货人已经交付仓储物的凭证,又是存货人或仓单持有人提取仓储物的凭证。因此,保管人在存货人交付仓储物时给付仓单就成为一项重要的义务。

(2) 仓储物入库时的验收义务与通知义务

我国《合同法》第384条规定:"保管人应当按照约定对入库仓储物进行验收,保管人验收时发现入库仓储物与约定不符合的,应当及时通知存货人。保管人验收后,发生仓储物的品种、数量、质量不符合约定的,保管人应当承担损害赔偿责任。"

保管人在接受存货人交存的货物入库时,应当按照合同的约定对货物进行验收,一般而言,保管人的正常验收项目包括:货物的品名、规格、数量、外包装状态。在验收中发现仓储物与合同约定不相符合的,保管人有及时通知存货人的义务,如果保管人怠于通知,视为仓储物符合合同的约定。保管人验收后,发生仓储物的品种、数量、质量、不符合约定的,保管人应承担损害赔偿责任。

(3) 妥善保管储存货物的义务

保管方应当按照合同约定的保管条件和保管要求,妥善保管仓储物。保管人储存易燃、易爆、有毒、有腐蚀性、有放射性等危险物品的,应当具备相应的保管条件。我国《合同法》第383条第三款规定:"保管人储存易燃、易爆、有毒、有腐蚀性、有放射性等危险物品的,应当具备相应的保管条件。"

总之,在保管期间,保管方应按合同议定的储存条件和保管要求保管货物,并定期进行检查,使保管的货物不短缺、不损坏、不污染、不灭失,处于完好状态,发现货物出现异状,应及时通知存货方处理。未经存货方允许,无权委托第三方代管。

(4) 危险通知义务

我国《合同法》第389条规定:"保管人对入库仓储物发现有变质或者其他损坏的,应当及时通知存货人或者仓单持有人。"一般而言,仓储物出现危险包括以下几种情况。

① 如果第三人对其保管的货物主张权利而起诉或扣押时,保管人有义务通知存货人。

② 储存的货物发现有变质或其他损坏的,保管人应及时通知存货人。

③ 储存的货物发现有变质或其他损坏,危及其他仓储物的安全和正常保管的,应通知并催告存货人处理。如果保管人违反通知义务,给他人的储存物造成腐蚀、污染等损害的,存货人不承担责任。

(5) 返还仓储物的义务

我国《合同法》第392条规定:"储存期间届满,存货人或者仓单持有人应当凭仓单提取仓储物。存货人或者仓单持有人逾期提取的,应当加收仓储费;提前提取的,不减收仓储费。"由此可见,保管期限届满,或因其他事由终止合同时,保管人应将储存的原物返还给存货人或仓单持有人,保管人不得无故扣押仓储物。

（6）送货与发货的义务

如果合同约定在仓储期限届满后，由保管人送货上门的，保管方应按照合同规定的时间、数量，将货物送至存货方，如果合同约定由保管人代办运输的，保管人应负责向运输部门申报运输计划，办理托运手续。

2. 保管人的权利

（1）收取仓储费的权利

仓储费是保管人订立合同的目的，是对仓储物进行保管所获得的报酬，是保管人的合同权利。保管人有权按照合同约定收取仓储费或在存货人提货时收取仓储费。

（2）保管人的提存权利

储存期间届满，存货人或者仓单持有人不提取货物的，保管人可以催告其在合理期限内提取，逾期不提取的，保管人可以提存仓储物。所谓提存，是指债权人无正当理由拒绝接受履行或下落不明，或数人就同一债权主张权利，债权人一时无法确定，致使债务人难于履行债务，经公证机关证明或法院的裁决，债务人可将履行的标的物提交有关部门保存。一经提存即认为债务人已经履行了其义务，债权债务关系即行终止。

债权人享有向提存物的保管机关要求提取标的物请求权，但须承担提存期间标的物损毁灭失的风险并支付因提存所需要的保管或拍卖等费用，且提取请求权自提存之日起5年内不行使而消灭。

提存程序一般来说，首先，应由保管人向提存机关呈交提存申请书。在提存书上应当载明提存的理由、标的物的名称、种类、数量以及存货人或提单所有人的姓名、住所等内容。其次，仓管人应提交仓单副联、仓储合同副本等文件，以此证明保管人与存货人或提单持有人的债权债务关系。此外保管人还应当提供证据证明自己催告存货人或仓单持有人提货而对方没有提货，致使该批货物无法交付其所有人。

（3）验收货物的权利

验收货物不仅是保管人的义务，也是保管人的一项权利。保管人有权对货物进行验收，在验收中发现货物溢短，对溢出部分可以拒收，对于短少的有权向存货人主张违约责任。对于货物存在的不良状况，有权要求存货人更换、修理或拒绝接受，否则需如实编制记录，以明确责任。

（二）存货方的义务和权利

1. 存货方的义务

（1）按照合同的约定交存货物入库的义务

存货人应当按照合同约定的品种、数量、质量、包装等将货物交付给保管人入库，并在验收期间向保管人提供验收资料，交存仓储物不是仓储合同生效的条件，而是存货人履行合同的义务。存货人未按照约定交存仓储物，构成违约。存货人应按照合同的约定负责货物的包装，因包装不符合要求而造成货物损坏的，由存货人负责。

（2）如实告知货物情况的义务

存货人的告知义务包括两个方面：对仓储物的完整明确告知和瑕疵告知。所谓完整告知，是指在订立合同时存货人要完整细致地告知保管人仓储物的准确名称、数量、包装方式、性质、作业保管要求等涉及验收、作业、仓储保管、交付的资料，特别是危险货物，存货人还要提供详细的说明资料。

存货人寄存货币、有价证券或者其他贵重物品的，应当向保管人声明，由保管人验收或者封存，存货人未声明的，该物品毁损、灭失后，保管人可以按照一般物品予以赔偿。存货人未明确告知的仓储物属于夹带品，保管人可以拒绝接受。

所谓瑕疵，包括仓储物及其包装的不良状态、潜在缺陷、不稳定状态等已存在的缺陷或将会发生损害的缺陷。保管人了解仓储物所具有的瑕疵可以采取针对性的操作和管理，以避免发生损害和危害。因存货人未告知仓储物的性质、状态造成的保管人验收错误、作业损害、保管损坏由存货人承担赔偿责任。在订立合同时，存货人必须预先告知保管人。

（3）支付仓储费的义务

仓储费是保管人因其保管行为所取得的报酬，一般而言，仓储费应在存货人交付仓储物时提前支付，而非提取货物时支付。所以，存货人应依仓储合同或仓单规定的仓储费，按时交纳给保管人。另外，根据我国《合同法》第392条的规定，如果存货人提前领取仓储物，保管人不减收仓储费用；如果存货人逾期提取的，应当加收仓储费。

（4）偿付其他必要费用的义务

所谓其他必要费用主要指为了保护存货人的利益或避免损失发生而支出的费用。这些必要费用包括运费、修缮费、保险费、转仓费等，请求存货人支付上述费用时保管人应出示有关清单和登记簿。如果仓储合同中规定的仓储费包括必要费用时，存货人不必另行支付。

（5）按照合同的约定及时提取货物的义务

仓储合同期限届满，存货人应及时提取储存货物，存货人应当凭借仓单提取仓储物，提取仓储物后应缴回仓单。

2．存货方的权利

（1）查验、取样权

在仓储保管期间存货人有对仓储物进行查验、取样查验的权利，能提取合理数量的样品进行查验。由于查验，当然会影响保管人的工作，取样还会造成仓储物的减量，但存货人合理进行的查验和取样，保管人不得拒绝。

（2）保管物的领取权

当事人对保管期间没有约定或约定不明确的，保管人可以随时要求寄存人领取保管物;约定明确的,保管人无特别事由,不得要求寄存人提前领取保管物,但存货人可以随时领取保管物。

(3)获取仓储物孳息权

《合同法》地 377 条规定:"保管期间届满或者寄存人提前领取保管物的,保管人应当将原物及其孳息归还寄存人。"由此可见,如果仓储物在保管期间产生了孳息,存货人有权获取该孳息。

(三)仓储合同中的几种特殊权利

1. 存货人对仓储物的检查权

在仓储期间,保管人负责保管存货人交付的仓储物,对仓储物享有占有权,但仓储物的所有权仍然归属于存货人,存货人为了防止货物在储存期间变质或有其他损坏,有权利随时检查仓储物或提取样品,但在行使检查仓储物或提取样品的权利时,不得妨碍保管人的正常工作。

2. 保管人对仓储物的提存权

所谓提存,是指由于债权人的原因而无法向其交付合同标的物时,债务人将该标的物交给提存机关而消灭债务的一种制度。根据《合同法》的相关规定,保管人提存保管物的条件为:

(1)仓单持有人无正当理由在仓储物储存期间届满时,不取仓储物;

(2)保管人催告仓单持有人在合理期限内提取而不提取;

(3)提存须依法定程序,如果保管人违反法定条件提存仓储物,属不法的提存,应负赔偿责任。

四、仓储合同管理

(一)仓储合同的转让、变更、解除和终止

1. 仓储合同转让

仓储合同转让,是指仓储合同的一方当事人依法将其合同权利和义务全部或部分转让给合同以外的第三人,即合同主体的变更,而合同的客体和内容都不发生变化。仓储合同转让可以分为:全部转让和部分转让;债权转让和债务转让。

2. 仓储合同的变更

仓储合同的变更是指对已经合法成立的仓储合同的内容在原来合同的基础上进行修改或者补充。仓储合同的变更并不改变原合同关系,是原合同关系基础上的有关内容的修订。仓储合同的变更应具备下列条件。

(1)原仓储合同关系的客观存在,仓储合同的变更并不发生新的合同关系,变更的基

础在于原仓储合同的存在以及其实质内容的保留；

（2）存货人与保管人必须就合同变更的内容达成一致；

（3）仓储合同的变更协议必须符合民事法律行为的生效要件。

仓储合同的变更程序类同于合同订立程序，即先由一方发出要约，提出变更之请求，另一方做出承诺，双方意思表示一致，变更成立。但是，受变更要约的一方必须在规定的期限内答复，这是与普通要约的不同之处。

仓储合同变更后，被变更的内容即失去效力，存货人与保管人应按变更后的合同来履行义务，变更对于已按原合同所做的履行无溯及力，效力只及于未履行的部分。任何一方当事人不得因仓储合同的变更而要求另一方返还在此之前所作的履行。仓储合同变更后，因变更而造成对方损失的，责任方应当承担损害赔偿责任。

3. 仓储合同的解除

仓储合同的解除是指仓储合同订立后，在合同尚未履行或者尚未全部履行时，一方当事人提前终止合同，从而使原合同设定的双方当事人的权利义务归于消灭。它是仓储合同终止的一种情形。

（1）仓储合同解除的方式

① 存货人与保管人协议解除合同。存货人与保管人协议解除合同，是指双方通过协商或者通过行使约定的解除权而导致仓储合同的解除。因此，仓储合同的协议解除又可以分为事后协议解除和约定解除两种。

② 仓储合同依法律的规定而解除。仓储合同的法定解除是指仓储合同有效成立后，在尚未履行或尚未完全履行之前，当事人一方行使法律规定的解除权而使合同权利义务关系终止，合同效力消灭。仓储合同一方当事人所享有的这种解除权是由法律明确规定的，只要法律规定的解除条件成立，依法享有解除权的一方就可以行使解除权，而使仓储合同关系归于消灭。

根据《合同法》第94条的规定，仓储合同法定解除的条件如下。

- 因不可抗力致使合同的目的不能实现，如地震、台风、洪水、战争等毁坏了仓库或仓储物，使物之储存与保管成为不可能。
- 一方当事人将预期违约，即仓储合同的一方当事人在履行期间，明确表示或者以自己的行为表示将不履行主要义务；另一方当事人的合同目的将不能实现，在此情形下，合同目的将不能实现的一方享有解除权。
- 仓储合同的一方当事人迟延履行主要义务，经催告后在合理期限内仍未履行，另一方当事人享有合同解除权。
- 仓储合同的一方当事人迟延履行义务或者有其他违约行为，致使合同的目的不能实现。在此情形下，另一方当事人可以行使解除权，使仓储合同关系归于消灭。

上述四项条件，是法律规定的仓储合同解除条件，只要符合上述条件中任何一项，仓储合同的一方当事人就可以行使解除权,仓储合同关系归于消灭。

(2) 仓储合同解除的程序

仓储合同中享有解除权的一方当事人在主张解除合同时,必须以通知的形式告知对方当事人。只要解除权人将解除合同的意思表示通知对方当事人,就可以发生仓储合同即时解除的效力,无须对方当事人答复,更无须其同意,对方有异议的,可以请求法院或者仲裁机构确认解除合同的效力,即确认行使解除权的当事人是享有合同解除权。

原则上仓储合同的解除权人应以书面形式发出通知,便于举证自己已经尽了通知之义务。仓储合同的解除权人应当在法律规定或者与另一方当事人约定的解除权行使期限内行使解除权,否则,其解除权将归于消灭。

在仓储合同中,除非有特别约定,仓储物所有权并不发生移转,所以仓储合同的解除是没有溯及力的。

4. 仓储合同的终止

仓储合同的终止,是指当事人之间因仓储合同而产生的权利和义务关系,由于某种原因而归于消灭,不再对双方具有法律约束力。

(二) 仓储合同违约责任和免责

仓储合同的违约责任是指仓储合同的当事人,因自己的过错不履行合同或履行合同不符合约定条件时所应承担的法律责任。本情境中,NJ 公司没有履行仓储合同,应当承担违约责任。

1. 仓储合同违约行为的表现形式

(1) 拒绝履行

拒绝履行是指仓储合同的义务一方当事人无法律或约定根据而不履行义务的行为。仓储合同不履行的表现,不以明示为限,单方毁约、没有履行义务的行为、将应当交付的仓储物作其他处分等,均可以推断为不履行义务的表现。

如存货人在储存期届满时,保管人履行了储存与保管义务后,存货人不支付仓储费;保管人在约定的期限内不返还仓储物或将仓储物挪作他用等。如果仓储合同的义务人拒绝履行义务,权利人有权解除合同;给权利人造成损失的,权利人有权请求义务人赔偿其损失。

(2) 履行不能

仓储合同的履行不能是指当事人应履行义务的一方无力按合同约定的内容履行义务。履行不能可能由于客观原因不能履行,如仓储物因毁损、灭失而不能履行;也可能是由于主观过错而不能履行义务,如保管人将仓储物返还给存货人。

履行不能的情况自仓储合同成立时就已经存在的,则为原始不能;如果是在合同关系成立以后才发生的,则为嗣后不能,如仓储物于交付前灭失。如果仓储物只灭失部分,则为部分不能；如果全部灭失的，则为全部不能。由于自己的原因而不能履行义务的，为事实上的不能；由于法律上的原因而不能履行义务的，为法律上的不能。

（3）履行迟延

因可归责于义务人的原因，未在履行期内履行义务的行为，为履行迟延。在仓储合同中，保管人未在合同规定的期限内返还仓储物，存货人未按时将货物入库，未在约定的期限内支付仓储费用等行为均属于履行迟延。履行迟延具有以下特征：

① 义务人未在履行期限内履行义务；

② 义务人有履行能力，如果义务人无履行能力，则属于履行不能；

③ 其行为具有违法性。义务人履行迟延，经催告后在合同期限内未履行的，权利人可以解除合同，请求义务人支付违约金和赔偿损失。

（4）履行不适当

履行不适当，即未按法律规定、合同约定的要求履行的行为。在仓储合同中，在货物的入库、验收、保管、包装、货物的出库等任何一个环节未按法律规定或合同的约定去履行，即属不适当履行。由于履行不适当不属于真正的履行，因此作为仓储合同权利主体的一方当事人，可以请求补正，要求义务人承担违约责任，支付违约金并赔偿损失，此外还可以根据实际情况要求解除合同。

2. 仓储合同的违约责任及其承担方式

仓储合同的违约责任是指仓储合同的当事人在存在仓储违约行为时所应该依照法律或者双方的约定而必须承担的民事责任。通过法定的和合同约定的违约责任的承担，增加违约成本，弥补被违约方的损失，减少违约的发生，有利于维护市场的稳定和秩序。

违约责任往往以弥补对方的损失为原则，违约方需对对方的损失，包括直接造成的损失和合理预见的利益损失给予弥补。违约责任的承担方式有支付违约金、损害赔偿、继续履行、采取补救措施等。

（1）支付违约金

违约金是指一方违约应当向另一方支付的一定数量的货币。从性质上而言，违约金是"损失赔偿额的预定"，具有赔偿性。同时，又是对违约行为的惩罚，具有惩罚性。在仓储合同中，赔偿性违约金是指存货人与保管人对违反仓储合同可能造成的损失而做支付的预定的赔偿金额。

当一方当事人违约给对方当事人造成某种程度的损失，而且这种数额超过违约金数额时，违约的一方当事人应当依照法律规定实行赔偿，以补足违约金不足部分。惩罚性违约金，是指仓储合同的一方当事人违约后，不论其是否给对方造成经济损失，都必须支付的违约金。

（2）损害赔偿

损害赔偿是指合同的一方当事人在不履行合同义务或履行合同义务不符合约定的情形

下,在违约方履行义务或者采取其他补救措施后,在对方还有其他损失时,违约方承担赔偿损失的责任。作为承担违反合同责任的形式之一,损害赔偿最显著的性质特征即为补偿性。

在合同约定有违约金的情况,损害赔偿的赔偿金是用来补偿违约金的不足部分,如果违约金已能补偿经济损失,就不再支付赔偿金。但是如果合同没有约定违约金,只要造成了损失,就应向对方支付赔偿金。由此可见,赔偿金是对受害方实际损失的补偿,是以弥补损失为原则的。

(3) 继续履行

继续履行是指一方当事人在不履行合同时,对方有权要求违约方按照合同规定的标的履行义务,或者向法院请求强制违约方按照合同规定的标的履行义务,而不得以支付违约金和赔偿金的办法代替履行。

通常来说,继续履行有下列的构成要件。

① 仓储合同的一方当事人有违约行为;

② 守约方的仓储合同当事人要求继续履行;

③ 继续履行不违背合同本身的性质和法律;

④ 违约方能够继续履行。

在仓储合同中,要求继续履行作为非违约方的一项权利是否需要继续履行,取决于仓储合同非违约一方的当事人,他可以请求支付违约金、赔偿金,也可以要求继续履行。

(4) 采取补救措施

所谓补救措施,是指在违约方给对方造成损失后,为了防止损失的进一步扩大,由违约方依照法律规定承担的违约责任形式,如仓储物的更换、补足数量等。从广义而言,各种违反合同的承担方式,如损害赔偿、违约金、继续履行等,都是违反合同的补救措施,它们都是使一方当事人的合同利益在遭受损失的情况下能够得到有效的补偿与恢复。

因此,这里所称的采取补救措施仅是从狭义上而言,是上述补救措施之外的其他措施。在仓储合同中,这种补救措施表现为当事人可以选择偿付额外支出的保管费、保养费、运杂费等方式,一般不采取实物赔偿方式。

(5) 定金惩罚

定金是《担保法》规定的一种担保方式。在订立合同时,当事人可以约定采用定金来担保合同的履行。在履行前,由一方向另一方先行支付定金,在合同履行完毕,收取定金一方退还定金或者抵作价款。合同未履行时,支付定金一方违约的,定金不退还;收取定金一方违约的,双倍退还定金。

定金不得超过合同总金额的20%,同时有定金和违约金约定的,当事人只能选择其中一种履行。引导案例中未采用定金方式担保合同的履行。

3. 仓储合同违约责任的免除

违约责任的免除,是指一方当事人不履行合同或法律规定的义务,致使对方遭受损失，由于不可归责于违约方的事由，法律规定违约方可以不承担民事责任的情形。仓储合同违约责任的免除有以下几种情况。

（1）因不可抗力而免责

所谓不可抗力是指当事人不能预见、不能避免并且不能克服的客观情况。它包括自然灾害和某些社会现象，前者如火山爆发、地震、台风、冰雹等，后者如战争、罢工等。

另外，在不可抗力发生以后，作为义务方必须采取以下措施才可以免除其违约责任：

① 应及时采取有效措施，防止损失的进一步扩大，如果未采取有效措施防止损失的进一步扩大，无权就扩大的损失要求免于赔偿；

② 发生不可抗力事件后，应当及时向对方通报不能履行或延期履行合同的理由；

③ 发生不可抗力事件后，应当取得有关证明，遭受不可抗力的当事人一方应当取得有关机关的书面证明材料，证明不可抗力的发生及其对当事人履行合同的影响。

（2）因自然因素或货物本身的性质而免责

货物的储存期间，由于自然因素，如干燥、风化、挥发、锈蚀等或货物（含包装）本身的性质如易碎、易腐、易污染等，导致的损失或损耗，一般由存货人负责，保管方不承担责任。

例如，我国原内贸部发布的《国家粮油仓库管理办法》中规定，一般粮食保管自然损耗率（即损耗量占入库量的百分比）为：保管时间在半年以内的，不超过0.10%；保管时间在半年以上至1年的，不超过0.15%；保管时间在1年以上直至出库，累计不超过0.20%。因此，在此范围内的损耗属于合理损耗，保管人对此不承担任何责任。

（3）因存货人的过错而免责

在仓储合同的履行中，由于存货人对于损失的发生有过错的，如包装不符合约定、未能提供准确的验收资料、隐瞒和夹带、存货人的错误指示和说明等，根据受害人过错的程度，可以减少或者免除保管人的责任。

（4）合同约定的免责

基于当事人的利益，双方在合同内约定免责事项，对免责事项造成的损失，不承担相互赔偿责任。如约定货物入库时不验收重量，则保管人不承担重量短少的赔偿责任；约定不检查货物内容质量的，保管人不承担非作业保管不当的内容变质损坏责任。

（三）仓储合同纠纷的解决

仓储合同纠纷，是指当事人双方在合同订立后至完全履行之前，因对仓储合同的履行情况，对合同不履行或不完全履行的后果，以及合同条款理解不同而产生的争议。仓储合同纠纷的解决方式主要有四种：协商、调解、仲裁、诉讼。

1. 协商解决

仓储合同纠纷的协商解决，是指在发生合同纠纷之后，当事人双方根据自愿原则，按照国家法律、行政法规的规定和合同的约定，在互谅互让的基础上，自行解决合同纠纷的一种方式。在实践中,协商解决合同纠纷是最常见、最普遍的一种解决合同纠纷的办法。

2. 调解解决

仓储合同纠纷的调解解决,是指调解人应仓储合同纠纷当事人的请求,根据有关法律的规定和合同的约定,就双方当事人的合同纠纷对双方当事人进行说服教育,以使双方当事人在互谅互让的基础上达成协议,解决合同纠纷。

3. 仲裁解决

仓储合同纠纷的仲裁,是指仓储合同纠纷的当事人根据有关法律的规定,以协议的方式自愿将合同争议提交仲裁机关,由仲裁机关按照一定程序进行调解或裁决,从而解决合同争议的法律制度。

4. 诉讼解决

合同纠纷发生后,当事人协商、调解不成,合同中也没有订立仲裁条款,或者事后没有达成书面仲裁协议,均可以直接向人民法院起诉,通过人民法院的审判活动,使合同纠纷最终得到公正合理的解决,一般而言,仓储合同纠纷由各级人民法院的经济审判庭按照《民事诉讼法》所规定的程序进行审理。

在本情境中,合同约定发生纠纷时先双方协商解决,协商不成,任何一方可向人民法院提起诉讼。

（四）仓单

1. 仓单的概念

所谓仓单,是指由保管人在收到仓储物时向存货人签发的表示已经收到一定数量的仓储物的法律文书。仓单,既是存货人已经交付仓储物的凭证,又是存货人或者持单人提取仓储物的凭证,因此,仓单实际上是仓储物所有权的一种凭证。同时,仓单在经过存货人的背书和保管人的签署后可以转让,任何持仓单的人都拥有向保管人请求给付仓储物的权利,因此,仓单实际上又是一种以给付一定物品为标的的有价证券。

2. 仓单的法律性质

由于仓单上所记载的权利和义务与仓单密不可分,因此,仓单有如下效力。

① 受领仓储物的效力。保管人一经签发仓单,不管仓单是否有存货人持有,持单人均可凭仓单受领仓储物,保管人不得对此提出异议;

② 转移仓储物所有权的效力。仓单上所记载的仓储物,只要存货人在仓单上背书并经保管人签字或者盖章,提取仓储物的权利即可发生转让。

（1）仓单是要式证券

仓单上必须记载保管人的签字及必要条款,以此来确定保管人和存货人各自的权利和义务。

（2）仓单是物权证券

仓单持有人依仓单享有对有关仓储物品的所有权,行使仓单上载明的权利或对权利进行处分。实际占有仓单者可依仓单所有权,请求保管人交付仓单上所载的储存物品。

（3）仓单是文义证券

仓单上的权利和义务的范围,以仓单的文字记载为准,即使仓单上记载的内容与实际不符,保管人仍应按仓单上所载条款履行责任。

3. 仓单的内容

仓单包括下列事项。

（1）保管人的签字或者盖章。

（2）存货人的名称及住所。

（3）仓储的品种、数量、质量、包装、件数和标记等物品状况,以便作为物权凭证,代物流通。

（4）仓储物的损耗标准。

（5）储存场所和储存期。

（6）仓储费及仓储费的支付与结算事项。

（7）若仓储物已经办理保险的,仓单中应写明保险金额、保险期间及保险公司的名称。

（8）仓单的填发人、填发地和填发的时间。

任务实施

本引导案例中保管人为小陈所在的 WH 储运公司,存货人为 NJ 公司,标的物为家用电器,双方已在平等、公平、自愿的基础上签订了仓储合同,其性质为一般保管仓储合同,合同成立属有效合同。NJ 公司因其他公司储存费用低廉而欲解除合同的做法是违约行为,WH 储运公司可以要求其按合同约定支付违约金。可以双方协商解决,协商不成,WH 储运公司可向法院提起诉讼。

课堂实训

1. 工作目标

学生能够发出要约,能够对要约进行承诺;进而对仓储合同的各主要条款进行洽谈,从而签订仓储合同。存货人交付仓储物后,能进行仓单的签发,并在仓储物仓储过程中进行妥善的保管,当出现意外事件时能够进行相关处理。

2. 工作准备

(1) 掌握仓储合同相关知识和方法,熟悉合同的仓单的条款和法律意义。

(2) 将全班学生分组,每组 5~10 人,分别扮演存货方和保管方。

(3) 时间安排 4 学时。

3. 工作任务

(1) 存货人与保管人进行要约与承诺

学生扮演的存货方和保管方模拟洽约过程,由存货方向保管方提出订立仓储保管合同的建议和要求,保管方对此作出承诺。

(2) 双方制定物流仓储合同条款并签订合同

模拟存货人和保管人双方,确定标的物,对合同条款进行谈判,并签订仓储合同。

(3) 仓储公司对仓储物保管

仓储公司保管人对仓储物进行妥善保管。

(4) 仓单的制作

案例阅读

仓储合同是双务合同

1. 基本案情

某年 8 月 27 日,原告甲石油公司与被告乙仓储公司签订《运输、仓储租赁合同》,约定被告提供油库,并代某石油公司运输、储存、保管、发运 90♯汽油及 0♯柴油,每次以实际发生的运费、仓储费作为租金结算。租期为当年 9 月 1 日至次年 9 月 1 日。合同签订之后,双方依约履行,原告甲石油公司数次提取汽油、柴油,并与被告乙仓储公司小结。后经结算,至次年 12 月 31 日止,乙仓储公司尚欠甲石油公司油料 136 吨。后因被告乙仓储公司未归还油料,甲石油公司提起诉讼。法院判决:被告乙仓储公司返还欠某石油公司的油料。

2. 案件评析

法院经审理认为,本案为油料运输、仓储合同纠纷,双方签订的《运输、仓储租赁合同》包含运输合同和仓储合同两个法律关系,合同合法有效。甲石油公司依约将油料交由乙仓储公司运输、储存、发放,并支付运费、仓储费,乙仓储公司作为承运人负有妥善运输之义务,作为保管人负有入库验收、给付仓单、保管并返还油料的义务。

本案中,双方已通过签订的合同形成了仓储合同关系,双方均应受此约束。原告作为存货人应依约将油料交付被告储存,并支付相应的仓储费。被告作为仓储保管人则负有入库验收、给付仓单、保管并返还仓储物的义务。故法院判决被告返还尚欠原告的仓储物是正确的。

资料来源：米振友.合同管理工具箱[M].北京：中国铁道出版社，2014：267～268.

复习与思考

1. 仓储合同的内容有哪些？
2. 仓储业务中保管人和存货方的权利和义务分别是什么？

本章小结

本章阐述了市场调研的程序、市场调查问卷的设计方法、物流仓储企业的市场调研工作程序、市场调研计划等内容；介绍了仓储合同的基本知识，如仓储合同的订立、仓储合同的履行和仓储合同的管理等内容。重点对物流仓储企业市场调研工作流程及仓储合同的制定进行了讲解，以培养学生仓储商务能力。

第二章

仓储布局与库房规划管理

第一节　仓库布局规划

学习目标

1. 了解仓库总平面规划；
2. 熟悉影响仓库面积的主要因素；
3. 掌握仓库面积的计算方法。

技能要求

1. 能够合理分配仓库面积；
2. 能够合理进行仓库布局规划。

引导案例

A公司是我国著名的洁具产品制造企业。公司在国内各大中城市设有2 000多个营销网点，营销网络遍布国内外，产品远销北美、欧洲、东南亚等十几个国家和地区。随着市场需求的不断增大，A公司原材料和零部件的采购量、产品的品种和生产量，以及销售量都急剧增加。原先的产成品仓库已不能满足迅速增长的物流仓储需要。

为了实现对企业物流更加高效、快捷、安全和低成本的管理，满足企业发展对物流的迫切需求，需要对企业物流和新厂房的物流中心进行科学合理的规划。那么该公司新建的产成品仓库该如何规划布局？

一、仓库平面布局规划

仓库库区总体布局是指在城市规划管理部门批准使用地的范围内，按照一定的原则，把仓库的各种建筑物、道路等各种用地进行合理协调的系统布局，使仓库的各项功能得到发挥，且能保证仓库的安全管理及符合仓库业务发展的客观要求。

（一）仓库总平面布局的原则

1. 适应仓储企业生产流程

仓库总平面布局要适应仓储企业生产流程，有利于仓储企业生产正常进行。

（1）单一的物流方向

仓库内商品的卸车、验收、存放地点之间的安排，必须适应仓储生产流程，按一个方向流动。

（2）最短的运距

应尽量减少迂回运输，专用线的布置应在库区中部，并根据作业方式、仓储商品品种、地理条件等，合理安排库房、专用线与主干道相对应。

（3）最少的装卸环节

减少在库商品的装卸搬运次数和环节，商品的卸车、验收、堆码作业最好一次完成。

2. 有利于提高仓储经济效益

仓库总平面布局要有利于提高仓储经济效益。

（1）要因地制宜，充分考虑地形、地址条件，满足商品运输和存放上的要求，并能保证仓库充分利用。

（2）布置应与竖向布置相适应。所谓竖向布置，是指建立场地平面布局中每个因素，如库房、货场、转运线、道路、排水、供电、站台等，在地面标高线上的相互位置。

（3）总平面布置应能充分、合理地使用机械化设备。我国目前普遍使用的门式、桥式起重机一类固定设备，合理配置这类设备的数量和位置，并注意与其他设备的配套，便于开展机械化作业。

3. 有利于保证安全生产和文明生产

仓库总平面布局要有利于保证安全生产和文明生产。

（1）库内各区域间、各建筑间应根据《建筑设计防火规范》的有关规定，留有一定的防火间距，并设有防火、防盗等安全设施。

（2）总平面布置应符合卫生和环境要求，既满足库房的通风、日照等，又要考虑环境绿化、文明生产，有利于职工身体健康。

（二）仓库的总体构成

现代仓库总平面规划一般可以划分为生产作业区、辅助作业区和行政生活区三大部分。

1. 生产作业区

生产作业区是现代仓库的主体部分，是商品仓储的主要活动场所。主要包括储存区、道路、铁路专用线、码头、装卸平台等。

储存区是储存保管、收发整理商品的场所，是生产作业区的主体区域。储存区主要由保管区和非保管区两大部分组成。保管区是主要用于储存商品的区域，非保管区主要包括各种装卸设备通道、待检区、收发作业区、集结区等。

为方便业务处理和库内货物的安全，待检区、待处理区和不合格品隔离区应设在仓库的入口处。仓库内除设置上述基本区域外，还应根据仓储业务的需要，设置进货作业区、流通加工区和出货作业区等。现代仓库已由传统的储备型仓库转变为以收发作业为主的流通型仓库，其各组成部分的构成比例通常为：合格品储存区面积占总面积的 40%～50%；通道占总面积的 8%～12%；待检区及出入库收发作业区占总面积的 20%～30%；集结区占总面积的 10%～15%；待处理区和不合格品隔离区占总面积的 5%～10%。

2. 辅助作业区

辅助作业区是为仓储业务提供各项服务的设备维修车间、车库、工具设备库、油库、变电室等。值得注意的是，油库的设置应远离维修车间、宿舍等易出现明火的场所，周围须设置相应的消防设施。

3. 行政生活区

它是行政管理机构办公和职工生活的区域，具体包括办公楼、警卫室、化验室、宿舍和食堂等。为便于业务接洽和管理，行政管理机构一般布置在仓库的主要出入口，并与生产作业区用隔墙分开。这样既方便工作人员与作业区的联系，又避免非作业人员对仓库生产作业的影响和干扰。职工宿舍楼一般应与生产作业区保持一定距离，以保证仓库的安全和生活区的安宁。

（三）仓库的立体规划

现代仓库的立体规划是指现代仓库在立体空间上的布置，即仓库建筑高度的规划。仓库基建时，应因地制宜地将场地上自然起伏的地形，加以适当改造，使之满足库区各建筑物、库房和货场之间的装卸运输要求，并合理地组织场地排水。

1. 库房、货场、站台标高布局

库房地坪标高与库区路面标高决定仓储机械化程度和叉车作业情况。库房地坪与路面之间的高差要适当，最多不超过 4% 的纵向坡度，以利提高机械作业的效率。

货场一般沿铁路线布置，多数跨铁路专用线两侧。在标高上，应确保铁路专用线的正常运营。

装卸站台一般有汽车站台和火车站台之分，其高度和宽度与铁路线和汽车路线标高关系密切,通常因商品批量大小、搬运方式和运输工具而异,一般分为高站台和低站台两种。处理多品种、少批量的商品,一般采用高站台,即站台高度与汽车货台高度一样。站台平面与出入库作业区连成一体,进出库的商品可以方便地装入车内。

一般汽车站台高出路面0.9～1.2m,宽度不少于2m;铁路站台高出轨面1.12m,宽度不少于3m。处理少品种、大批量的商品,一般采用低站台,即站台面和地平面等高,有利于铲斗车、吊车等机械进行装卸作业。此外,还有一种可升降站台,即根据需要调节高度和坡度。

2. 合理利用地坪承载能力

仓库地坪单位面积承载能力因地面、垫层和地基的结构而不同。例如:在坚硬的地基上采用300mm厚的片石,地面用200mm厚的混凝土,其地基承载能力为5～7t/m²。应充分利用地坪的承载能力,采用各种货架存货,以充分利用空间,同时使用各种装卸机械设备配合作业,加速库存商品的周转。

(四)仓库使用规划

仓库使用规划就是为了方便作业、提高库场利用率和作业效率、提高货物保管质量,依据专业化、规范化、效率化的原则对仓库的使用进行分工和分区,进而确定货位安排、作业路线布局。合理地使用仓库,可以实现高效率和促使效率提高。

1. 仓库使用规划的原则

(1)专业化。

(2)效率化。

(3)充分利用仓库。

(4)从企业管理的原则进行规划。

2. 仓库使用规划过程中应考虑的因素

(1)仓库的现状和未来的发展。

(2)仓库的经营方式和仓储对象。

(3)仓库的机械化程度和未来的发展。

(4)仓库的管理方法和能力,员工的素质。

(5)仓库所面临的外部物流条件。

(6)安全仓储和消防管理的需要。

3. 仓库使用规划的内容

(1)仓库的总体合理布局

根据仓库生产和管理的需要,对整个仓库所有设施进行用途规划,并对各类设施和建筑进行区别。通过总体规划形成仓库的总体布置图。

（2）仓库的专业化分工

对所有仓库的用途和功能按专业规划的原则进行用途确定，一般按照仓储物种进行分类分区，对于专业化的仓库可以按照不同的作业方式进行划分。

（3）仓库员工的分工和管理范围

按照仓库员工的管理幅度需要确定班、组管理范围，确定仓库工作岗位和岗位职责。

（4）仓库货位及作业道路安排

为了实现安全保管和快捷作业，将仓库、货场划分为一定的货位，并对货位进行编号。确定仓库、货场内的作业通道，保证每一个货位都能与通道相通，并制定每一仓库和货场作业流程的进出口和运送方向。

（5）仓库的未来发展

包括仓库的发展战略和规模（仓库的扩建、改造、仓库吞吐、存储能力的增长等）以及仓库机械化发展水平和技术改造方向，如仓库的机械化、自动化水平等。

（6）仓库的主要经济指标

主要经济指标如仓库的主要设施利用率、劳动生产率、仓库吞吐存储能力、物资周转率、储存能力利用率、储运质量指标等。

因此，仓库规划是在仓库合理布局和正确选择库址的基础上对库区的总体设计。仓库建设规模，以及仓库储存保管水平的确定，可使仓库形成相对稳定的布局和管理系统。

二、仓库面积及影响因素

（一）仓库面积的有关概念

现代仓库的种类和规模不同，其面积的构成也不尽相同，因此必须首先明确仓库面积的有关概念，然后再确定仓库的相关面积。

1. 仓库总面积

仓库总面积指从仓库外墙线算起，整个围墙内所占的全部面积。若在墙外还有仓库的生活区、行政区或库外专用线，则应包括在总面积之内。

2. 仓库建筑面积

仓库建筑面积指仓库内所有建筑物所占平面面积之和。若有多层建筑，则还应加上多层面积的累计数。仓库建筑面积包括：生产性建筑面积（包括库房、货场、货棚建筑面积之和），辅助生产性建筑面积（包括机修车间、车库、变电所等的面积之和）和行政生活建筑面积（包括办公室、食堂、宿舍等面积之和）。

3. 仓库使用面积

仓库使用面积指仓库内可以用来存放商品的面积之和，即库房、货棚、货场的使用面积之和。其中库房的使用面积为库房建筑面积减去外墙、内柱、间隔墙及固定设施等所占面积之后所剩的面积。

4. 仓库有效面积

仓库有效面积指在库房、货棚、货场内计划用来存放商品的面积之和。

5. 仓库实用面积

仓库实用面积指在仓库使用面积中,实际用来堆放商品所占的面积。即库房使用面积减去必须的通道、垛距、墙距及进行收发、验收、备料等作业区后所剩余的面积。

(二)影响仓库面积的因素

影响仓库面积大小的因素有以下七个方面。

1. 物资储备量

它是指物流服务市场需要核定的经常储备量。它决定了所需仓库的规模。

2. 平均库存量

它是指在一定期间内,平均在库实际储存的商品。它主要决定了所需仓库的面积。

3. 仓库吞吐量

仓库吞吐量反映了仓库实物作业量,与仓库面积成正比例关系。

4. 货物品种数

在货物总量一定的情况下,货物品种越多,所占货位越多,收发区越大,所需仓库面积也越大。

5. 仓库作业方式

机械化作业必须有相应的作业空间。

6. 仓库经营方式

实行配送制需要有配货区,进行流通加工需要有作业区。

7. 库区和库内的平面布局

整个库区平面布局是否合理,直接影响到库区的总面积。如果在保证足够的防火间距和各项作业顺利进行的前提下,对仓库建筑物紧凑布置,就可以减少库区面积的占用。

任务实施

以引导案例中的企业说明仓库布局规划过程。根据企业生产运营的实际需要,对成品库进行合理的功能区域的设置、划分和布局,并确定其尺寸,是 A 公司产成品仓库功能区规划设计的主要内容。

1. 成品库功能区整体布局

成品库的总面积为 380m×270m，从东往西各功能区依次划分为：成品仓储区（宽320m）、成品备货验货区（宽20m）、出货区（宽40m），设有三条横向（东西走向）贯穿的宽度为4m的主通道。根据成品库的实际需要，所有区域的设置、布局以及成品仓储区内货物的存放始终遵循快速、高效和总成本最低的原则。

另外，成品库内还设有现场办公室、样品室、品保室、会议室、抽检区、打包区、叉车和托盘存放区、饮水区、卫生间以及异常处理区等辅助功能区。

2. 成品库功能区描述

（1）成品仓储区

成品仓储区是成品库的最大区域，也是成品货物存放的主要区域，几乎占据了成品库中部的所有空间，该区域对不同品类的成品货物采用沿纵向存放的方式，能同时方便总装中心产品入库和成品库内货物出库配送工作，缩短物流路线的同时避免交叉作业。并根据不同货物的出货频率和进出口情况，确定其不同的存放位置。

（2）成品出货区

成品出货区用于备完货的客户产品的分区存放，方便货物的搬运和装车。

（3）现场办公区

此功能区设置在进货区通道口及出货区靠近月台处，方便成品库工作人员对入库、出库等作业进行管理和监督。

（4）托盘暂存区（月台）

该区域设在出货月台上，集中暂存成品装车后的空托盘，工作结束后存放在成品库。

（5）成品库东南角区

成品库的东南角设有洗手间、饮水室、物流部办公室及会议室、仓储管理信息中心、品保室、样品室、成品部办公室及会议室。将以上功能区集中布置，是基于对这些功能区的性质相近的考虑，可以共同营造一个良好的办公环境；同时各办公室靠近行政大楼，有助于提高行政办公效率。

（6）成品库东北角区

成品库东北角设有洗手间、司机休息室、饮水室、非生产性库区。其中司机休息室带有小洗手间且只能从成品库外部进入；非生产性库区内包括广告品区、劳保用品区等区域，位置靠近出库口，是基于存放的广告类物品多数是伴随着成品的出库使用的考虑，故有利于减少装卸搬运作业。

（7）成品库北端区

成品库仓储区的上端设有陶瓷类暂存检验区，面积约 1 300m²，由于陶瓷类产品体积较大且数量多,故考虑将陶瓷类成品暂存检验区设置在靠近陶瓷生产中心的区域,在上端设置入口,方便产品以最短距离和合理的路线进行入库作业。

（8）成品库其他区

成品库中还设有异常处理区、打包区、抽检区、托盘暂存区、成品备货验货区等,其中异常处理区位于成品存放通道口,用于处理在成品库出现的异常情况,如经销商延迟取货时,暂时存放已备好货物;打包区用来对客户零散货物进行打包;抽检区方便客户对货物进行抽检使用;托盘暂存区靠近出库备货区,方便仓管员取用托盘进行备货作业;成品备货、验货区用于成品出库暂存,根据备货通知单进行拣货、点货、验货和打包等备货工作。

课堂实训

1. 工作目标

通过调查使学生掌握仓库布局规划的基本知识,对调研单位的布局规划内容进行描述和分析。

2. 工作准备

（1）了解调研目的。

（2）分组,将全班同学分成不同的小组,每组4～5个人。

（3）确定实践地点:不同的组选择不同的仓库进行现场参观考察。具体记录以下信息。

交通地址:说明并比较所在地址环境的优缺点(必须画出地理位置图)。

前方设施:①停车场位置、设施;②出入口设计。

仓库设施:①内部各作业环节的分区与布局;②通道设计;③储存用设施;④搬运设施。

辅助设施:①员工福利设施;②办公室。

以上内容须有照片或平面图说明。

（4）工作时间安排4课时。

3. 工作任务

选择当地一家物流公司或工商企业的配送中心或仓库,进行现场调查,了解该仓库的布局规划及仓库设备配备。调研结束后,完成报告。各小组委派一名同学在课堂上陈述调研结果。

案例阅读

装配式仓库，引领物流"柔性"时代

2014 年 6 月，国务院常务会议讨论通过了《物流业中长期发展规划（2014—2020年)》，在为未来国家物流体系发展方向指明了道路的同时，象征着国家将物流行业列入支柱型产业，推动促进整个行业的转型与升级。快速的转型升级必然会带来物流行业阵痛。在转型的过程中，行业过于快速的扩张和无法跟上扩张速度的落后产能和人才储备，再加上转型所带来的大量风险和高昂成本，都使物流行业的转型升级举步维艰。

1. 物流仓储从刚性向柔性的转变

面对严峻的行业现状，只有经济而快速地响应现在物流环境的变化，通过系统结构、资源协调和运作方式等方面的"柔性"改革，才能让物流行业各系统对市场需求变化作出快速的反应，消除冗余无用的损耗，从而在促进我国物流行业转型和升级的同时，让各大物流企业获得更大的收益。可以说，接下来物流行业将摒弃过去的"刚性时代"，而迎来崭新的"柔性"时代。

为了顺应时代的号召与趋势，极具柔性价值的装配式仓库应运而生。其独特的轻钢网架式建筑结构、模组化系统，让其具有极强的弹性和移动性，拆装便捷迅速，自定义空间面积，完美符合现代物流柔性化管理需求。

2. 装配式仓库相对传统仓库的优势

在应对现今物流行业转型升级所带来的风险与不确定性的同时，装配式仓库由于其柔性的特点，能够在跨境电商的政策和供应链管理发生改变时，迅速作出调整和改善，具有极高的可塑性和适应性，并且能够应对制造行业不同的生产周期，适时作出匹配和改进，从而将所有的不确定和风险所带来的影响都降到最低，有效整合区域仓储需求。

在面对行业快速扩张对现今物流行业带来的巨大挑战，装配式仓库的柔性价值能够最大限度地满足电商行业向中西部农村抢占市场和商贸地产行业的规模性扩张所带来的仓储协同增长需求，其柔性的价值决定了其在空间和时间上和传统物流仓库相比有绝对的优势。

除了以上两点外，伴随着物流行业的转型升级，其暴露出来的行业落后、人才储备不足、成本高昂等缺点，如果利用装配式仓库就能得到巨大的改进，装配式仓库拥有灵活、简单、廉价、有效的仓储管理模式，和传统仓库相比，降低了仓储的建设成本和管理成本，从而为企业带来了整体的效率和效益提升。

3. 降本提效，快速响应市场和实现收益

装配式仓库的柔性价值，表现在其能够满足企业对仓储系统经营及功能的调节需求

上,除了正常仓储需求外,还满足应急和过渡等需求,让时间变得可控化,有高度的经营性价值。其另一大特点就是高度的经济性价值,让客户们在获得满意的产品和服务的同时,耗费最少的资源,减少建造成本和建造时间,从而帮助客户快速响应市场和实现收益。

资料来源:http://www.chinawuliu.com.cn/zixun/201702/10/319024.shtml.

复习与思考

1. 仓库布局的原则是什么?
2. 仓库总体构成包括哪些区域?
3. 影响仓库面积大小的因素有哪些?

第二节　库房储存规划

学习目标

1. 熟悉库房内部规划的原则;
2. 熟练掌握库房存储区平面布置的形式;
3. 熟练掌握库存堆垛的原则。

技能要求

1. 能够对库房分区与货位编号进行规划;
2. 能够设计库房商品堆垛。

引导案例

福建省某著名电缆生产企业,是省内外电力、邮电、国防等行业领域相关重点建设的重要合作伙伴。公司拥有自营进出口权,产品行销全国,并出口世界多个国家。

该企业的成品仓库露天设置在厂区内空地场所,由于受场地的限制和对物流认识的不足,仓库容量设计得很小,厂区内各成品库的总库容平均只能容纳3天的生产量。再加上对产成品的储存规划缺乏清晰的认识,产成品储存规划不当,造成大量产品只能露天分散存放,哪里有空地就往哪里放;待发产品无序的存放于路边,靠原始的标记方法标记产品位置,仓管员经常花大量时间在产品寻找上。造成上述问题的原因在于该企业缺乏对库房库区进行合理的储存规划。

库房储存规划是根据仓库总平面布置和物品储存任务,对库房、货棚、货物进行合理分配,并对其内部空间进行科学布置。

一、库房内部布置规划

（一）库房储存区布置原则

储存规划方案应能做到以尽可能低的成本，实现货物在仓库内快速、准确地流动。这个目标的实现，要通过物流技术、信息技术、成本控制和仓库组织结构的一体化策略才能达到。仓储系统的物流规划原则不是一成不变的，要视具体情况而定。在特定场合下，有些原则是互相影响的，甚至相互矛盾的。为了作出最好的设计，有必要对这些原则进行选择和修改。具体有以下七个原则。

1. 系统简化原则

要根据物流标准化做好包装和物流容器的标准化，实现集装单元与运输车辆的载重量和有效空间尺寸的配合、集装单元与装卸设备的配合、集装单元与仓储设施的配合。

2. 平面设计原则

如无特殊要求，仓储系统中的物流都应在同一平面上实现，从而减少不必要的安全防护措施，减少作业效率较低、能源消耗较大的起重机械的使用，提高系统的效率。

3. 物流和信息流的分离原则

现代物流是在计算机网络支持下的物流，如果不能实现物流和信息流的尽早分离，就要求在物流系统的每个分、合节点均设置相应的物流信息的识读装置，这势必增加系统的冗余度，增加系统的成本；如果能实现物流和信息流的尽早分离，将所需信息一次识别出来，再通过计算机网络传到各个节点，即可降低系统的成本。

4. 柔性化原则

仓库的建设和仓储设备的购置，需要大量的资金。为了保证仓储系统高效工作，需要配置针对性较强的设备，而社会物流环境的变化，又有可能使仓储货物品种、规格和经营规模发生改变。因此，在规划时，要注意机械和机械化系统的柔性和仓库扩大经营规模的可能性。

5. 物料处理次数最少原则

不管是以人工方式还是自动方式，每一次物料处理都需要花费一定的时间和费用。通过复合操作，或者减少不必要的移动，或者引入能同时完成多个操作的设备，就可减少处理次数。

6. 最短移动距离，避免物流线路交叉原则

移动距离越短，所需的时间越少，费用就越低；避免物流线路交叉，即可解决交叉点物流控制和物流等待时间问题，有利于保持物流的畅通。

7. 成本与效益平衡原则

在建设仓库和选择仓储设备时,必须考虑投资成本和系统效益原则。在满足仓储作业需求的条件下,尽量降低投资。

(二)库房储存区规模的确定

在对商品保管场所进行规划设计之前,准确地确定商品保管场所的规模,对于合理地进行保管场所的整体规划设计具有重要作用。直接影响仓库规模的因素是需要仓库储存的商品数量。商品的储存量越大,所需建设的仓库容量也就越大,仓库的规模势必也要随之增大。只有在准确预测商品储存量的基础上才可能正确地估计所需要的仓库容量。仓库规模的大小不但取决于商品储存数量,而且与商品储存的时间有关。

在商品储存量不变的情况下,如果这些商品在仓库里平均储存的时间越短,则所需要仓库的容量就越小。在确定仓库的规模之前,必须仔细地收集有关商品储存数量和时间两方面的数据与资料。

商品储存量与仓库容量之间存在着客观的比例。准确确定仓库规模,不但要求能够准确地预测商品的储存量,而且要求根据商品的储存量与商品储存空间占用之间的比例关系正确测量仓库容量。商品性能、商品保证、保管要求、仓库设施、设备情况和仓库管理水平等都影响二者的比例关系。因此,必须对这些因素做大量、细致的调查分析,摸清规律才能较为准确地计算出仓库规模。

(三)库房内部布置

库房的布置就是根据库区场地条件、仓库的业务性质和规模、商品储存要求以及技术设备的性能和使用特点等因素,对储存空间、作业区域、站台及通道布置进行合理安排和配置。

在进行商品储存场所布置时主要考虑两个方面的要素,一是充分提高储存空间的利用率,二是提高物流作业效率。储存区域是仓库的核心和主体部分,提高储存空间的利用效率是仓库管理的重要内容。在储存空间的规划和布局时,首先必须根据储存货物的体积大小和储存形态来确定储存空间的大小,然后对空间进行分类,并明确其使用方向,再进行综合分析和评估比较,在此基础上进行布置。

1. 库房内部的划分

进行库房内部布置前,必须首先对储存空间正确划分,明确各自作业区域及作业内容。

(1)物流空间。物流空间是指在仓库物流作业中能够满足物流功能的空间。包括商品保管、装卸搬运等作业空间。

（2）保管空间。在物流空间中以保管为主的空间。包括物理空间、作业空间、潜在利用空间和无用空间。

① 物理空间。商品实际占用的空间；

② 作业空间。保管空间内各种作业能够正常进行所需要的空间；

③ 潜在利用空间。在保管空间中可以争取利用的空间，一般有10%～30%的潜在利用空间可以利用；

④ 无用空间。在保管空间中除了物理空间、作业空间和潜在利用空间之外的无用空间。在满足保管作业需要的前提下，无用空间尽可能小。

2. 库房储存区布置考虑的要素

（1）商品特性

在进行储存场所作业区域布置时，要充分考虑所储存商品的理化性质、外形、重量以及储存单位等特性，据此来决定作业所需要的设备及区域的大小。

（2）机械设备的使用特点

根据储存商品的特点和装卸搬运要求，需要配置相应的机械设备。在配备机械设备时应综合考虑每种设备的使用要求、合理的作业半径以及各种设备之间的协调，以此发挥不同设备的使用特点，提高作业效率。

（3）仓库作业流程

根据作业内容的不同有储存型仓库和流转型仓库之分，不同类型的仓库其作业流程差异很大，因此必须按照各个作业环节之间的内在联系对作业场地进行合理配置，使作业环节之间密切衔接。

3. 库房内部布置要点

储存场所内部布置的主要目的是提高库房内作业的灵活性和有效利用库房内部的空间。库房内部布置应在保证商品储存需要的前提下，充分考虑到库内作业的合理组织，协调储存和作业的不同需要，合理地利用库房空间。按库房作业的主要内容，库房可分为储备型和流通型两大类。不同的库房由于其主要作业内容的差异，对于库房的布置要求也就不同。

（1）储备型库房的内部布置

储备型库房是以商品保管为主的库房。在储备型库房中储存的商品一般周转较为缓慢，并且以整进整出为主。因此，库房布置的重点就应该是在尽可能压缩非储存面积的基础上，增加储存面积。

在储备型库房内，除需要划出一定的商品检验区、商品集结区以及在储存区内留有必要的作业通道之外，库房的主要面积应用于储存商品。检验区是为了满足对入库商品进行验收作业的需要，集结区是为了满足对商品出库时进行备货作业的需要，根据库房内货位的布置以及商品出入库的作业路线,在储存区内还需要规划出必要的作业通道。

(2)流通型库房的内部布置

流通型库房是以商品收发为主的库房,如批发和零售仓库、中转仓库和储运公司等以组织商品运输业务为主的库房。在这类库房中,储存商品一般周转较快,频繁地进行出入库作业。

对于流通型库房来说,为了适应库房内商品大量的、经常性的收发作业的需要,在进行库房布置时必须充分考虑提高作业效率的要求。

(四)库房存储区平面布置形式

库房存储区主要由货架或堆垛组成。其平面布置有多种形式:垂直式布置和倾斜式布置。

1. 垂直式布置

垂直式布置是指货架或堆垛的排列与库墙和通道互相垂直,垂直式布置又分为横列式布置、纵列式布置和纵横式布置。

(1)横列式布置

横列式布置指货架或货垛的长度方向与库房的长度方向互相垂直(与库房的宽度方向平行),如图2-1所示。横列式布置的优点是:主通道长且宽、副通道短、整齐美观,方便商品的存取、盘点;通风和自然采光良好;便于机械化作业。其不足是:主通道占用面积多,仓库面积利用率受到影响。

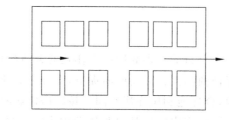

图2-1　横列式布置

(2)纵列式布置

纵列式布置是指货架或货垛的长度与库房的长度方向平行(与库房的宽度方向垂直),如图2-2所示。其优缺点正好与横列式相反,这种布置形式库房平面利用率比较高,但存取商品不便,通风采光不良。

(3)纵横式布置

纵横式布置是指在同一保管场所,兼有横列式布置和纵列式布置,如图2-3所示。其结合了上述两种方式的特点。

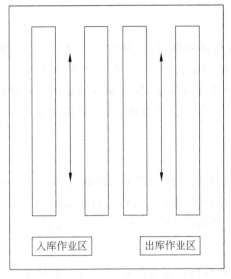

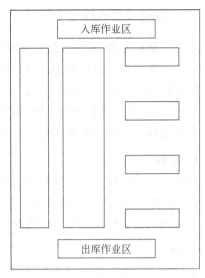

图 2-2　纵列式布置　　　　　　　　　图 2-3　纵横式布置

2. 倾斜式布置

倾斜式布置是指货架或堆垛与主通道之间不是互相平行或垂直,而是成 60°、45° 或 30° 的锐角。这种布置方式又分为货垛倾斜和通道倾斜两种情况。

(1) 货垛倾斜式

货垛倾斜式是指货垛的布置与库墙和通道之间成一锐角,如图 2-4 所示。好处是叉车作业回转角度小,提高装卸搬运效率。而缺点是仓库面积不能充分利用,有死角。

(2) 通道倾斜式

通道倾斜式是指货垛与库墙之间仍垂直,而通道与货垛和库墙之间成锐角,如图 2-5 所示。这种布置方式既能避免死角,同样便于商品搬运,提高作业效率。

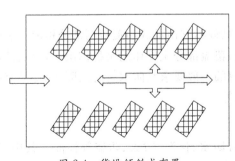

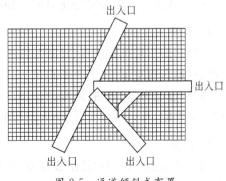

图 2-4　货垛倾斜式布置　　　　　　　图 2-5　通道倾斜式布置

（五）库房建筑规划

库房一般由地基、地坪、墙体、屋顶和门窗几部分组成，其他的建筑物也有特定的构造。由于仓库的类型和规模不同，以及储存物品的保管要求、安装的设备、使用的建筑材料、投资的情况等也不尽相同，因此为了保证仓库建筑质量，保证储存物品的作业操作安全，必须针对具体情况和条件，严格按库房建筑的各项技术准则，进行建造和施工。库房建筑主要组成部分的一般技术要求如下。

1. 地基

地基是库房四周墙体和立柱下部的承重结构，用于承受建筑物恒载（包括自重和构件重）和活荷载（包括屋面、装载机械传至结构物及自然因素影响到结构物等的可变荷载），并将其均匀地传递到地基中去。地基应具有足够的抗压强度、稳定性和防潮、防腐性能。

2. 地坪

地坪的作用主要是承受货物、货架以及人和机械设备等的荷载，因此，地坪必须有足够的强度以保证安全使用。根据使用的建筑材料可分为三合土、沥青、砖石、混凝土以及土质地坪等。对地坪的基本要求是平坦坚实，耐摩擦和冲击，表面光洁不起灰尘。

地坪的承载能力应视堆放物品性质、当地地质条件和使用的建筑材料确定，一般载荷量在 $5\sim10t/m^2$。

3. 墙体

墙体是库房建筑的主要组成部分，起着承重、围护和分隔等作用。墙体一般可分为内墙和外墙；按承重与否可分为承重墙和非承重墙。对于起不同作用的墙壁可以根据不同的要求，选择不同的结构和材料。

对于外墙，因其表面接触外界，受外界气温变化、风吹、雨淋、日晒等大气侵蚀的影响，因此，对承重外墙除要求其满足具有承重能力的条件外，还需要考虑保温、隔热、防潮等围护要求，以减少外部温湿度变化对库存物品的影响。

4. 屋顶

屋顶的作用是抵御雨雪、日晒等自然因素的影响，它由承载和覆盖两部分构成。承载部分除承担自身重量外，还要承担风、雪的荷载；覆盖部分主要作用是抵御雨、雪、风、沙的侵袭，同时也起保温、隔热、防潮的作用。对屋顶的一般要求是防水、保温、隔热，并具有一定的防火性能，符合自重要轻、坚固耐用的要求等。

5. 门窗

门窗是库房围护结构的组成部分，要求具有防水、保温、防火、防盗等性能。其中，库房窗户主要作用是通风和采光，因此，窗户的形状、尺寸、位置和数量应能保证库内采光和通风的需要,而且要求开闭方便,关闭严密;库门主要是供人员和搬运车辆通行,同时作业完毕后要关闭,以保持库内正常温度、湿度,保证物品存放安全。

二、库房分区与货位编号规划

(一)库房分区

仓库对储存商品进行科学管理的一种重要方法是实行分区、分类和定位保管。分区就是按照库房、货场条件将仓库分为若干货区;分类就是按照商品的不同属性将储存商品分划为若干大类;定位就是在分区、分类的基础上固定每种商品在仓库中具体存放的位置。库房编号就是在库房分区、分类的基础上将商品存放场所按照位置的排列,采用统一标记编上顺序号码,并做出明显标志。

对多层库房的编号,需要区别库房的楼层。在同一楼层有两间以上仓间时,楼层仓间的编号,一般以正楼上楼梯的方向,采取左单右双或自左而右的顺序来编号。

(二)库房货位规划

1. 库房货位规划原则

在进行货位规划时应充分考虑商品的特性、轻重、形状及周转率情况,根据一定的分配原则确定商品在仓库中具体存放的位置。

(1)根据商品周转率进行货位规划

计算商品的周转率,将库存商品周转率进行排序,然后将排序结果分段或分列。将周转率大、出入库频繁的商品储存在接近出入口或专用线的位置,以加快作业速度和缩短搬运距离。周转率小的商品存放在远离出入口处,在同一段或同列内的商品则可以按照定位或分类储存法存放。

(2)根据商品相关性进行货位规划

有些库存的商品具有很强的相关性,相关性大的商品,通常被同时采购或同时出仓,对于这类商品应尽可能规划在同一储区或相近储区,以缩短搬运路径和拣货时间。

(3)根据商品特性进行货位规划

为了避免商品在储存过程中相互影响,性质相同或所要求保管条件相近的商品应集中存放,并相应安排在条件适宜的库房或货场。即将同一种货物储存在同一保管位置,产品性能类似或互补的商品放在相邻位置。将相容性低,特别是互相影响其质量的商品分开存放。这样既提高作业效率,又防止商品在保管期间受到损失。

(4)根据商品体积、重量特性进行货位规划

在仓库布局时,必须同时考虑商品体积、形状、重量单位的大小,以确定商品所需堆码的空间。通常,较重较大的物品保管在地面上或货架上的下层位置。为了适应货架的安

全并方便人工搬运，人的腰部以下的高度通常宜储放重物或大型商品。

（5）根据商品先进先出的原则进行货位规划

先进先出即指先入库的商品先安排出库，这一原则对于寿命周期短的商品尤其重要，如食品、化学品等。在运用这一原则时，必须注意在产品形式变化少，产品寿命周期长，质量稳定不易变质等情况下，要综合考虑先进先出所引起的管理费用的增加，而对于食品、化学品等易变质的商品，应考虑的原则是"先到期的先出货"。

除上述原则外，为了提高储存空间的利用率，还必须利用合适的积层架、托盘等工具，使商品储放向纵深空间发展。储放时尽量使货物面对通道，以方便作业人员识别标号、名称，提高货物的活性化程度。保管商品的位置必须明确标示，保管场所必须清楚，易于识别、联想和记忆。另外，在规划储位时应注意保留一定的机动储位，以便当商品大量入库时可以调剂储位的使用，避免打乱正常储位安排。

2. 货位编号方法

货位编号就是将商品存放场所按照位置的排列，采用统一标记编上顺序号码，并做出明显标志。科学合理的储位编号在整个仓储管理中具有重要的作用，在商品保管过程中，根据储位编号可以对库存商品进行科学合理的养护，有利于对商品采取相应的保管措施；在商品收发作业过程中，按照储位编号可以迅速、准确、方便地进行查找，不但提高了作业效率，而且减少差错。

储位编号应按一定的规则和方法进行。首先确定编号的先后顺序规则，规定好库区、编排方向及排列顺序。其次是采用统一的方法进行编排，要求在编排过程中所用的代号、连接符号必须一致，每种代号的先后顺序必须固定，每一个代号必须代表特定的位置。

（1）区段式编号

把储存区分成几个区段，再对每个区段编号。这种方式是以区段为单位，每个号码代表的储区较大，区段式编号适用于单位化商品和量大而保管期短的商品。区域大小根据物流量大小而定。

（2）品项群式编号

把一些相关性强的商品经过集合后，分成几个品项群，再对每个品项群进行编号。这种方式适用于容易按商品群保管和品牌差异大的商品。如服饰群、五金群等。

（3）地址式编号

利用保管区仓库、区段、排、行、层、格等，进行编码。如用货架存放的仓库，可采用四组数字来表示商品存在的位置，四组数字代表库房的编号、货架的编号、货架层数的编号和每一层中各格的编号。可以知道编号的含义是：1号库房，第11个货架，第1层中的第5格，根据储位编号就可以迅速地确定某种商品具体存放的位置。

此外，为了方便管理，储位编号和储位规划可以绘制成平面布置图，这样不但可以全面反映库房和货场的商品储存分布情况，而且可以及时掌握商品储存动态，便于仓库结合实际情况调整安排。

（三）商品储存定位方法

1. 定位储存

定位储存是指每一项商品都有固定的储位,商品在储存时不可互相窜位,在采用这一储存方法时,必须注意每一项货物的储位容量必须大于其可能的最大在库量。定位储存通常适用于以下一些情况:不同物理、化学性质的货物须控制不同的保管储存条件,或防止不同性质的货物互相影响;重要物品须重点保管;多品种少批量货物的存储。

采用定位储存方式易于对在库商品管理,提高作业效率,减少搬运次数。但需要较多的储存空间。

2. 随机储存

随机储存是根据库存货物及储位使用情况,随机安排和使用储位,各种商品的储位是随机产生的。通过模拟实验,随机储存系统比定位储存节约 35% 的移动库存时间及增加 30% 的储存空间。随机储存适用于储存空间有限以及商品品种少而体积较大的情况。

随机储存的优点是由于共同使用储位,提高储区空间的利用率。

随机储存的缺点如下。

（1）增加货物出入库管理及盘点工作的难度。

（2）周转率高的货物可能被储放在离出入口较远的位置,可能增加出入库搬运的工作量。

（3）有些可能发生物理、化学变化的货物相邻存放,可能造成货物的损坏或发生危险。

3. 分类储存

分类储存是指所有货物按一定特性加以分类,每一类货物固定其储存位置,同类货物不同品种又按一定的法则来安排储位。分类储存通常按以下几个因素分类。

（1）商品相关性大小。商品相关性是指商品的配套性,或由同一家顾客所订购等。

（2）商品周转率高低。

（3）商品体积、重量。

（4）商品特性。商品特性通常指商品的物理或化学、机械性能。

分类储放主要适用于以下情况。

（1）商品相关性大,进出货比较集中。

（2）货物周转率差别大。

（3）商品体积相差大。

分类储存的优点如下。

(1) 便于按周转率高低来安排存取,具有定位储放的各项优点。

(2) 分类后各储存区域再根据货物的特性选择储存方式,有助于货物的储存管理。

分类储存的缺点:储位必须按各类货物的最大在库量设计,因此储区空间平均的使用率仍然低于随机存储。

4. 分类随机储存

分类随机储存是指每一类商品有固定的存放储区,但各储区内,每个储位的指定是随机的。其优点是具有分类储存的部分优点,又可节省储位数量,提高储区利用率。因此,可以兼有定位储存和随机储存的特点。分类随机储存的缺点:货物出入库管理,特别是盘点工作较困难。

5. 共同储存

共同储存是指在知道各货物进出仓库确定时间的前提下,不同货物共用相同的储位,这种储存方式在管理上较复杂,但储存空间及搬运时间更经济。

(四) 储位指派方法

在完成储位确定、储位编号等工作之后,需要考虑用什么方法把商品指派到合适的储位上。指派的方法有人工指派法、计算机辅助指派法和计算机全自动指派法三种。

1. 人工指派法

人工指派法是指商品的存放位置由人工进行指定,其优点是较计算机等设备投入费用少。缺点是指派效率低、出错率高。

人工指派管理要点如下。

(1) 要求仓管人员必须熟记储位指派原则,并能灵活应用。

(2) 仓储人员必须按指派单证把商品放在指定储位上,并做好详细记录。

(3) 实施动态管理,补货或拣货作业时,仓储人员必须做好登记消除工作,保证账物相符。

2. 计算机辅助指派法

计算机辅助指派法是利用图形监控系统,收集储位信息,并显示储位的使用情况,把这作为人工指派储位依据进行储位指派作业。采用此法需要计算机、扫描仪等硬件设备及储位管理软件系统支持。

3. 计算机全自动指派法

计算机全自动指派法是利用图形监控储位管理系统和各种现代化信息技术,如条形码自动阅读机、无线电通信设备、网络技术、计算机系统等,收集储位有关信息,通过计算机分析后直接完成储位指派工作。

三、库房商品堆垛设计

商品堆垛是指根据物品的包装、外形、性质、特点、种类和数量,结合季节和气候情况,以及储存时间的长短,将物品按一定的规律码成各种形状的货垛。堆垛的主要目的是便于对物品进行维护、查点等管理和提高仓库利用率。

(一)库房商品堆垛的基本原则

1. 分类存放

分类存放是仓库储存规划的基本要求,是保证物品质量的重要手段,因此也是堆码需要遵循的基本原则。

(1)不同类别的物品分类存放,甚至需要分区分库存放。

(2)不同规格、不同批次的物品也要分位、分堆存放。

(3)残损物品要与原货分开。

(4)对于需要分拣的物品,在分拣之后,应分位存放,以免混串。

此外,分类存放还包括不同流向物品、不同经营方式物品的分类分存。

2. 选择适当的搬运活性

为了减少作业时间、次数,提高仓库物流速度,应该根据物品作业的要求,合理选择物品的搬运活性。对搬运活性高的入库存放物品,也应注意摆放整齐,以免堵塞通道,浪费仓容。

3. 面向通道,不围不堵

货垛以及存放物品的正面,尽可能面向通道,以便查看;另外,所有物品的货垛、货位都应有一面与通道相连,处在通道旁,以便能对物品进行直接作业。只有在所有的货位都与通道相通时,才能保证不围不堵。

(二)商品堆垛前应具备的条件

(1)商品已验收完毕,已查清其数量、质量和规格等。未经验收或验收中发现问题的商品不能正式堆码。

(2)包装完好,标志清晰。包装破损、标志不清或标志不全的商品不能正式堆码。

(3)必须清除商品外表污渍或其他杂物,并且清除活动对商品质量没有产生负面影响,方能进行堆码。

(4)商品受潮、锈蚀,甚至出现某种质量变化,必须进行养护处理,经过处理能恢复原状并对质量无影响者方可堆码。

（三）库房商品堆垛设计的要求

1. 合理

垛形必须适合商品的性能特点，不同品种、型号、规格、牌号、等级、批次、产地、单价的商品，均应该分开堆垛，以便合理保管，并要合理地确定堆垛之间的距离和走道宽度，便于装卸、搬运和检查。垛距一般为 0.5～0.8m，主要通道约为 2.5～4m。

2. 牢固

货垛必须不偏不斜，不歪不倒，不压坏底层的商品和地坪，与屋顶、梁柱、墙壁保持一定距离，确保堆垛牢固安全。

3. 定量

每行每层的数量力求成整数，过秤商品不成整数时，每层应该明显分隔，标明重量，这样便于清点发货。

4. 整齐

垛形有一定的规格，各垛形排列整齐有序，包装标志一律朝外。

5. 节约

堆码时考虑节省货位，提高仓库利用率。

（四）堆垛设计的内容

1. 货垛"五距"要求

货垛"五距"应符合安全规范要求。货垛的"五距"指的是垛距、墙距、柱距、顶距和灯距。堆垛时，不能依墙、靠柱、碰顶、贴灯；不能紧挨旁边的货垛，必须留有一定的间距。无论采用哪一种垛形，房内必须留出相应的走道，方便商品的进出和消防用途。

（1）垛距

货垛与货垛之间的必要距离，称为垛距，常以支道作为垛距。垛距能方便存取作业，起通风、散热的作用，方便消防工作。库房垛距一般为 0.3～0.5m，货场垛距一般不少于 0.5m。

（2）墙距

为了防止库房墙壁和货场围墙上的潮气对商品的影响，也为了散热通风、消防工作、建筑安全、收发作业，货垛必须留有墙距。墙距可分为库房墙距和货场墙距，其中，库房墙距又分为内墙距和外墙距。内墙距是指货物离没有窗户墙体的距离，此处潮气相对少些，一般距离为 0.1～0.3m；外墙距是指货物离有窗户墙体的距离，这里湿度相对大些，一般距离为 0.1～0.5m。

（3）柱距

为了防止库房柱子的潮气影响货物，也为了保护仓库建筑物的安全，必须留有柱距。

柱距一般为 0.1～0.3m。

（4）顶距

货垛堆放的最大高度与库房、货棚屋顶横梁间的距离,称为顶距。顶距能便于装卸搬运作业,能通风散热,有利于消防工作,有利于收发、查点。顶距一般为 0.5～0.9m,具体视情况而定。

（5）灯距

货垛与照明灯之间的必要距离,称为灯距。为了确保储存商品的安全,防止照明灯发出的热量引起靠近商品燃烧而发生火灾,货垛必须留有足够的安全灯距。灯距按规定应有不少于 0.5m 的安全距离。

2．堆垛设计

为了达到堆码的基本要求,必须根据保管场所的实际情况、物品本身的特点、装卸搬运条件和技术作业过程的要求,对物品堆垛进行总体设计。设计的内容包括垛基、垛形、货垛参数、堆垛方式、货垛苫盖、货垛加固等。

（1）垛基

垛基是货垛的基础,其主要作用是:承受整个货垛的重量,将物品的垂直压力传递给地基;将物品与地面隔开,起防水、防潮和通风的作用;垛基空间为搬运作业提供方便条件。因此,对垛基的基本要求是:将整垛货物的重量均匀地传递给地坪;保证良好的防潮和通风;保证垛基上存放的物品不发生变形。

（2）垛形

垛形是指货垛的外部轮廓形状。按坪底的平面形状可以分为矩形、正方形、三角形、圆形、环形等。按货垛立面的形状可以分为矩形、正方形、三角形、梯形、半圆形,另外还可组成矩形-三角形、矩形-梯形、矩形-半圆形等复合形状。

不同立面的货垛都有各自的特点。矩形、正方形垛易于堆码,便于盘点计数,库容整齐,但随着堆码高度的增加货垛稳定性就会下降。梯形、三角形和半圆形垛的稳定性好,便于苫盖,但是不便于盘点计数,也不利于仓库空间的利用。矩形-三角形等复合货垛恰好可以整合它们的优势,尤其是在露天存放的情况下更须加以考虑。

（3）货垛参数

货垛参数是指货垛的长、宽、高,即货垛的外形尺寸。通常情况下,需要首先确定货垛的长度,如长形材料的尺寸长度就是其货垛的长度,包装成件物品的垛长应为包装长度或宽度的整数倍。货垛的宽度应根据库存物品的性质、要求的保管条件、搬运方式、数量多少以及收发制度等确定,一般以两个或五个单位包装为货垛宽度。

货垛高度主要根据库房高度、地坪承载能力、物品本身和包装物的耐压能力、装卸搬运设备的类型和技术性能,以及物品的理化性质等来确定。在条件允许的情况下应尽量提高货垛的高度,以提高仓库的垂直空间利用率。

（4）货垛苫盖

货垛苫盖主要是指露天堆码的物料,为了防雨雪、防风吹日晒、防尘、防散失等,使用苫盖物进行苫盖。一般使用篷布、油毡、苇席、塑料薄膜或铁皮制作活动苫棚。苫盖中应注意上部起脊以使排水良好;苫盖物要与被苫盖物隔离,以免渗水浸湿物料。近几年来活动苫棚得到普遍采用,这是一种代替苫盖的有效措施,应大力提倡。

（5）货垛加固

为了防止料垛倒塌,对某些稳定性较差的料垛进行必要的加固,加固是为了增加料垛的整体性。常用的方法有两侧立挡柱、层间加垫板、使用"U"形架、两侧加楔形木、使用钢丝拉链等。可通过静力学的计算确定加固材料的规格尺寸和数量。

（五）堆垛的基本形式

堆垛根据商品的基本性能、外形等不同,有各种形式。基本形式有重叠式、纵横交错式、仰伏相间式、压缝式、宝塔式、通风式、栽柱式、鱼鳞式、衬垫式和架子化等。现在将较为通行的若干式样介绍如下。

1. 重叠式堆垛

重叠式堆垛,如图 2-6 所示。逐件逐层向上重叠码高而成货垛,此垛形是机械化作业的主要垛形之一,适于中厚钢板、集装箱等商品,堆码板材时,可逢十略行交错,以便记数。

2. 纵横交错式堆垛

纵横交错式堆垛,如图 2-7 所示。将长短一致,宽度排列能够与长度相等的商品,一层横放,一层竖放,纵横交错堆码,形成方形垛。长短一致的锭材、管材、棒材、狭长的箱装材料均可用这种垛形。

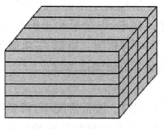

图 2-6　重叠式堆垛

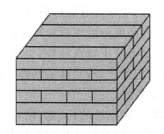

图 2-7　纵横交错式堆垛

有些材料,如铸铁管、钢锭等,一头大、一头小的,要大、小头错开。锭材底面大顶面小,可仰伏相间。化工材料、水泥等,如包装统一,可采用"二顶三""一顶四"等方法,在同一平面内纵横交叉,然后再层层纵横交错堆垛,以求牢固。这种垛形也是机械堆垛的主要垛形之一。

3. 仰伏相间式堆垛

仰伏相间式堆垛,如图 2-8 所示。对于钢轨、槽钢、角钢等商品,可以一层仰放、一层伏放,仰伏相间而相扣,使堆垛稳固。也可以伏放几层,再仰放几层,或者仰伏相间组成小组再码成垛。但是,角钢和槽钢仰伏相间码垛,如果是在露天存放,应该一头稍高,一头稍低,以利于排水。

图 2-8　仰伏相间式堆垛

4. 压缝式堆垛

压缝式堆垛,如图 2-9 所示。将垛底的底层排列成正方形、长方形或环行,然后起脊压缝上码。由正方形或长方形形成的垛,其纵横断面成层脊形,适于阀门、缸、建筑卫生陶瓷等用品。

5. 宝塔式堆垛

宝塔式堆垛与压缝式堆垛类似,但压缝式堆垛是在两件物体之间压缝上码,宝塔式堆垛则在四件物体之中心上码逐层缩小,如电线、电缆。

6. 通风式堆垛

通风式堆垛,如图 2-10 所示。需要防潮湿、通风保管的商品,堆垛时每件商品和另一件商品之间都留有一定的空隙以利于通风。

图 2-9　压缝式堆垛

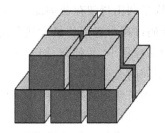

图 2-10　通风式堆垛

7. 栽柱式堆垛

栽柱式堆垛,如图 2-11 所示。在货垛的两旁栽上 2～3 根木柱或者是钢棒,然后将材料平铺在柱子中间,每层或间隔几层在两侧相对应的柱子上用铁丝拉紧,以防倒塌。这种堆垛方式多用于金属材料中的长条形材料,如圆钢、中空钢的堆码,适宜于机械堆码,采用较为普遍。

8. 衬垫式堆垛

在每层或每间隔几层商品之间夹进衬垫物,利用衬垫物使货垛的横断面平整,商品互相牵制,以加强货垛的稳固性。衬垫物需要视商品的形状而定。这种堆垛方式适用于四方整齐的裸装商品,如电动机的堆垛。

9."五五化"堆垛

"五五化"堆垛,如图 2-12 所示。就是以五为基本计算单位,堆码成各种总数为五的倍数的货垛,即大的商品堆码成五五成方,小的商品堆码成五五成包;长的商品堆码成五五长行,短的商品堆码成五五成堆,带眼的商品堆码成五五成串。这种堆垛方式过目成数,清点方便,数量准确,不易于出现差错,收发快,效率高,适用于按件计量商品。

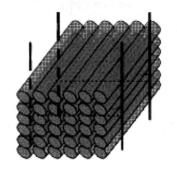

图 2-11　栽柱式堆垛　　　　　　　图 2-12　"五五化"堆垛

10. 架式堆垛

架式堆垛是利用货架存放商品,主要用于存放零星或怕压的商品。对于零星或怕压的商品,在堆码过程中遇到的最大问题就是如何提高空间利用率。如果采用上述的堆垛方法,零星商品数量小、品种杂,而不能够集中堆码;怕压商品必须降低堆放高度,因此都不利于存储空间的充分利用。

这些商品如果使用货架储存就可以提高储存空间的利用率。在库房中货架一行一行地排列,中间留有通道以便取放商品。为了进一步提高库房的面积利用率,还可以采用可移动式货架。移动式货架能够沿着两条导轨做水平方向的移动,这样就可以减少货架间的通道数量。

11. 托盘堆垛

托盘堆垛是近几十年来得到迅速发展的一种堆码方法。它的特点是商品直接在托盘上存放。商品从装卸、搬运入库,直到出库运输,始终不离开托盘,这就可以大大提高机械作业的效率,减少搬倒次数。托盘使堆垛的运用范围很广,包装整齐又不怕压的商品可以使用平托盘;散装或零星商品可以使用箱式托盘;怕压或形状不规则的商品,为了增加堆码高度,可以使用立柱托盘。堆码时四根立柱不但承受了上部重量,而且大大增加了稳定性。

随着仓库作业机械化水平的提高,托盘式堆垛将应用得更加广泛。托盘不仅在仓库堆码中被广泛使用,而且逐渐在运输中被积极推广使用,这对减少装卸搬运次数、减轻劳动强度、加快商品流通中转具有显著作用。

课堂实训

1. 工作目标

前往某物流企业仓库,了解该企业主要储存商品种类,为该企业库房设计规划库房,对所存商品进行分类、分区,根据所存商品为库房进行合理的储位编号。

2. 工作准备

(1) 了解库房储存规划相关知识,如规划内容、库房内部布置、库区货架编号及堆码设计等知识。

(2) 学生每 8 人为一组,每组定一名学生为组长。

(3) 带好库房和货架的测量及记录工具,并对学生进行安全守纪教育。

(4) 工作时间安排 4 课时。

3. 工作任务

某物流企业每年仓库储存的主要货物有日用百货和家用电器等,并已有货场和库房,请为该企业规划设计库区。该仓库现要准备接收一批矿泉水、可乐、果汁、饼干、卫生纸、大米、酱油、彩电、空调、洗衣机、电冰箱等。要求完成以下工作任务:

(1) 为该企业仓库设计规划库房。

(2) 对准备要储存的商品进行分类、分区。

(3) 为这些商品合理地进行储位规划。

(4) 以组为单位,完成库房设计规划报告。

案例阅读

亚马逊仓储之道

不管你信不信,全球最大的零售电商亚马逊的仓库库存就是这样随机摆放的。其仓库采用混乱无序的方式存放各种类型的商品,在这种无序存储的背后是一整套高效运作的"混乱库存管理制度"。

1. 混乱库存管理制度的运作

混乱库存管理制,有时也被称为随机存放制度,本质上来看就是一个存放商品的货架系统。亚马逊的平均出错率远低于普通固定存货系统，关键在于分拣及物流方式。

从分区的商品开始：仓库的工作人员把进货运至货架系统，找个空位存放。每个货架和每个商品位都有个独一无二的条形码。工作人员用手持扫描仪扫描货架位和对应商品，然后计算机就会存储下该商品的具体位置。

当订单下来需要进仓库取货时，计算机会自动输出一组提货单。根据数据库，提货单上显示的商品会在距离具体负责提取该商品员工最近的位置，精准而高效。每个物件从货架取下时都要再扫描一次，所以保证了数据库的即时信息更新。

这里要指出的是混乱管理并不是混乱操作，也并非意味全自动化管理系统，因为全自动操作一个混乱存储系统虽然可行，但成本太高，所以不是亚马逊的优先选择。亚马逊通过一项模拟存储进程的实验发现，雇用适当的仓库管理员工比全自动化更节省成本。

2. 混乱库存管理制度的优势

混乱库存管理制度和传统有序的库存管理制度相比，混乱库存相对更灵活方便，能更加迅速的应对各种产品存货变化等突发事件，这样减少了计划的总工作量，因为在混乱库存中，无论各种产品整体数量还是某种商品销售量都不需要作提前计划。

混乱库存能更有效地利用存储空间，因为只要空出了位置马上就被放置其他商品。而在固定位置的存储系统中，一些货架位是预留给某种商品，即便那种商品的实际存货非常少也得留着，这就产生了空间资源浪费的现象。

混乱库存更节省时间，这不仅仅体现在存货时，当有订单取货时也节省时间。进仓的货物是简单放置在货架上空余位置的。不管在什么时候有人来取货，计算机都会计算出最佳路径显示在提货单上。这种方法使工作人员的工作距离缩短。而且，亚马逊的提货单不是通过筛选订单得到的，也就是说需要出库的货物必须通过一个额外的步骤与发货联系在一起。

混乱库存方式能大大降低用于新员工入职培训上的物力和精力。新入职雇员无须记住仓库的整体布局，或是某些特殊商品特殊的存放位置等，系统规划取货路线也就使得工作容易上手，这样亚马逊更换员工，或是在销售旺季雇用临时雇员在具体操作上不会有很大的障碍。

资料来源：http://b2b.toocle.com/detail—6147118.html.

复习与思考

1. 仓库内部布置应考虑哪些因素？

2. 库房存储区平面布置有哪些形式？

3. 库房货位规划的原则是什么？

4. 货垛的"五距"要求指的是什么？

5. 什么是"五五化"堆垛？

本章小结

本章阐述了仓库平面布局规划的内容及方法；仓库面积的计算及影响因素；仓库内部布置内容及方法；仓库库区分区及货位编码；仓库堆垛的设计等内容。重点对仓库平面布局规划内容、仓库货位编码方法、仓库堆垛设计形式等进行了讲解，以培养学生仓库布局及库房规划能力。

第三章

仓储经营管理能力

第一节 仓储物流经营战略选择

学习目标

1. 了解仓储物流经营战略对企业经营的重要性;

2. 熟悉仓储物流经营战略的类型;

3. 掌握仓储物流经营战略的分析方法。

技能要求

1. 能够根据仓储企业的情况,通过各种分析方法来选择适宜的经营战略类型;

2. 能够针对仓储企业的具体条件进行仓储经营战略的制订与规划。

引导案例

福建省某物流有限公司(以下简称 HJ 物流公司)创立于 1993 年,经过多年的艰苦创业,已发展成为拥有资产 4 000 多万元,自有及可调配车辆 366 部的三级资质物流企业。公司总部在福州市晋安区福兴投资区福兴大道,经营场所占地面积 5 万多 m^2,且有大型物流设施及专用仓储、配送、包装等物流环境,与铁路货站、马尾港相邻,交通十分便利,并在全国 15 个大中型城市设有分支机构。

多年来,公司为华映光电、冠捷电子、友达光电、北京兴捷联电子、统一企业等众多知名企业提供整合运输服务(ITS)、仓储服务、配送中转、异地托运等全方位物流服务。2006 年,被中国交通运输协会评为"中国物流百强企业"(位列 52 强)。该企业物流发展战略是为专业化客户提供一体化的物流服务。

随着与电子类客户的深入合作,这些国内知名的电子企业要求 HJ 物流公司提供更专业化的仓储、分销、配送、包装等服务。在这样的合作背景下,公司应该采取什么样的物流经营战略才能符合客户的物流服务需求？

经营战略是各个战略经营单位或者有关的事业部、子公司的战略。而仓储经营战略是指在仓储物流企业,为达成企业中长期经营目标而制定的经营方针和方向。为了实现企业的总体发展目标,就必须根据企业的外部环境和内部条件的各种信息,制定出正确的经营战略。企业的经营战略是对企业长期的、全局性的经营问题的谋划,是实现企业目标的重大决策或举措。

仓储物流企业为了在竞争中获得优势地位,必须根据自身的具体情况与行业环境,采取不同的经营发展战略。经营策略的最终目的就是实现竞争优势。在一般情况下,有三种基本经营战略:总成本领先战略、差异化经营战略、目标集聚战略。

一、仓储经营战略类型

(一)总成本领先战略

1. 总成本领先战略的概念

总成本领先经营战略是企业在提供相同的产品或服务时,通过采取一系列降低成本的措施,以总成本最低的优势在行业竞争中获得市场份额。总成本领先经营战略要求建立达到经济规模的物流服务基础设施,抓好每一环节的成本控制,最大限度地减少研发、服务、营销、广告、管理等方面的费用。总成本领先战略的核心是在经营中使各项成本低于竞争对手,以获得竞争的优势,在市场中占有较高的市场份额。

2. 总成本领先战略的指导思想

企业要在较长时期内保持企业产品成本处于同行业中的领先水平,并按这一目标采取一系列措施,使企业获得同行业平均水平以上的利润。此战略在 20 世纪 70 年代随着经验曲线概念的推广而日益普及。

成本领先战略要求建立大规模高效率的设施,努力追求基于经验的成本下降,严密控制成本和管理费用,追求研发、服务、销售、广告及其他部门的成本最小化。整个战略的目标是追求低于竞争对手的成本。

3. 总成本领先战略的实施

对于仓储经营企业实施总成本领先战略,要求有相当规模客户形成的稳定的业务量、广泛覆盖仓库业务的网点、信息化程度高的仓储服务平台,保持较宽的相关产品系列以分散成本和费用,以批量购买的价格折扣向客户群提供服务。

总成本领先战略需要较高的前期投资、激进的定价和承受初始的亏损,以便获得较高的市场份额。而较高市场份额又可获得采购的经济性而使成本进一步降低。一旦赢得了成本领先地位,所获得的利润又可以增加仓储设施投入,进一步维护成本的领先地位。

(二)差异化经营战略

1. 差异化经营战略的概念

差异化经营战略也称标新立异经营战略。它是将企业提供的产品或服务标新立异,形成一些在全行业范围中独特性的东西,向客户提供独特的服务。采取差异化战略可以有许多方式:设计品牌形象、技术特点、外观特点、经销网络及其他方面的独特性。

最理想的情况是企业在几个方面都标新立异。标新立异经营战略并不意味企业完全可以忽视成本,但此时成本不是企业的首要战略目标。实施标新立异经营战略利用客户对品牌的忠诚度及由此产生对价格敏感性下降,使企业避开竞争。

2. 差异化经营战略的思想

企业提供的产品与服务在产业中具有独特性,即具有与众不同的特色,可以表现在产品设计、技术特性、品牌形象、促销及服务方式等某一方面或某几方面。

3. 差异化经营战略的实现途径

(1)产品的内在因素差异化——包括产品性能、设计、质量及附加功能等方面具有独特性;

(2)产品的外在因素差异化——创造良好的商品形象,即重复地利用产品的定价、商标、包装、销售渠道及促销手段,使其与竞争对手在营销组合方面形成差异化。

4. 差异化经营战略的实施

对于仓储企业实施标新立异经营战略,通俗来说就是仓储企业在某一方面独树一帜,以此获得溢价的服务价格。对于中小型仓储企业来说,技术以及专利均无法占据优势,只能在服务以及质量等方面达到标新立异。

主要手段有:在某一区域以独一无二的仓储服务覆盖整个区域范围、高订单满足率、快速的仓储周转率、高素质的仓储从业人员、内部管理流程优化等软性手段以及独一无二的仓储物流设施设备、高效的仓储物流信息系统等软硬件手段。中小型仓储企业比较适合采取标新立异经营战略,相比大型物流企业而言,中小型仓储企业比较灵活,容易快速地捕捉到客户的实际需要,容易开发出增值服务,从而形成自己的竞争优势。

(三)目标集聚战略

1. 目标集聚战略的概念

目标集聚经营战略是指主攻某个特定的顾客群、某产品系列的一个细分区段或某个地区市场。集聚战略的核心是围绕着某一特定目标这一中心建立的。这一战略的前提是:企业能够以更高的效率、更好的效果为某一狭窄的战略对象服务,从而超过更广阔范围的竞争对手。

2. 目标集聚战略的思想

此战略通过满足消费者群体的特殊需要或者集中服务于某一有限的区域市场,来建立企业的竞争优势及其市场地位。因而此战略的最突出特征是:企业专门服务于总体市场的一部分,即对某一类型的顾客或某一地区性市场做密集型的经营。

采用此战略的企业能够控制一定的产品势力范围,在此势力范围内其他竞争者难以与之抗衡,故其竞争优势地位较为稳定。

3. 目标集聚战略的实施

仓储企业实施目标集聚战略,主要是指找准某一细分仓储物流市场,并量体裁衣的为其服务,形成自己的竞争优势。对于中小型仓储物流企业来说,要实现目标集聚就是要为专业客户提供独一无二的服务或者在提供相同物流服务项目时能够比其他公司更加高效、专业化或低成本。目标集聚战略是建立在准确的仓储市场定位基础之上的,主要体现形成有成本积聚与差异集聚,即在某一细分市场上做到成本领先或者标新立异。

对于中小型仓储物流企业来说,主要可以通过以下手段来实现此战略。服务对象的集聚,即找准既有市场潜力,而自身也拥有一定发展资源的仓储物流市场如冷链仓储、家电仓储、服装产品仓储、机电产品仓储等作为服务对象,把其中之一作为自己的细分市场;流程集聚,即为需要某些特殊物流作业流程的货物或企业提供独有的专业化仓储流程服务;功能集聚,即不仅提供传统的仓储、配送等物流功能,还提供诸如二次转运、逆向物流、电子商务配送、专业化流通加工、物流咨询与教育、融通仓等新兴仓储物流服务。

中小型仓储物流企业通过对仓储市场的有效细分,找准定位,将公司资源集中整合在特定市场细分带中,逐步培育自己的竞争优势,使自己成为目标集聚型的中小型仓储物流企业。

二、仓储经营战略制定

(一)制定仓储经营战略的必要性

每一种经营都是根据某种战略来进行的。战略是公司前进的方向,是公司经营的蓝图,公司依此建立其对客户的忠诚度,赢得一个相对其竞争对手持续的竞争优势。战略的目的在于建立公司在市场中的地位,成功地同竞争对手进行竞争,满足客户的需求,获得卓越的公司业绩。

因此制定仓储经营战略至关重要。它能使企业适应我国社会主义市场经济复杂的要求,迎接国际市场竞争的挑战。企业通过经营战略的制定可以优化配置仓储企业资源结构,谋求理想的经济效益。它决定着企业最基本的经营行为,是企业基本行为的选择;企业经营战略决策工作,是企业管理周期的中心环节,企业经营战略决策方案是全体职工的行动纲领。

(二)制定仓储经营战略的内容

1. 确定战略思想

战略思想即指导经营战略制定和实施的基本思想,是企业领导者和职工群众在对生产经营中发生的各种重大关系和重大问题的认识和态度的总和,在企业经营者和职工群众的生产经营活动中,起着统率作用、灵魂作用和导向作用。

2. 制定战略目标

战略目标是指企业以战略思想为指导,根据主客观条件的分析,在战略期内确定要达到的总体水平,是经营战略的实质性内容,是构成战略的核心,正确的战略目标是评价和选择经营战略方案的基本依据。

3. 确定战略重点

战略重点是指那些对于实现战略目标具有关键性作用而又具有发展优势或自身需要加强的方面,是企业资金、劳动和技术投入的重点,是决策人员实行战略指导的重点。

4. 制定战略方针

战略方针是指企业为贯彻战略思想、战略目标和战略重点,所确定的生产经营活动应遵循的基本原则、指导规范和行动方略,起着指导作用、指针作用和准则作用,包括综合性方针和单项性方针,目的性方针和手段性方针。

5. 明确划分战略阶段

必须根据战略目标的要求,在规定的战略期内,所划分的若干阶段。

6. 制定战略对策

战略对策又称经营策略,是指为实行战略目标而采取的重要措施和重要手段,具有阶段性、方针性、具体性、多重性的特点。

(三)制定仓储经营战略的程序

仓储经营战略管理是企业为实现经营目标而制定战略和实施战略所进行的一系列决策和行动。它包括经营战略分析、制定、实施、控制四个方面。

1. 树立正确的仓储经营战略思想

仓储经营战略思想同样也是指导企业经营战略的制定和实施的基本思想,是整个企业经营战略的灵魂。它主要包括:市场观念、用户观念、竞争观念、创新观念、机会观念、开发观念、信誉观念、开放观念、效益观念等。

2. 进行战略环境分析

一方面,环境变化给仓储物流企业带来了巨大风险,但同时又为仓储物流企业发展提供了较多的机会,从而影响和决定了仓储物流企业在动态环境中可做何种选择;另一方面,环境又对仓储物流企业提出了承担社会非经济责任的要求,从而影响和决定了仓储物流企业在动态的环境中应做些什么决策。

仓储物流企业内部条件分析是指对影响企业生存和发展的内部因素进行分析,由于企业内部因素是可控制因素,因此企业内部条件分析的目的在于利用和强化优势,克服和改变劣势,它主要是对企业的绩效、实力、资源等进行分析。

仓储物流企业外部条件分析是指对影响企业生存和发展的外部因素进行分析,包括国内外的政治、经济、技术、社会和自然条件等环境因素。由于外部环境的变化性和不可控性,往往会给企业的经营活动带来重大的影响。

(1)内部环境分析(优势与劣势分析)

仓储企业内部的竞争能力如何? 其经营的优势和劣势是什么? 这些都需要我们对仓储企业的内部环境进行分析。识别环境中有吸引力的市场机会是一回事,拥有在机会中成功所必需的资源和竞争能力是另一回事。每家公司都要定期检查自己的优势与劣势。

仓储企业是否拥有或能否获得所需的资源和竞争能力是影响该企业战略的一个最核心的因素。因为这些因素可以为企业提供竞争优势,以便充分利用某些市场机会。获取竞争优势的最佳途径是企业拥有具有竞争价值的资源和能力,而竞争对手则没有,并且竞争对手在这方面要付出沉重的代价或要经历一段很长的时间才能获得。经验表明,取得经营成功的企业完全是充分利用了公司的强处,淡化和中和了其资源劣势和技能差距。

(2)外部环境分析(机会与威胁分析)

首先要清楚影响仓储企业业务的外部环境有哪些。哪些是可利用的市场机会? 哪些是要预防的威胁和挑战? 然后通过表格的形式将其一一列出,进行比较分析。

仓储企业的经营要想取得成功就必须很好地适应市场机会和外部威胁因素,采取进攻性行动充分利用非常有希望的市场机会;采取防御性行动捍卫公司的竞争地位和长期盈利能力。

3. 确定战略宗旨

企业战略宗旨是关于仓储物流企业存在的目的或对社会发展的某一方面应作出的贡献的陈述,有时也称为企业业务使命。企业战略宗旨不仅陈述了企业未来的任务,而且要阐明为什么要完成这个任务以及完成任务的行为规范是什么。

(1)企业战略制定

对企业当前的业务,从战略的角度进行明确界定和对业务使命的清晰陈述是战略制定的起点。业务的界定必须包括下列内容。

① 企业所提供的产品或服务是什么?

② 客户需要满足的需求是什么?

③ 企业的客户/客户群是谁?

④ 客户为什么选择本企业?

⑤ 企业采取什么样的方式满足客户的需求?

⑥ 是什么使本企业同其竞争对手区别开来?

仓储企业的经营定义基于提供什么服务,企业当前的客户基础和正在服务的目标市场会进一步帮助明确经营定义。每一种经营都有众多的竞争者,客户对提供的服务有广泛的选择余地,要弄清楚客户选择该企业的关键原因。对一家经营成功的企业而言,必有不同于其竞争对手的经营特色,因此企业的经营定义决定了其在市场上的取向。

企业必须能明确地界定当前的业务,将企业当前的业务系统清晰地描述出来并书面化,就形成了业务使命陈述书。一份有效的使命陈述书将向企业的每个成员明确地阐明企业的目标、方向和机会等方面的重大问题,引导其朝着一个方向,为实现公司目标而工作。

(2) 形成优秀的使命陈述书

一份优秀的使命陈述书必须集中在有限的目标上;明确企业要参与的主要竞争范围,包括:核心信念、主要政策、行业范围、服务应用范围、企业能力范围、竞争范围、地理范围等。

通过确定企业的业务使命,进而明确战略宗旨。例如,世界五百强企业之一的荷兰天地物流集团的宗旨是:为客户在全球递送货物和邮件,并在这一过程中提供超越他们希望的服务。中国物资储运总公司的企业宗旨是:促进中国经济的良性发展,为人民生活改善作出贡献。

4. 制定战略目标

仓储企业的战略目标是企业在完成基本任务过程中所追求的最终结果。它是由战略决策者根据企业宗旨要求确定的定量数值。企业战略目标为企业的运行指明前进的方向,为企业业绩评估提供标准,为企业资源配置提供依据,利用企业战略目标就可以对企业全部经营活动进行有效管理。宝供物流集团战略目标是创造世界一流的物流企业。

5. 经营战略类型的选择

首先明确企业的经营领域、企业在该领域内的优势,了解竞争对手的经营战略。经营战略类型的选择要因地制宜,根据本企业的特点确定战略类型。在仓储经营战略类型中,主要有三种基本经营战略:总成本领先、标新立异、目标集聚可供选择。

6. 经营战略方案的设计

经营战略方案是企业经营战略的具体化,它可以推动企业在自己所确定的经营领域内夺取优势,从而保证企业目标的实现。可用于企业经营战略方案设计的基本方法有SWOT矩阵法、SPACE图解法和战略方案汇总表法等。

（1）SWOT 矩阵法

SWOT 矩阵法即态势分析法,是竞争情报分析常用的方法之一。具体来说,它是将与研究对象密切相关的各种主要内部优势因素（Strengths）、劣势因素（Weaknesses）、机会因素（Opportunities）和威胁因素（Threats）,通过调查罗列出来,并依照一定的次序按矩阵形式排列起来,然后运用系统分析的思想,把各种因素相互匹配起来加以分析,从中得出一系列相应的结论。

它作为一个特定的管理过程,给公共部门管理提供了战略性发展方向,指导了资源配置的优先顺序,强化了组织对环境的适应能力,提供了控制和评估的基础。进行 SWOT 分析时,主要有以下几个方面的内容。

① 分析环境因素。根据前面对企业战略环境的分析,即外部环境因素和内部环境因素的分析。外部环境因素包括机会因素和威胁因素,它们是外部环境对公司的发展直接有影响的有利和不利因素,属于客观因素,一般归属为经济的、政治的、社会的、人口的、产品和服务的、技术的、市场的、竞争的等不同范畴;内部环境因素包括优势因素和弱势因素,它们是公司在其发展中自身存在的积极和消极因素,属主动因素,一般归类为管理的、组织的、经营的、财务的、销售的、人力资源的等不同范畴。在调查分析这些因素时,不仅要考虑到企业的历史与现状,而且更要考虑企业的未来发展。

② 构造 SWOT 矩阵。将调查得出的各种因素根据轻重缓急或影响程度等排序,构造 SWOT 矩阵。在此过程中,将那些对企业发展有直接的、重要的、大量的、迫切的、久远的影响因素优先排列出来,而将那些间接的、次要的、少许的、不急的、短暂的影响因素排列在后面。

③ 制定行动计划。在完成环境因素分析和 SWOT 矩阵的构造后,便可以制定出相应的行动计划。制定计划的基本思路是:发挥优势因素,克服劣势因素,利用机会因素,化解威胁因素;考虑过去,立足当前,着眼未来。运用系统分析的综合分析方法,将排列与考虑的各种环境因素相互匹配起来加以组合,得出一系列企业未来发展的可选择对策。

这些对策包括:

最小与最小对策（WT 对策）,即考虑劣势因素和威胁因素,目的是努力使这些因素都趋于最小。

最小与最大对策（WO 对策）,着重考虑劣势因素和机会因素,目的是努力使劣势因素趋于最小,使机会因素趋于最大。

最大与最小对策（ST 对策）,即着重考虑优势因素和威胁因素,目的是努力使优势因素趋于最大,使威胁因素趋于最小。

最大与最大对策（SO 对策）,即着重考虑优势因素和机会因素,目的在于努力使这两种因素都趋于最大。

可见,WT 对策是一种最为悲观的对策,是处在最困难的情况下不得不采取的对策;

WO 对策和 ST 对策是一种苦乐参半的对策,是处在一般情况下采取的对策;SO 对策是一种最理想的对策,是处在最为顺畅的情况下十分乐于采取的对策。

SWOT 分析的结果视不同的研究对象和研究目的有不同的称谓。在战略研究中称作战略计划;在发展研究中称作发展对策;在市场研究中称作市场对策;在管理咨询中称作管理对策等。

由于具体情况所包含的各种因素及其分析结果所形成的对策都与时间范畴有着直接的关系,所以在进行 SWOT 分析时,可以先划分一定的时间段分别进行 SWOT 分析,最后对各个阶段的分析结果进行综合汇总,并进行整个时间段的 SWOT 矩阵分析。这样,有助于分析的结果更加准确。

在 SWOT 分析过程中,最重要的就是确定什么是关键的内部因素和外部因素,因为所谓内部优势和劣势、外部机会和威胁,是由关键问题构成的或由以关键问题为形式表现的。对关键问题的确定,要求战略规划制定者要有良好的判断力。良好的判断不仅来自知识、经验,也要靠理性思维能力和非理性的直觉能力。因此,这也是整个 SWOT 分析中最为困难的部分。

经过 SWOT 分析,可以有如下不同的战略匹配和选择:

第一种是优势——机会(SO)战略。SO 战略是一种将组织内部的优势与外部环境的机会相匹配,发挥组织内部优势并利用外部机会以达到组织目标的战略。从制定战略来说,这是任何组织追求的目标,从进行战略管理的过程看,任何一个组织及管理者都希望充分利用自己的优势并避免自己的劣势,抓住外部环境所提供的机遇以求得发展。但是,要充分发挥自己的优势实际上与其他因素的控制和转化有关,因而这一战略的采用往往需要以其他战略如 WO、ST 或 WT 战略来奠定基础。

第二种是劣势——机会(WO)战略。WO 战略的含义,是指利用外部机会来弥补内部的劣势。通常,是在这样一种情况下使用这一战略,即组织存在着外部的机会,但内部却存在着劣势,妨碍着外部机会的实现。实际上,这是当外部环境中具有组织发展的机会时,利用这一机会获得以发展为目标的指向和契机,来进行组织内部的更新。

第三种是优势——威胁(ST)战略。ST 战略是利用优势回避或减轻外部威胁影响的战略。

第四种是劣势——威胁(WT)战略。WT 战略是在减少内部劣势的同时规避外部环境威胁的战略。与上述三种战略比较,这是一种防御性战略。如果是一个处于内部有许多劣势而外部又面临大量威胁境地的组织,其往往对外界机会的利用效率是很低的。

SWOT 分析法针对企业内外环境条件中关键战略要素进行匹配,可设计出四大类基本经营战略方案,如表 3-1 所示。

表 3-1　SWOT 基本经营战略

外部环境＼内部条件	优势（S）	劣势（W）
机会（O）	SO 战略方案（依靠内部优势,利用外部机会）	WO 战略方案（利用外部机会,克服内部劣势）
威胁（T）	ST 战略方案（利用内部优势,避开外部威胁）	WT 战略方案（减少内部劣势,回避外部威胁）

（2）SPACE 矩阵法

战略地位与行动评价矩阵（Strategic Position and Action Evaluation Matrix,简称 SPACE 矩阵）主要是分析企业外部环境及企业应该采用的战略组合。SPACE 矩阵有四个象限分别表示企业采取的进取、保守、防御和竞争四种战略模式。这个矩阵的两个数轴分别代表了企业的两个内部因素——财务优势（FS）和竞争优势（CA）;两个外部因素——环境稳定性（ES）和产业优势（IS）。这四个因素对于企业的总体战略地位是最为重要的。

SPACE 矩阵法是通过企业所处战略地位因素匹配而形成经营战略方案的设计方法。这是通过企业战略地位因素匹配而形成的战略选择的方法,如图 3-1 所示。

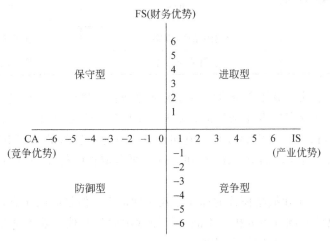

图 3-1　SPACE 矩阵法

在这里,财务优势、环境稳定性、行业优势和竞争力量是影响企业总体战略地位的四大决定性因素。坐标系Ⅰ到Ⅳ象限分别表示与变量组合相对应的四个战略方案类型：Ⅰ进取型战略;Ⅱ保守型战略;Ⅲ防御型战略;Ⅳ竞争型战略。

SPACE 矩阵要按照被研究企业的情况而制定,并要依据尽可能多的事实信息。根据企业类型的不同,SPACE 矩阵的轴线可以代表多种不同的变量。如投资收益、财务杠杆比率、偿债能力、流动现金、流动资金等。

向量出现在 SPACE 矩阵的进取象限时,说明该企业正处于一种绝佳的地位,即可以利用自己的内部优势和外部机会选择自己的战略模式,如市场渗透、市场开发、产品开发、后向一体化、前向一体化、横向一体化、混合式多元化经营等。

向量出现在保守象限意味着企业应该固守基本竞争优势而不要过分冒险,保守型战略包括市场渗透、市场开发、产品开发和集中多元化经营等。

向量出现在防御象限时,意味着企业应该集中精力克服内部弱点并回避外部威胁,防御型战略包括紧缩、剥离、结业清算和集中多元化经营等。

向量出现在竞争象限时,表明企业应该采取竞争型战略,包括后向一体化战略、前向一体化战略、市场渗透战略、市场开发战略、产品开发战略及组建合资企业等。

(3)战略方案汇总表法

这是根据企业的竞争地位与市场增长的不同情况,汇总出各种可能的战略行动方案,如表 3-2 所示。

表 3-2 战略方案汇总表

企业竞争地位 行业市场增长	优势(S)	劣势(W)
迅速	Ⅰ象限战略方案	Ⅱ象限战略方案
缓慢	Ⅳ象限战略方案	Ⅲ象限战略方案

第Ⅰ象限表示处于最佳竞争地位和市场迅速增长环境的企业所应采取的战略方案。第Ⅱ象限表示面临着市场迅速增长的行业环境,但需要改善自身竞争地位的战略方案。第Ⅲ象限表示面临缓慢增长的行业环境和自身竞争地位较低的状态下应采取的战略方案。第Ⅳ象限表示处于较高竞争地位,却运行于缓慢增长的行业环境的企业应采取的战略方案。

由表 3-2 可知,企业战略模式的选择方式多种多样。但是应该注意,对于处于实际经营中的企业应具体问题具体分析。不能盲目照抄国内外其他企业的战略模式,要以我定位,取他人之长,发挥自己优势,择优而定。

7. 战略方案评价与决策

对战略方案的评价过程,也是对各种方案的筛选过程。对于筛选出来的方案,还必须经过一个最终的决策过程,要应用科学的方法和严格的程序,求得最终的将要付诸实施的经营战略方案。

任务实施

以"引导案例"中的 HJ 物流公司为例说明该企业仓储物流经营战略制定。

HJ 物流公司经过多年的艰苦创业,目前已发展成拥有固定资产 4000 多万元,仓储面积 5 万多 m² 的中等规模物流企业。为了更好地进行物流经营战略规划,首先利用 SWOT 方法,分析目前 HJ 物流公司物流面临的内外部环境。

HJ 物流公司面临的外部环境,主要包括影响企业产生的国内外政治、经济、社会文化、科学技术、法律及自然条件等环境因素。就 HJ 公司面临的政治和法律环境而言,当地政府出台鼓励物流经营发展的优惠政策,对其公司是利好。

该公司所处海西地区,经济发展水平近年来呈现较高的态势,特别是电子、轻工产品等产业发展势头迅猛。该地区较为开放的社会文化环境也比较适合发展物流产业。当地的科学技术发展水平为物流的经营战略提供了很好的物流技术变革条件。该地区在东南沿海,自然环境稳定,为物流业务的经营战略提供了生存空间。

三、SWOT 分析

1. 该企业拥有的内部优势(strengths)

该企业是福建省较早从事专业仓储运输服务的第三方物流企业,其率先进入了电子类产品物流的细分领域,并在区域市场中的市场份额、知名度、营业规模、效益指标等方面已经取得了较大的领先地位,企业具有区域市场地位优势。

公司以福州为中心,已在全国主要大中型城市设立分支机构,形成较为完善的物流业务网络。公司在福州市于同行中率先启用 GPS 全球卫星定位货物追踪系统,并和公司的物流信息管理系统结合使用,能够及时地掌握货物的流量、流向、车辆状况和库存动态。公司的物流网络信息技术优势明显。

公司具有较为雄厚的货物运输能力,有稳定的客户源。公司具备大中小型货车共 300 多辆,可以为客户提供一体化的运输服务。公司物流客户定位较为明确。企业有与大客户合作形成的客户资源优势。该企业与省内的电子类知名企业形成了较长期的合作关系。

2. 该企业存在的劣势(weaknesses)

公司经营管理环节存在薄弱之处。作为一家民营企业,管理层都是创业元老,在管理上很难对其进行有效的约束,并且他们的经营管理理念很难跟上现代物流的思想,严重制约公司的长远发展。在员工的管理上也缺乏有效的激励机制。

由于所处的工作环境较为艰苦,加上工资福利待遇一般,导致员工的流动率较高,很难吸引人才和留住人才,特别是高层次物流人才严重缺乏。

该企业缺少战略定位和战略规划，企业规模还比较小。在战略经营上还存在一定的盲目性，市场定位特别模糊。企业的股权单一，很难在社会上融资，进行大规模的扩大生产和建设。

仓储资源还不能适应客户需要。目前其仓库面积虽然已达5万平方米，其提供的主要是普通的仓储保管服务，还是不能适应电子类客户多样化的仓储物流服务需求，如为电子类客户提供分销、配送、包装、流通加工等服务。

3. 外界环境给该企业带来的机会（opportunities）

国家和地方政府支持重点物流企业的发展，在政策上给予了优惠措施。在中央各部委的支持下，海西经济快速腾飞。随着货主企业认识到第三方物流企业和专业仓储服务的优越性，使运输仓储型物流服务企业面临更大的市场空间和持续高速扩张的机遇。

同时，台湾电子类厂家到海西经济区投资设厂生产液晶显示零件与终端产品。与友达、冠捷、华映、奇美电子等业者配合开展面板厂、面板零组件与液晶显示终端产品的物流仓储与配送业务，其物流商机、前景潜力很大。

4. 威胁（threats）

（1）国外物流巨头进入国内物流市场，给我国物流业带来竞争的压力

根据中国加入WTO的相关协议规定，中国已经逐步开放包括仓储、国内运输、快递服务等在内的第三方物流服务领域给国外竞争者。而一直对国内物流市场虎视眈眈的跨国巨头，如UPS、FEDEX、DHL敦豪等物流企业都陆续进入国内市场，抢占可观的市场份额，最终威胁我国物流业的生存空间。

（2）外部成本上升带来的企业经营利润下滑

油价、外购成本、土地成本上升带来的企业经营费用急剧上升。近年HJ物流公司物流的年均毛利率，若能达1.5%就属不易，与顶尖的物流公司利润3%～4%仍有一段差距。

（3）福建省内物流业者，采取低价竞争策略，带来市场竞争激烈外部挑战

由于以传统储存运输业务为主，经营结构相对简单，技术含量不高，劳动资本密集，传统仓储运输业务基本处在供应链的末端，价格竞争激烈。面对市场激烈的竞争，一些仓储物流企业为了求得短期生存，不断降低仓储运输价格，扰乱市场秩序。

四、HJ物流公司物流经营战略的制定

1. 经营战略思想及企业宗旨的确定

为适应经济全球化和现代物流业的发展，HJ物流公司树立了"以争创全球性的物流服务品牌为目标，争做物流行业中民营企业的典范"为公司战略思想。为达成此事业，公司以"诚信经营、优质服务、团结奋进、共创辉煌"为宗旨；以"团结拼搏、开拓创新、携手共

进、争创一流"为企业精神;以"客户至上、信誉第一、价格合理、服务周到"为服务宗旨。

2. 企业物流经营战略目标的树立

为了实现上述的经营战略思想及企业宗旨,该企业树立了"不断追求卓越的服务品质,采用现代物流信息技术,演绎尽善尽美的物流服务,力求成为国内一流的第三方物流企业"为其战略目标。

3. 企业物流经营战略类型选择

根据波特的竞争理论,有总成本领先、标新立异、目标集聚三种经营战略可供选择。根据目前该企业的分析情况,可以采取标新立异或目标集聚两种经营战略。

（1）标新立异经营战略

针对目前电子类企业需要多样化、个性化的仓储服务,HJ 物流可以为电子类产品的大客户提供从产品下线开始一直到各地经销商乃至最终客户的物流服务,其中包含整个物流项目的管理和策划、厂区仓储管理、干线运输、各地中转仓库管理、区域配送、流通加工、包装、逆向物流等一体化、个性化的物流服务,帮助客户设计或改进物流网络,优化客户的物流过程,从整体上改进客户的供应链管理,降低库存量、缩短交货周期、提高服务水平。

（2）目标集聚经营战略

根据当前的发展态势,该企业可以实施目标集聚经营战略,以电子类产品物流市场为核心,利用业已形成的客户合作关系,重点开拓区域内电子类制造企业客户,并给其提供一体化物流服务,量体裁衣的为其提供全国各地的运输服务(多式联运货物运输),提供物流分拨、仓储、配送、产品分拣、包装、流通加工等服务,力争在区域市场上形成自己的竞争优势。

课堂实训

1. 工作目标

要求学生通过调研本地区具有代表性的仓储物流企业的经营战略现状,让学生更了解熟悉仓储物流企业经营战略的基本知识,并能对调研单位采取的经营战略进行分析、总结,提出自己的建议。

2. 工作准备

（1）调研之前,让学生了解此次调研的目的。

（2）将全班同学分成若干个不同的小组,每组 5～6 个人。

（3）确定实践地点,具体掌握以下信息:

调研对象概况:调研对象简介、调研对象战略思想、战略目标、公司战略宗旨等。调研对象仓储物流经营战略的使用情况：调查调研对象目前所采取的物流经营战略现状、存在的问题等,运用 SWOT 矩阵法进行分析,并指出该企业今后需要改进的方面。

（4）工作时间安排 4 课时。

3. 工作任务

选择当地一家仓储型物流公司作为调研对象,进行现场调查,了解调研对象的仓储物流经营战略情况。调研结束后完成报告。各小组委派一名同学在课堂上陈述调研结果。

📖 **案例阅读**

苏宁云仓布局 "新物流时代"

一、 "新物流时代" 的 "智慧物流"

作为亚洲最大的智慧物流基地之一,苏宁云仓,这个建筑面积达到 20 多万平方米的物流基地,从入库、补货、拣选、分拨到出库,实现了全流程的智能化。苏宁云仓在仓储规模、日出货量、自动化水平等整体科技能力和智能化水平方面,都打破了亚洲物流行业的记录。

全新的苏宁云仓,就像科幻电影一样,大中小件的商品在各种机器间繁忙地自动流转。作为国内电商行业第一家规模化应用的"货到人系统",苏宁云仓日处理包裹 181 万件,是行业同类仓库处理能力的 4.5 倍以上;拣选效率每人每小时 1 200 件,是传统拣选方式的 10 倍以上,超出行业同类仓库的 5 倍以上;订单最快 30 分钟内出库,是行业同类仓库最快处理速度的 5 倍以上,重新定义了电商物流的速度;仓库作业人员工作效率大幅提高,同等订单量作业人员减少 60%。

2016 年 10 月,上海苏宁奉贤物流基地和北京苏宁通州物流基地相继进行了全流程自动化升级的第一步。未来,苏宁将构建起一张覆盖全国的智能云仓体系,以南京为范本,将北京、上海、广州、成都、沈阳、武汉、西安、深圳、杭州、重庆、天津等 12 个中心城市的全国级大仓,都升级为"智慧物流"。

二、 全面布局 "新物流时代", "线上线下" 也要融合

在苏宁覆盖全国的智能云仓体系里,除了智慧物流仓储,苏宁也一直在布局线下物流的端口,一是苏宁的社区小店;二是苏宁的农村直营店。苏宁社区小店着力于解决城市"最后一百米"的难题,苏宁直营店则着力于解决乡镇"最后一公里"的问题。2015 年开始推进的苏宁直营店,深耕农村市场。

在苏宁 COO 侯恩龙的计划里,未来的物流端口将会是这样一幅场景:"未来有足够的社区小店和直营店后,就不需要那么多的快递员了。小区里面,可以让退休的老人来操

作,他直接有一个 APP,我需要送货提示他一下,他到我这个小店里面,拿货去送货,我不需要专门雇一个快递员。比如说,天通苑有 800 个单子,现在一个快递员要送 800 个单子。未来,天通苑可能有 800 个待业人员成为我们的快递员,他们可以送过去,这个成本也会降很低,这个也是智慧物流的组成部分。"

资料来源:http://www.56beijing.org/news/161109/094013053.html.

复习与思考

1. 仓储经营战略的类型有哪些?
2. 经营战略方案设计有哪几种方法?
3. 仓储经营战略制定的内容有哪些?
4. 简述仓储经营战略制定的程序。

第二节 仓储经营方法

学习目标

1. 熟悉保管仓储经营的含义;
2. 掌握五种仓储经营方法的特点;
3. 理解五种仓储经营方法的内涵。

技能要求

1. 能够结合仓储企业具体情况选取仓储经营方法;
2. 能够有效判断不同的仓储经营案例采用的方法是否准确。

引导案例

某公司 A 刚好有个空闲仓库,考虑了两种经营方式的方案。

A 方案是直接出租给企业,该公司准备把仓库以 100 万元/年的价格出租给一家贸易公司。这 100 万元收入必须向税务局申报缴纳房产税 12 万元,营业税 5 万元(其他税费忽略不计),共计 17 万元。

B 方案,增加仓储业经营范围,这样该企业不但可以出租仓库,还可以提供仓储服务。仓储保管费是 130 万,保管成本是 20 万,服务成本是 20 万,税金是 11 万。

在这种情况下,应该采取哪种经营方式才能获得更多收益?

随着企业经营环境的不断变化,各企业采购、销售、存储等经营活动连续不断的进行,商品的仓储数量和仓储结构也在不断变化,为了保证商品的仓储管理趋向合理化,必须采用一些科学的方法,对商品的仓储经营进行有效的动态控制。搞好仓储经营管理能保证企业再生产活动的顺利进行,是提高仓储能力、加快资金周转、节约费用、降低成本、提高经济效益的有效途径,而且仓储经营是物流发展的需要,可将仓储设施向社会开放,开展多样化经营,提高效益,开展仓储经营管理可以加强企业基础工作,提高管理水平。

因此,如何确定科学、先进、有效的仓储经营方法,使仓储资源得以充分利用是仓储企业搞好经营管理的关键。现代仓储经营方法主要包括保管仓储、混藏仓储、消费仓储、仓库租赁经营、创新式仓储经营等。

一、保管仓储经营

(一)保管仓储的含义

保管仓储是指存货人将储存物交付给仓储经营人储存,并支付仓储费的仓储经营方法。在保管仓储中,仓储经营人以获得仓储保管费收入最大化为经营目标,仓储保管费与仓储物的数量、仓储时间和仓储费率三者密切相关。

(二)保管仓储经营的方法

在保管仓储经营中,仓储经营人一方面需要尽可能地吸引仓储,获得大量的仓储委托,求得仓储保管费收入的最大化;另一方面还需在仓储保管中尽量降低保管成本,来获取经营成果。

仓储经营利润＝仓储保管费总收入－仓储总成本

仓储总成本又由仓储固定成本和变动成本构成。每一次仓储保管费取决于仓储物的数量、仓储时间以及仓储费率,其计算公式为:

$$C = Q \cdot T \cdot K$$

式中,C——仓储保管费;

　　Q——存货数量;

　　T——存储时间;

　　K——仓储费率。

综上,仓储总收入可通过下式计算:

仓储总收入＝总库容量×仓容利用率×平均费率

(三)保管仓储的经营特点

1. 仓储物原物返还,所有权不转移

保管仓储的目的在于保持保管物原状,寄存人交付保管物于保管人,其主要目的在于保管。也就是说,他主要是将自己的货物存入仓储企业,仓储企业必须对仓储物实施必要的保管而达到最终维持原状的目的,一定要确保原物性状。他与存货企业是一种提供劳务的关系,所以在仓储过程中,仓储物的所有权并不发生转移。在仓储过程中,仓储企业没有处分仓储物的权力。

2. 保管对象是特定物

仓储物一般都是数量大、体积大、质量高的大宗货物、物资。例如:粮食、工业制品、水产品等。

3. 收入主要来自仓储费

保管仓储活动是有偿的,保管人为存货人提供仓储服务,存货人必须支付仓储费。仓储费是保管人提供仓储服务的价值表现形式,也是仓储企业盈利的来源。

4. 仓储过程由保管人操作

仓储保管经营的整个仓储过程均由保管人进行操作,仓储经营企业需要有一定的投入。为了使仓储物品质量保持完好,需要加强仓储的管理工作。仓储企业要加强仓储技术的科学研究,不断提高仓库机械化、自动化水平,组织好物资的收、发、保管、保养工作,监督库存动态,保持物资的合理储备。

建立和健全仓储管理制度,加强市场调节和预测,与客户保持联系,不断提高仓储工作人员的职业道德水平和业务水平,培养一支业务水平高、技术水平高、管理水平高的仓储工作队伍。这一切吸引仓储客户的活动,都需要一定的收入,才能使保管仓储发挥其应有的作用。

(四)保管仓储的经营管理

要使仓储物品质量保持完好,需要加强仓储的管理工作。

首先要加强仓储技术的科学研究,根据商品的性能和特点提供适宜的保管条件,保证商品数量正确、质量完好。

其次要不断提高仓储员工的业务水平,培养出一支训练有素的员工队伍,在养护、保管工作中发挥其应有的作用。

最后要建立和健全仓储管理制度,加强市场调查和预测,搞好客户关系,组织好商品的收发和保管、保养工作,掌握库存动态,保证仓储经营活动的正常运行。

二、混藏仓储经营

(一)混藏仓储的含义

混藏仓储是指存货人将一定品质、数量的储存物交付给仓储经营人储存,在储存保管期限届满时,仓储经营人只需以相同种类、相同品质、相同数量的替代物返还的一种仓储经营方法。混藏仓储经营人的收入依然来自于仓储保管费，存量越多、存期越长收益越大。

（二）混藏仓储经营的方法

混藏仓储主要适用于农业、建筑业、粮食加工等行业中品质无差别、可以准确计量的商品。在混藏仓储经营中，仓储经营人应寻求尽可能控制品种的数量和大批量混藏的经营模式，从而发挥混藏仓储的优势。

混藏仓储经营方法的收入主要来源于仓储保管费，存量越多、存期越长收益越大。混藏仓储保管费的计算公式与保管式仓储保管费相同。

（三）混藏仓储的经营特点

1. 替代物返还，所有权不转移

混藏仓储的保管物并不随交付而转移所有权，混藏保管人只需为寄存人提供保管服务，而保管物的转移只是物的占有权转移，与所有权的转移毫无关系，保管人无权处理存货的所有权。

例如：农民将玉米交付给仓储企业保管，仓储企业可以混藏玉米，仓储企业将所有玉米混合储存于相同品种的玉米仓库，形成一种保管物为混合物（所有权的混合物）状况，玉米的所有权并未交给加工厂，各寄存人对该混合保管物按交付保管时的份额，各自享有所有权。在农民需要时，仓储企业从玉米仓库取出相应数量的存货交给该农民。

2. 保管对象是种类物

混藏仓储的对象是种类物。混藏仓储的目的并不是完全在于对原物的保管，有时寄存人仅仅需要实现物的价值保管即可，保管人以相同种类、相同品质、相同数量的替代物返还，并不需要原物返还。因此，当寄存人基于物之价值保管的目的而免去保管人对原物的返还义务时，保管人减轻了义务负担，也扩大了保管物的范围，种类物成为保管合同中的保管物。

保管人即以种类物为保管物，则在保存方式上失去各保管物特定化的必要，所以将所有同种类、同品质的保管物混合仓储保管。因此，种类物混藏的方式便于统一仓储作业、统一养护、统一账务处理等管理。将所有同种类、同品质的保管物混合仓储保存，则在保存方式上失去各保管物特定化的必要，种类物成为保管合同中的保管物。各存货人对混合保管物交付保管时的份额而各自享有所有权。这种种类物混藏的方式给各种作业、养护及账务工作带来管理上的便利。

3. 收入主要来自仓储费

混藏式仓储是成本最低的仓储方式。当存货人基于物品之价值保管目的而免去保管人对原物的返还义务时,仓储经营人既减轻了义务负担,又扩大了保管物的范围。混藏仓储是在保管仓储的基础上,为了降低仓储成本,通过混藏的方式,使仓储设备投入最少,仓储空间利用率最高,从而使仓储成本最低。

4. 仓储过程由保管人操作

混藏仓储的整个仓储过程也是由保管人操作,但该种仓储经营方法是一种特殊的仓储方式,混藏仓储与消费仓储、保管仓储有着一定的联系,也有一定的区别。保管仓储的对象是特定物,而混藏仓储和消费仓储的对象是种类物。

混藏仓储在物流活动中发挥着重要作用,在提倡物尽其用、发展高效物流的今天,混藏仓储被赋予了更新的功能,配合以先进先出的运作方式,使仓储物资的流通加快,有利于减少损耗和过期变质等风险。另外,混藏方式,能使仓储设备投入最少,仓储空间利用率最高。存货品种增加,会使仓储成本增加,所以在混藏仓储经营中尽可能开展少品种、大批量的混藏经营。因此,混藏仓储主要适用于农村、建筑施工、粮食加工、五金等行业中品质无差别、可以准确计量的商品。

三、消费仓储经营

(一)消费仓储的含义

消费仓储是指存货人不仅将一定数量、品质的储存物交付仓储经营人储存,而且双方约定,将储存物的所有权也转移到仓储经营人处,在合同期届满时,仓储经营人以相同种类、相同品质、相同数量替代物返还的一种仓储经营方法。

(二)消费仓储的经营方法

消费式仓储经营人的收益主要来自于对仓储物消费的收入,当该消费的收入大于返还仓储物时的购买价格时,仓储经营人获得了经营利润。反之,消费收益小于返还仓储物时的购买价格时,就不会对仓储物进行消费,而依然原物返还。

(三)消费仓储的经营特点

1. 替代物返还,所有权随储存物交付而转移

消费仓储以物品的价值保管为目的,保管人仅以种类、品质、数量相同的物品进行返还。在消费仓储中不仅转移保管物的所有权,还必须允许保管人使用、收益、处分保管物。即将保管物的所有权转移给保管人,保管人无需返还原物,而仅以同样的种类、品质、数量的物品返还,以保存保管物的价值即可。

保管人通过经营仓储物获得经济利益,在高价时消费仓储物,低价时购回,如建筑仓储经营人直接将委托仓储的水泥厂用于建筑生产,在保管到期前从市场购回相同的水泥

归还存货人；或者通过仓储物市场价格的波动进行高卖、低买，获得差价收益。当然最终，需要买回仓储物归还存货人。

2. 保管对象是种类物

消费仓储以种类物作为保管对象，仓储期间转移所有权于保管人，在消费仓储中，寄存人将保管物寄于保管人处，保管人以所有人的身份自由处理保管物，保管人在他所接收的保管物于转移之时便取得了保管物的所有权。这是消费仓储最为显著的特征。在保管物返还时，保管人只需以相同种类、相同品质、相同数量的物品代替原物返还即可。

3. 收入主要来自于仓储物消费的收入

消费式仓储经营人的收益主要来自于对仓储物消费的收入，当该消费的收入大于返还仓储物时的购买价格时，仓储经营人获得了经营利润。反之，消费收益小于返还仓储物时的购买价格时，就不会对仓储物进行消费，而依然原物返还。

在消费仓储中，仓储费收入是次要收入，有时甚至采取无收费仓储。可见消费仓储式经营人利用仓储物停滞在仓库期间的价值进行经营，追求利用仓储财产经营的收益。消费仓储的开展使得仓储财产的价值得以充分利用，提高了社会资源的利用率。消费仓储可以在任何仓储物中开展，但对于仓储经营人的经营水平有极高的要求，现今在期货仓储中广泛开展。

4. 仓储过程由仓库保管人操作

消费仓储在储存过程中由仓库保管人操作，仓储企业同样要加强仓储技术的科学研究，不断提高仓库机械化、自动化水平，组织好物资的收、发、保管、保养工作，同时要随时掌握市场上该种仓储物的供需情况，以便抓住市场动机，提高仓储企业的利润空间。

消费仓储是一种特殊的仓储形式，以种类物作为保管对象，兼有混藏仓储的经营特点，原物虽然可以消耗使用，但其价值得以保存，为仓储经营提供了发挥的空间。

四、仓库租赁经营

（一）仓库租赁的含义

仓库租赁是通过出租仓库、场地，出租仓库设备，由存货人自行保管货物的仓库经营方式。

（二）仓库租赁的经营方法

进行仓库租赁经营时，最主要的一项工作是签订一个仓库租赁合同，在合同条款的约束下进行租赁经营，取得经营收入。仓库出租经营即可以是整体性的出租，也可以采用部分出租、货位出租等分散出租方式。在分散出租形式下，仓库所有人需要承担更多的仓库管理工作,如环境管理、保安管理等。目前,采用较多的是部分出租和货位出租方式,正在迅速发展的箱柜委托租赁保管业务也成为一种趋势。

仓储租赁经营的经营方式在经营方法上要注意以下一些问题:

(1)仓储经营人应该根据市场需要提供合适的仓库、场地和仓储设备,并保证所提供的仓储资源质量可靠。

(2)仓储经营人应该加强环境管理、安全管理工作,协助租用人使用好仓储资源,必要时可为租用人提供仓储保管的技术支持。

(3)应该签订仓储租赁合同,以明确双方的权利和义务关系。

(三)仓库租赁的经营特点

1. 承租人具有特殊商品的保管能力和服务水平

采取出租仓库经营方式的前提条件为:出租的收益所得高于自身经营收益所得。一般以下面公式计算为依据。

$$租金收入>仓储保管费-保管成本-服务成本$$

2. 以合同的方式确定租赁双方的权利和义务

出租人的权利是对出租的仓库及设备拥有所有权,并按合同收取租金,同时出租人必须承认承租人对租用仓库及仓库设备的使用权,并保证仓库及仓库设备的完好性能。承租人的权利是对租用的仓库及仓库设备享有使用权(不是所有权),并有保护设备及按约定支付租金的义务。

3. 分散出租方式增加管理的工作量

若采用部分出租、货位出租等分散出租方式,出租人需要承担更多的仓库管理工作,如环境管理、保安管理等。但采用整体性的出租方式,虽然减少了管理工作量,却同时放弃了所有自主经营的权利,不利于仓储业务的开拓和对经营活动的控制。

仓库租赁经营的做法比较适合出租方没有较强的仓储业务经营能力,而承租方拥有较强的仓储经营能力。这个时候把仓库交给别人经营带来的收益要大于自己经营。

(四)箱柜委托租赁保管业务

目前,箱柜委托租赁保管业务在许多国家发展较快。在日本,从事箱柜委托租赁保管业务的企业数目和仓库营业面积在迅速上升。

箱柜委托租赁保管业务是仓库业务者以一般城市居民和企业为服务对象,向他们出租体积较小的箱柜来保管非交易物品的一种仓库业务。对一般居民和家庭的贵重物品,如金银首饰、高级衣料、高级皮毛制品、古董、艺术品等,提供保管服务。

企业以法律或规章制度规定必须保存一定时间的文书资料、磁带记录资料等物品为对象提供保管服务。箱柜委托租赁保管业务强调安全性和保密性，它为居住面积较小的城市居民和办公面积较窄的企业提供了一种便利的保管服务。箱柜委托租赁保管业务是一种城市型的仓库保管业务。

许多从事箱柜委托租赁保管业务的仓库经营人专门向企业提供这种业务，他们根据保管物品、文书资料和磁带记录资料的特点建立专门的仓库，这种仓库一般有三个特点。

（1）注重保管物品的保密性，因为保管的企业资料中许多涉及企业的商业秘密，所以仓库有责任保护企业秘密，防止被保管的企业资料流失到社会上去。

（2）注重保管物品的安全性，防止保管物品损坏变质。因为企业的这些资料如账目发票、交易合同、会议记录、产品设计资料、个人档案等需要保管比较长的时间，必须防止保管物品损坏变质。

（3）注重快速服务反应。当企业需要调用或查询保管资料时，仓库经营人能迅速、准确地调出所要资料及时地送达企业。

五、创新式仓储经营

伴随着企业经营内外部环境的变化以及仓储经营竞争的压力，仓储物流企业采用了有别于传统的仓储企业单一的经营方式。仓库经营方式的创新使仓库企业保持了生机和活力，使传统的仓储企业也获得了源源不竭的发展动力。目前出现的创新式仓库经营方式有网络仓库、融通仓、融资租赁等。

（一）网络仓库

网络仓库是一个与传统的仓库完全不同的仓库形式，不是一个可以看得见摸得着的特定的仓库。它是一个借助先进的通信设备，可随时调动所需物质的若干仓库的总和。网络仓库的覆盖区域非常之广，根据供应商订货的数量和距离条件，通过网络渠道将信息传递到网络中心，迅速寻找配对，在最短的时间里做出选择，选择一个足够大，并且距离需求地最近的存储仓库。

网络仓库实际上是一个虚拟的仓库，它有力地运用强大的信息流，以统筹网络上可利用的仓库资源，大大满足了订货的需求和提升了订货量。可以减少在时间和空间上造成的迂回物流和仓储费用的增加。仓库的网络化是现代信息技术的产物，同时也是经济进步的要求。

（二）融通仓

"融"指金融；"通"指物资的流通；"仓"指物流的仓储。融通仓是融、通、仓三者的集成、统一管理和综合协调。所以融通仓是一种对物流、信息流和资金流综合管理的创新，其内容包括物流服务、金融服务、中介服务和风险管理服务以及这些服务间的组合与互动。融通仓的目的是用资金流盘活物流，或用物流拉动资金流。所以参与的物流、生产、中介和金融企业都可以通过融通仓模式实现多方共赢。

融通仓的做法是仓库经营企业为中小型企业提供融通仓服务，中小型企业的货主把货物存放在仓储企业的仓库中，取得仓单后凭此向银行申请贷款。银行根据质押物品的价值和其他相关因素向客户企业提供一定比例的贷款。仓储物流企业所提供的服务就是接受银行的委托，对货物的流动性进行监管，及时向银行提供质押监管信息，以便银行随时掌握货物流动的信息。

融通仓作为一个综合性第三方物流服务平台，它不仅为银行和企业间的合作构架新桥梁，也很好地融入企业供应链体系之中，成为中小企业重要的第三方物流服务提供者。融通仓业务主要有仓单质押、保兑仓（买方信贷）等几种运作模式。

（三）融资租赁

当一些货物对仓库的现代化和智能化程度要求较高，但同时货主限于实力不能自主建造仓库时，普通的仓库租赁便不能满足这些货主的需求。在实践中，仓储企业可以通过提供融资租赁方式来满足货主的需求。

所谓融资租赁，是指由出租方融通资金为承租方提供所需设备，具有融资、融物双重职能的租赁交易，它主要涉及出租方、承租方和贷款方，并有两个或两个以上的合同构成。

在融资租赁方式下，首先是由货主提出关于仓库需求的招标方案，然后是物流企业投标，中标后便进入融资租赁方案的实施阶段。仓储物流企业与货主签订融资租赁协议，筹资时与银行签订贷款协议。融资租赁经营方式是仓储企业根据货主的个性化要求去设计仓储建设方案，并提供仓储服务。

这种经营方式具有融资功能，对仓储企业与货主企业都有好处。但由于融资租赁的仓库大多是根据货主的个性化需求建造的，这种仓库对其他货主并无用处。如果物流企业与货主企业合作期满，但融资租赁尚未到期，一旦货主企业重新招标淘汰该物流企业，此时物流企业还拥有该仓库的所有权，将面临不得不闲置的风险。

✎ **任务实施**

方案 A：直接出租给企业，该公司准备把仓库以 100 万元/年的价格出租给一家贸易公司。这 100 万元收入必须向税务局申报缴纳房产税 12 万元、营业税 5 万元（其他税费忽略不计），共计 17 万元。A 方案直接出租租金收入 = 100 − 17 = 83（万元）。

方案 B：该企业增加仓储业经营范围，这样该企业不但出租仓库，还可以提供仓储服务。仓储保管费是 130 万元，保管成本是 20 万元，服务成本是 20 万元，税金是 11 万元。B 方案实际收入 = 130 − 20 − 20 − 11 = 79（万元）。

在这种情况下,出租的收益高于自身经营收益所得,应该作出决策采取出租仓库经营方式。

课堂实训

1. 工作目标

收集仓储公司资料,联系调研单位。前往仓储企业实地调研该企业的经营情况,分析确定其经营方法。其主要工作目标是能识别仓储公司采取的经营方法。

2. 工作准备

(1) 了解仓储经营方式相关知识。

(2) 将全部同学分成若干组,每组5人。

(3) 确定典型调研对象。

(4) 收集调研对象资料,联系调研单位,确定调研时间、地点。

(5) 工作时间安排4课时。

3. 工作任务

(1) 选择好典型调研对象,联系好调研单位,确定调研时间、地点。

(2) 要求设计调研提纲,准备好调研内容。

(3) 到调研单位,实地了解该仓储企业的经营方法。

(4) 小组成员将收集的资料进行分析,确定仓库企业的经营方法。

(5) 制作仓储企业经营方法调研报告。

(6) 各小组委派一名学生在课堂上陈述调研结果,提出合理的改进建议。

案例阅读

钢云互联平台开启第四方仓储物流新纪元

钢云互联平台的第四方仓储物流模式,依托高新技术,有效保障了仓储安全。

1. 平台两大利器：GYS、互联仓管

钢云公司潜心10年了解钢铁行业,走访全国200多个仓库调研需求,了解客户反馈,成功研发钢云互联平台,旗下拥有钢云仓储系统(GYS)和互联仓管两大产品。

平台的GYS通过条码技术、移动终端数据采集技术等物联网技术实现智能仓储,同时整合了大数据及云计算技术,将数据备份到云端数据库,以便货主通过GYS云平台实时查询,因此更加安全可靠。

平台的互联仓管通过视频监管、条码监管、互联监管、联盟监管对货物进行实时监控，第三方监察队不定时突击检查仓库，换单、装车、出门、质押四大环节，层层监管。同时引进了货主参与管理理念，24 小时可移动查看货物状态，第一时间收到货物状态变化推送信息，帮助货主实现远程盘货，保障了货物的安全，成功构建了安全的仓储物流体系。

2. 钢云互联平台核心服务模式——信息技术整合、供应链集成服务

钢云互联平台依托云计算、大数据、移动互联、物联网等高新技术，以整合供应链为己任，依靠出色的 IT 技术服务、管理咨询顾问和其他增值服务等向企业提供完整的解决方案。较之第三方物流模式仅能提供低成本的专业服务，钢云互联平台作为第四方物流模式则能控制和管理整个物流过程，并对其提出策划方案，再通过电子商务集成，以实现安全、方便、快速、高质量和低成本的物流服务。

3. 建立安全仓储服务体系，打造钢云诚信品牌

钢云在全国 13 个省市，对 2 000 多家仓库展开优质仓库调研，从资质、产权、经营范围、业务流程、财务状况和账面情况六大方面对仓库进行综合风险评估，经反复核实材料，严格筛选出合作仓库，一切只为营造安全仓储环境。目前，已有 50 家仓库成为钢云的战略合作伙伴。未来，将有更多优质的仓库加入到钢云全国战略部署中来。

随着企业信息化水平的不断提升，钢云互联平台第四方仓储物流模式得到了越来越多客户的认可，用户表示这种模式对于保障货物安全，营造安全仓储环境有着深远的意义。

资料来源：http：//www.chinawuliu.com.cn/xsyj/201407/22/291975.shtml.

复习与思考

1. 仓储经营方式有哪些？
2. 什么是仓库租赁经营方式，其租赁方式有哪些？

本章小结

本章阐述了仓储经营战略类型和仓储企业经营战略的具体制定；仓储经营方法的含义、经营特点。重点对战略方案设计方法，即：SWOT 法、SPACE 矩阵法、战略方案汇总表法进行了讲解，以达到培养学生仓储经营战略和仓储经营方式的决策能力。

第四章

库存控制管理能力

第一节 ABC分类法

学习目标

1. 了解 ABC 分类法的内涵；

2. 掌握 ABC 分类法的基本程序及其库存控制策略。

技能要求

能根据实际情况有效应用 ABC 分类法，结合各企业规模等情况采取相应的库存控制策略。

引导案例

某企业对库存的 9 大类商品进行了盘点，各库存商品品种数量及其占用的资金如表 4-1 所示，小王是该企业的一名库管员，他应该采取何种库存管理措施对 9 大类商品进行管理？

表 4-1 9 大类物资消耗情况　　　　　　（单位：万元）

序　　号	商 品 名 称	种　　类	金　　额
1	有枪身石油射孔弹	6	291
2	射孔枪身	7	244.1
3	盲孔枪身	2	162.09
4	防沙撞击起爆器	2	147.72
5	压力起爆器	1	81.95
6	公母接头	4	81.95
7	射孔弹枪身	3	54.24
8	导爆索	3	33
9	筛管	3	21.37
	小计	31	1 117.42

一、ABC 分类法的内涵

（一）ABC 分类法概述

ABC 分类法又称帕累托分析法、主次因素分析法、ABC 分析法、ABC 法则、分类管理法、物资重点管理法。它是由意大利经济学家维尔弗雷多·帕累托首创的。1879 年,帕累托在研究个人收入的分布状态时,发现少数人的收入占全部人收入的大部分,而多数人的收入却只占一小部分。

帕累托分析方法的核心思想是在决定一个事物的众多因素中分清主次,识别出少数的但对事物起决定作用的关键因素和多数的但对事物影响较少的次要因素。后来,帕累托定律被不断应用于管理的各个方面。1951 年,管理学家戴克将其应用于库存管理,命名为 ABC 法。后来将这一方法推广到研究全部社会现象,使 ABC 法成为企业提高效益的普遍应用的管理方法。

（二）ABC 分类法的含义

ABC 分类法,是根据事物在技术或经济方面的主要特征,进行分类排序,分清重点和一般,从而有区别地确定管理方式的一种分析方法。由于它把被分析的对象分成 A、B、C 三类,所以又称为 ABC 分析法。

在企业库存物资控制上,由于库存物资中存在着少数物资占用大部分资金,而大多数物资却占用很少资金的情况,因此利用库存与资金占用之间的特点,通过 ABC 分类法对库存物资进行划分,按其消耗数量、价值大小,进行分类排序。将数量少价值大的一类称为 A 类;数量大价值小的一类称为 C 类;介于 A 类与 C 类中间的为 B 类。然后分别采用不同的管理方法对其控制。但在类别的划分上并没有一个固定的标准,每个企业可以按照各自的具体情况来确定。

一般来说,在实际应用过程中只需掌握全部库存的品种标志、年平均用量、单位成本,再经过算术运算即可完成。列入 A 类的物资,其使用量不超过总用量的 20%,而使用金额占总金额的 70%左右;B 类物资,其使用量不超过总用量的 30%,而使用金额占 20%左右;C 类物资,使用量在 50%以上,但使用金额仅占 10%左右。如表 4-2 所示:

表 4-2　ABC 分类表　　　　　　　　　　　　　（单位：%）

类　　别	品种数占总体的百分比	使用金额占总金额的百分比
A	10～20	60～80
B	20～30	10～20
C	50～70	5～10

二、ABC分类法的基本程序

(一)资料分析

1. 收集数据

确定构成某一管理问题的因素,收集相应的特征数据。以库存控制涉及的各种物资为例,如拟对库存物资的品种及使用金额或价值进行分析,则应收集各种物资的品种数、年使用量、物资单价等数据。

2. 整理数据并计算

对收集的数据进行整理加工,主要根据每种物资的使用金额大小,按从大到小的顺序进行排序,并按要求计算其百分比,包括各因素占总因素的百分比及其累计百分数,如每种物资使用金额占总库存物资金额的百分比、累计使用金额的百分比。

3. 分类标准

根据采用的分类标准,进行 ABC 分类,列出 ABC 分析表。各类因素的划分标准,并无严格规定。习惯上常把主要特征值——使用金额或价值的累计百分数达到70%左右的若干因素称为 A 类;累计百分数在20%左右的若干因素称为 B 类;累计百分数在10%左右的若干因素称为 C 类,如表4-3所示。

如果品目数很多,无法全部排列在表中或没有必要全部排列出来,可以采用分层的方法,即先按销售额进行分层,以削减品目栏内的项数,再根据分层的结果将关键的 A 类品目逐个列出来进行重点管理。

表 4-3　ABC 分析表

品名	品目累计数	累计品目数/%	物品单价	销售量	销售额/%	累计销售额/%	分类结果

4. 根据 ABC 分析表确定分类

根据 ABC 分析表,观察累计品目百分数和销售额累计百分数,将累计品目百分数为10%左右,而销售额累计百分数为70%左右的若干品目定为 A 类;将累计品目百分数为20%,而销售额累计百分数也为20%左右的若干品目定为 B 类;其余为 C 类,C 类情况正和 A 类相反,其累计品目百分数为70%,而销售额累计百分数仅为10%左右。

5. 绘制 ABC 分析图

除利用直角坐标绘制曲线图外,也可绘制成直方图。一般情况下都通过直角坐标图来表示,以累计因素百分数为横坐标,累计主要特征值——使用金额百分数为纵坐标,按 ABC 分析表所列示的对应关系,在坐标图上取点,并连接结各点成曲线,即绘制成 ABC 分析图,如图 4-1 所示。

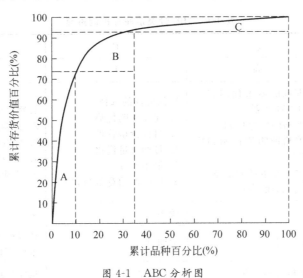

图 4-1　ABC 分析图

6. 采纳库存管理策略

根据 ABC 分析的结果,对 A、B、C 三类商品采纳不同的库存管理策略。

(二)实施分类管理对策

根据 ABC 分类结果,权衡管理力量和经济效果,制定 ABC 分类管理标准表,对 A、B、C 三大类物资进行有区别的管理。例如,从订货周期来考虑的话,A 类物资可以控制得紧些,每周订购一次;B 类物资可以两周订购一次;C 类物资则可以每月或每两个月订购一次。值得注意的是,ABC 分类与物资单价不一定有关。

A 类物资的耗用金额很高,这可能是单价不高但耗用量极大的组合,也可能是单价很高但用量不大的组合。与此相类似,C 类物资可能价格很低,但用量不少,也可能是价格并不低,但用量很少。

三、ABC 分类法的库存策略

将库存物资进行 ABC 分类的目的在于根据分类结果对每类物资采取适宜的库存控制。对 A 类物资,应列为物资管理的重点对象,进行重点管理。现场管理要更加严格,放在更为安全的地方储存;为保持库存记录的准确性,要经常进行检查和盘点,预测时要更加仔细,实行定期订购的控制方式,严格要求库存盘点、来料期限、领发料等活动。

对 C 类物资，则定为物资管理的一般对象，采用比较粗放的管理方法，即定量订购的控制方式，可以适当加大保险储备量。而 B 类物资，介于 A 类和 C 类物资之间，企业可根据自己物资管理的能力和水平，选择综合或连续、定期的控制方法，如表 4-4 所示。

表 4-4　ABC 分类法库存控制策略

类别	A	B	C
价值	高	中	低
管理重点	1. 准确的需求预测和详细的采购计划 2. 严格的库存控制 3. 严格的物流控制和后勤保障 4. 对突发事件的准备 5. 供应商的合作	1. 供应商的选择 2. 建立采购优势 3. 目标价格管理 4. 订购批量优化 5. 最小库存 6. 供应商的竞争与合作	1. 物品的标准化 2. 订购批量优化 3. 库存优化 4. 业务效率 5. 供应商的竞争与合作
订货量	少	较多	多
订货方式	定量订货	定期订货	按经验订货，可采用订货双堆法管理库存
检查方式	经常检查和盘存	一般检查和盘存	按年度或季度检查盘存
记录	最准确、最完整	正常记录	简单记录
统计方法	详细统计，按品种、规格等细项进行统计	按大类进行统计	按金额统计
保险储备量	低	较大	允许较高

任务实施

通过对本节的学习，结合引导案例，尽管小王是新人，并没有真正通过 ABC 分析法对物资进行过分类管理，但接到任务后可以从如下几个方面入手。

（1）根据已知资料，计算每种商品品种百分比、品种累计百分比、金额百分比及金额累计百分比，并将其制作成 ABC 分析表，如表 4-5 所示。

表 4-5　九大类物资的 ABC 分析表

序号	名　称	种类	金额/元	品种/%	品种累计/%	金额/%	金额累计/%
1	有枪身石油射孔弹	6	291	19.35	19.35	26.04	26.04
2	射孔枪身	7	244.1	22.58	41.94	21.84	47.89
3	盲孔枪身	2	162.09	6.45	48.39	14.51	62.39

序号	名称	种类	金额/元	品种/%	品种累计/%	金额/%	金额累计/%
4	防沙撞击起爆器	2	147.72	6.45	54.84	13.22	75.61
5	压力起爆器	1	81.95	3.23	58.06	7.33	82.85
6	公母接头	4	81.95	12.90	70.97	7.33	90.28
7	射孔弹枪身	3	54.24	9.68	80.65	4.85	95.13
8	导爆索	3	33	9.68	90.32	2.95	98.09
9	筛管	3	21.37	9.68	100.0	1.91	100.00
	合计	31	1 117.42				

（2）分类。根据下面的 ABC 库存管理分类方法进行商品分类。

A 类商品的品种数所占比例为 10%～20%，而库存资金所占比例为 60%～80%；

B 类商品的品种数所占比例为 20%～30%，而库存资金所占比例为 10%～20%；

C 类商品的品种数所占比例为 50%～70%，而库存资金所占比例为 5%～10%。

因此对库存商品的 ABC 分类如下：A 类物资（如表 4-5 的序号 1～4）；B 类物资（如表 4-5 的序号 5～8）；除此之外为 C 类物资。

（3）制定管理策略。A 类物资通常是控制工作的重点，应该严格控制其计划与采购、库存储备量、订货量和订货时间。在保证生产的前提下，应尽可能地减少库存，节约流动资金；在保管方面，它们应存放在更安全的地方；为了保证它们的记录准确性，应对它们定期与不定期相结合地进行盘点。

B 类物资可以适当控制，在力所能及的范围内，适度减少库存。C 类物资可以放宽控制，增加订货量。

课堂实训

1. 工作目标

通过模拟案例，使学生学会应用 ABC 分类法，懂得 ABC 分类法的具体操作过程。

2. 工作准备

（1）了解 ABC 分类法的内涵。

（2）准备计算分析的相关资料和工具。

（3）将全班学生分成若干组，每组 4～5 人，互相进行讨论。

（4）工作时间安排 2 学时。

3. 工作任务

电脑生产商 DELL（戴尔）公司，当前正面临着快速增长的产品线和与产品线多样化相关的库存问题,DELL 老总已经决定进行一项使用不同的存货分析工具,针对公司存货的需求分析,这个项目的第一阶段包括公司产品线的 ABC 分析。

该老总在决定 ABC 分类时,在使用恰当的分类标准以及制定每一类库存合理的削减量方面遇到了棘手的问题。为了解决这种为难处境,他已经与一家物流咨询公司订立了服务合同,由咨询公司来从事库存分析,表 4-6 是公司的产品销售记录。

表 4-6   DELL 公司的销售记录

销售数据(以一年为期限)

产品号	售出单位/台	单位售价/元	单位利润/元
11	12 300	4 899	3 200
12	454	6 899	4 150
13	1 580	6 350	3 580
14	124	8 999	4 200
15	45	10 090	5 100
21	256	8 890	3 500
22	32	12 999	5 800
23	8 796	5 880	2 800
24	589	6 780	2 600
25	2 864	6 500	3 300

如果你受雇于这家咨询公司,你如何构建你的分析方法?你会使用什么样的方法?要将库存削减到什么样的水平?一定要在你的决策和方法后面,给出你这样做的理由。

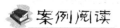 案例阅读

某企业库存 ABC 管理策略

某小型企业拥有 10 项库存品,各种库存品的年需要量、单价如表 4-7 所示,为了加强库存品的管理,企业计划采用 ABC 库存管理法。假如企业决定按 20% 的 A 类物品、30% 的 B 类物品、50% 的 C 类物品来建立 ABC 库存分析系统,该企业应如何分类呢?

表 4-7　某企业库存需求情况表

库存品名称	年需求量(千克)	单价(元)	金额(元)
a	9 000	8	72 000
b	95 000	8	760 000
c	4 000	4	16 000
d	50 000	4	200 000
e	1 000	10	10 000
f	125 000	5	625 000
g	20 000	5	100 000
h	20 000	8	160 000
i	5 000	5	25 000
j	2 500	7	17 500
合计	—	—	1 985 500

根据表 4-7 列出各种存货品的金额,并进行大小排列,计算各种库存品金额的百分比和累计百分比,然后进行分类,如表 4-8 所示。

表 4-8　计　算　表

库存品名称	金额(元)	累计金额(元)	累计百分比(%)	类别
b	760 000	760 000	38.3	A
f	625 000	1 385 000	69.8	A
d	200 000	1 585 000	79.8	B
h	160 000	1 745 000	87.9	B
g	100 000	1 845 000	92.9	B
a	72 000	1 917 000	96.5	C
i	25 000	1 942 000	97.8	C
j	17 500	1 959 500	98.7	C
c	16 000	1 975 500	99.5	C
e	10 000	1 985 500	1 000	C

根据 ABC 分类,进一步编制 ABC 分类表,如表 4-9 所示。

表 4-9　ABC 分类表

类别	品种数	该类库存占总库存品种数的百分比(%)	金额(元)	该类库存金额占总金额的百分比(%)
A	2	20	1 385 000	69.8
B	3	30	460 000	23.2
C	5	50	140 500	7.1
合计	10	100	1 985 500	100.0

通过对企业进行分类,有利于企业对不同类别的存货按不同的要求进行控制和管理。

资料来源:冷韶华,吴国华. 物流案例与实务[M]. 北京:清华大学出版社,2015:41~42.

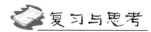 复习与思考

1. 简述 ABC 分类法的基本含义。

2. 如何划分 A、B、C 三类物资?

3. 简述 ABC 分类法的库存控制策略。

第二节　安全库存控制

学习目标

1. 理解安全库存的内涵及其必要性;

2. 掌握影响安全库存的因素;

3. 掌握安全库存的两种计算方法及其具体的计算过程。

技能要求

1. 能根据企业运作情况有效分析安全库存的合理性;

2. 能够熟练运用安全库存的控制过程。

引导案例

一家刚成立的制造企业公司,员工对于很多业务都不是很熟练。尤其在库存方面存在很多不足,有的时候库存原材料产生大量的库存积压,而有的时候库存出现一些意外不足的情况。

公司安全库存无法满足生产需求,出现了生产停顿的现象。最近公司招了新员工小郑,是物流专业刚毕业的学生,公司为了改进这种现象,让小郑对安全库存做一个合理的

设计，那小郑该如何去设计和计算呢？

一、安全库存的含义

（一）安全库存的含义

安全库存（safety stock，SS）也称安全存储量，又称保险库存，是指为了防止由于不确定性因素（如大量突发性订货、交货期突然延期、临时用量增加、交货误期等特殊原因）影响订货需求而准备的缓冲库存。

安全库存用于满足提前期需求，企业保持安全库存是为了防止在生产或销售过程中可能产生的原材料未能及时到位或销售超过预期量而出现的停工待料或缺货脱销等意外情况的出现。

（二）安全库存的必要性

安全库存用来补偿在补充供应的前置时间内实际需求量超过期望需求量或实际订货提前期超过期望订货提前期所产生的需求。中转仓库和零售业备有安全库存是为了在用户的需求率不规律或不可预测的情况下，有能力满足他们的需求。

工厂成品库持有安全库存是为了在零售和中转仓库的需求量超过期望值时，有能力补充他们的库存。但所有的业务都面临着不确定性，这种不确定性来源各异。如果没有安全库存，当订货间隔期内的需求量超过其期望值，便会产生缺货现象。

1. 从需求或消费者一方来说

不确定性涉及消费者购买多少和什么时候进行购买。处理不确定性的一个习惯做法是预测需求，但从来都不能准确地预测出需求的大小。

2. 从供应方来说

不确定性是获取零售商或厂商的需要，以及完成订单所要的时间。就交付的可靠性来说，不确定性可能来源于运输，还有其他原因也能产生不确定性。

（三）安全库存的影响因素

1. 存货需求量、订货间隔期的变化以及交货延误期的长短

预期存货需求量变化越大，企业应保持的安全库存量也越大；同样，在其他因素相同的条件下，订货间隔期、订货提前期的不确定性越大，或预计订货间隔期越长，则存货的中断风险也就越高，安全库存量也应越高。

2. 存货的短缺成本和储存成本

一般地，存货短缺成本的发生概率或可能的发生额越高，企业需要保持的安全库存量

就越大。增加安全库存量,尽管能减少存货短缺成本,但会给企业带来储存成本的额外负担。在理想条件下,可以通过模型计算得出最优的订货量和库存量,但在实际操作过程中,订货成本与储存成本反向变化,不确定性带来的风险问题一直没有得到有效解决。

3. 厂商处理信息流和物流时产生的不良效应

厂商内部间的隔阂影响了信息的有效流通,信息的成批处理使得厂商内加速原理生效,需求信息经常被扭曲或延迟,从而引起采购人员和生产计划制定者的典型反应——前置时间或安全库存综合征。该效应继续加强,直到增加过量,相应的成本同时随之上升。同时过剩的生产能力不断蔓延至整条供应链,扭曲的需求数据开始引起第二种效应——存货削减综合征。

厂商不得不选择永久降低产品的销售价格,侵蚀企业的盈利。前一种效应引起过量的存货,后一种效应引起效益的削减。在市场成长期,两种效应的结合所带来的后果常被增长的需求所掩盖。因此,有必要合理控制安全库存问题。

安全库存的存在使公司的缺货费用降低,同时又使储存费用增加。因此,需要确定合理的安全库存量。

二、确定需要安全库存的物料

一般情况下,确定哪些物料需要保持安全库存是根据物料在整个企业运营中的重要性而定的。主要通过ABC分析法确定物料的A、B、C等级,然后根据等级来制定库存并采取相应的库存控制策略。

A类物料:成本较高,占整个物料成本的70%左右,可采用定量订购法,尽量没有库存或只做少量的安全库存,但需在数量上做严格的控制。

B类物料:成本中等,占整个物料成本的20%左右,可采用经济定量采购的方法,可以做一定的安全库存。

C类物料:其成本最少,占整个物料成本的10%左右,可采用经济订购批量的采购方式,不用做安全库存,根据采购费用和库存维持费用之和的最低点,定出一次的采购量。

三、安全库存量的确定

安全库存对于企业满足一定的客户服务水平是非常重要的,在企业产品供应上起到缓冲的作用,企业往往根据自身的客户服务水平和库存成本的权衡设置安全库存水平。现有的各种安全库存量的计算方法都是以需求量、前置时间和缺货成本作为依据。经典计算公式如下:

$$安全库存 = (预计最大需求量 - 平均需求量) \times 采购提前期 \tag{4-1}$$

如果用统计学的观点可以变更为:

$$安全库存 = 日平均需求量 \times 一定服务水平下的提前期标准差 \tag{4-2}$$

可见,安全库存量的大小,主要由顾客服务水平(或订货满足)来决定。所谓顾客服务水平,就是指对顾客需求情况的满足程度,公式表示如下:

$$顾客服务水平 = \frac{1 - 年缺货次数}{年订货次数}$$ (4-3)

顾客服务水平(或订货满足率)越高,说明缺货发生的情况越少,从而缺货成本就较小,但因增加了安全库存量,导致库存的持有成本上升;而顾客服务水平较低,说明缺货发生的情况较多,缺货成本较高,安全库存量水平较低,库存持有成本较小。因而必须综合考虑顾客服务水平、缺货成本和库存持有成本三者之间的关系,最后确定一个合理的安全库存量。

下面介绍两种计算安全库存量的方法。

(一)概率方法

利用概率标准来确定安全库存比较简单。假设在一定时期内需求是服从正态分布的,且只考虑需求量超过库存量的概率。为了求解一定时期内库存缺货的概率,可以简单地画出一条需求量的正态分布曲线,并在曲线上标明我们所拥有的库存量的位置。当需求量是连续的时候,常用正态分布来描述需求函数。

在库存管理中,只需关注平均水平之上的需求。也就是说,只有在需求量大于平均水平时,才需要设立安全库存。在平均值以下的需求很容易满足,这就需要设立一个界限以确定应满足多高的需求,如图4-2。

例如,假设预计从下月开始平均每月需求量为100单位,标准差为20单位。如果某一月份需求量刚好为100单位(等于均值,而在正态分布中,均值所覆盖的面积为50%),则缺货概率为50%。我们知道有一半月份的需求量将超过100单位;另一半月份的需求量将少于100单位。更进一步说,如果每月一次订购100单位,且货物在月初收到,则从长期看,这一年中将有6个月发生缺货。

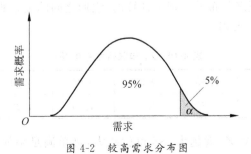

图4-2　较高需求分布图

安全库存的计算,一般需要借助于统计学方面的知识,对顾客需求量的变化和提前期的变化作一些基本的假设,从而在顾客需求发生变化、提前期发生变化以及两者同时发生变化的情况下，分别求出各自的安全库存量。即假设顾客的需求服从正态分布，通过设定的显著性水平来估算需求的最大值，从而确定合理的库存。

统计学中的显著性水平 α，在物流计划中叫作缺货率，与物流中的服务水平（$1-\alpha$，订单满足率）是对应的，显著性水平＝缺货率＝1－服务水平。如统计学上的显著性水平一般取为 $\alpha=0.05$，即服务水平为 0.95，缺货率为 0.05。服务水平就是指对顾客需求情况的满足程度。

图 4-3 解释了统计学在物流计划中安全库存的计算原理。

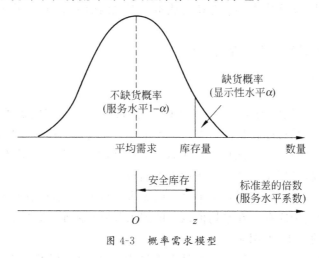

图 4-3   概率需求模型

从图 4-3 可以看出，库存＝平均需求＋安全库存，平均需求也叫周期库存，安全库存用 SS 来表示，那么有：

$$SS = Z_a\sigma \tag{4-4}$$

Z_a 表示在显著性水平为 α，服务水平为 $1-\alpha$ 的情况下所对应的服务水平系数，它是基于统计学中的标准正态分布的原理来计算的，它们之间的关系非常复杂，但一般可以通过正态分布表（表 4-10）查得。

表 4-10 Z_a 和服务水平的关系

服务水平	0.999 8	0.99	0.98	0.95	0.90	0.80	0.70
Z_a	3.05	2.33	2.05	1.65	1.28	0.84	0.54

服务水平 $1-\alpha$ 越大，Z_a 就越大，SS 也就越大，订单满足率就越高，发生缺货的概率就越小，但需要设置的安全库存 SS 就会越高。因而需要综合考虑顾客的服务水平、缺货成本和库存持有成本三者之间的关系，最后确定一个合理的库存。

如果觉得频繁的缺货难以接受，则应增加额外的库存以降低缺货风险。假设增加 20

单位的安全库存,在这种情况下,仍然是一次订购一个月的库存,且当库存量下降为 20 单位时,所订的货物就该入库。这样就建立了一个较小的安全库存,以缓冲缺货的风险。

如果需求量的标准差为 20 单位,则拥有了相当于标准差大小的安全库存,查标准正态分布表,$Z_a = 1$ 时,概率为 0.841 3。所以大约有84%的时间将不会发生缺货的情况,而16%的时间会发生缺货情况。现在如果每个月都订购,则大约有两个月会发生缺货($0.16 \times 12 = 1.92$)。

常用这个方法来建立不发生缺货的概率为95%的安全库存,其对应的标准正态偏差为 1.64 个标准。这意味着应当建立 1.64 标准差的安全库存,在这个例子中,安全库存为33 个单位($1.64 \times 20 = 32.8$)。

那么在实际工作中的安全库存是这样运用的。

(1)提前期 LT 与订货周期 T 为固定的情况下:

$$\text{SS} = Z_a \sigma \sqrt{LT + T} \tag{4-5}$$

(2)一般情况下,需求是变动的,而提前期 LT 也是变动的,假设需求 D 和提前期 LT 是相互独立的,则安全库存:

$$\text{SS} = Z_a \sqrt{\sigma^2 (LT + T) + \sigma_{LT+T}^2 \overline{D}^2} \tag{4-6}$$

式中,σ_{LT+T}——提前期的标准差;

$\overline{D}$——提前期内的平均周期需求量。

【例 4-1】 商店的可乐日平均需求量为 10 箱,顾客的需求服从标准差为 2 箱/天的正态分布,提前期满足均值为 6 天、标准差为 1.5 天的正态分布,并且日需求量与提前期是相互独立的,试确定90%的顾客满意度下的安全库存量。

解:由题意得知:$\sigma = 2$ 箱,$\sigma_{LT+T} = 1.5$ 天,$\overline{D} = 10$ 箱/天,$LT + T = 6$,服务水平为 0.90,对应的 $Z_a = 1.28$,代入公式(4-6)得:

$$\text{SS} = 1.28 \times \sqrt{4 \times 6 + 1.5^2 \times 100} = 20$$

即在满足90%的顾客满意度的情况下,安全库存量是 20 箱。

应该注意到,安全库存中统计的是过去的数据,以过去的数据预测将来是有风险的,另外,安全库存还会受到公司库存周转率指标的影响。事实上,安全库存与其说是统计计算的结果,还不如说,它是一个管理决策。这是库存管理人员必须牢记的原则。

(二)服务水平方法

在许多情况下,公司往往并不知道缺货成本到底有多大,甚至大致地加以估计也很困难。在这种情况下,往往是由管理者规定物品的服务水平,由此便可确定安全库存。下面介绍如何通过服务水平法确定安全库存量,使之满足规定的服务水平。

服务水平表示用存货满足用户需求的能力。如果用户是在需要的时候就得到他们所需要的物品，则服务水平为 100%；否则服务水平就低于 100%，服务水平与缺货水平之和为 100%。一般来说，保证需求随时都得到满足不但很困难，而且在经济上也不合理。可能不需很多费用就可以把服务水平从 80% 提高到 85%，但要把服务水平从 90% 提高到 95% 所需费用就要大得多。当服务水平接近 100% 时，安全库存投资通常会急剧地增长。由于企图完全消除缺货的费用很高，大多数公司都允许一定程度的缺货。

衡量服务水平有多种方式，如按满足需求的单位数、金额或订货次数来衡量。不存在一种服务水平的衡量方式适合于所有的库存物品。因而要具体情况具体分析，确定适合的衡量方式。常用的服务水平方法有：

(1) 按订购周期计算的服务水平；

(2) 按年计算的服务水平；

(3) 需求量服务水平系数；

(4) 作业日服务水平系数。

不同服务水平衡量方式下得出的订货点或安全库存量也不相同，选择何种衡量方式，应由管理者根据经营目标决定。

按订货周期计算的服务水平表示在补充供应期（前置时间）内不缺货的概率。这种衡量方式不关心缺货量的大小，仅反映可能出现在订购周期内的缺货是多长时间发生一次。

$$\text{按订购周期计算的服务水平} = \frac{1 - \text{有缺货的订购数}}{\text{订购期总数}} = 1 - P(M > R) \qquad (4\text{-}7)$$

$$P(M > R) = P(S) = \frac{\text{有缺货的订购期数}}{\text{订购期总数}} = 1 - \text{按订购周期计算服务水平} \qquad (4\text{-}8)$$

式中，$P(M>R)$ 就是上面所提及的缺货概率，也就是前置时间需求量（M）会超过订货点（R）的概率。已知所允许的缺货概率后，根据前置时间需求量的概率分布，就可以确定安全库存，使之满足规定的服务水平。

当需求量服从正态分布时，由给定的服务水平确定缺货概率，然后查标准正态分布表，确定需求量标准正态偏差 Z，用下式计算安全库存与订货点：

$$\text{安全库存} = Z_a\sigma \qquad (4\text{-}9)$$

式中，σ——标准差。

这时：

$$\text{订货点} = \text{期望平均需求} + \text{安全库存} = E(M) + Z_a\sigma \qquad (4\text{-}10)$$

四、降低安全库存

安全库存产生的根源是缩短交货期、减少投机性的购买、规避风险、缓和季节变动与生产高峰的差距、实施零组件的通用化、营销管理缺失等，因此要降低安全库存，必须使订货时间尽量接近需求时间、订货量尽量接近需求量，同时让库存适量。但是与此同时，由于意外情况发生而导致供应中断、生产中断的危险也随之加大,从而影响到为顾客服务的水平,除非有可能使需求的不确定性和供应的不确定性消除,或减到最小限度。至少有四种具体措施可以考虑使用。

(1)改善需求预测。预测越准,意外需求发生的可能性就越小,还可以采取一些方法鼓励用户提前订货。

(2)缩短订货周期与生产周期。周期越短,在该期间内发生意外的可能性也越小。

(3)减少供应的不稳定性。其途径之一是让供应商知道你的生产计划,以便它们能够及早作出安排。途径之二是改善现场管理,减少废品或返修品的数量,从而减少由于这种原因造成的不能按时按量供应的情况。还有一种途径是加强设备的预防维修,以减少由于设备故障而引发的供应中断或延迟。

(4)运用统计的手法,通过对前 6 个月甚至前 1 年产品需求量的分析,求出标准差后(即得出上下浮动点)后,做出适量的库存。

任务实施

1. 工作准备。

(1)了解安全库存的基本理论知识,对每种安全库存情况的控制深入学习。

(2)成立调查小组,了解该制造企业的原材料的库存情况,列出每种原材料近一年的库存积压或短缺、需求量及订货提前期等情况。

(3)把相关资料进行汇总、整理,准备计算用的工具。

2. 根据实际调查结果对每种物资安全库存量进行计算。

3. 考虑安全库存问题发生的根源,采取相应的降低安全库存的措施。

课堂实训

1. 工作目标

通过模拟某制造企业的安全库存设计,使学生学会安全库存分析,懂得不同情况下所采用的安全库存计算方式。

2. 工作准备

(1)了解安全库存的不同情形。

(2)准备计算的相关资料和工具。

(3)全部同学按照工作任务要求进行分组。

(4)工作时间安排 2 学时。

3. 工作任务

某生产企业库存的物资种类很多，从原材料到成品物资达六千多种，对于如此多的物品，企业该如何设计各类物资的安全库存呢？

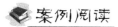 案例阅读

安全库存：可口可乐的真知灼见

1.5倍原则是一个安全的存货原则，是可口可乐公司库存管理的主要内容之一。它是建立在客户上期的销量基础上而对本期订货依据的建议。业务代表坚持遵循1.5倍原则进行客户存货管理，有助于主动争取客户的订单，帮助客户减少缺货或货物积压的风险，并保证消费者随时都能够买到所需的产品，从而使客户不遗漏每次成交的机会。

在可口可乐公司，1.5倍原则的运用是要遵循具体步骤的。具体如下：

第一步：计算上次拜访后的实际销量。

实际销量＝（上次库存＋上次订货）－本次库存

第二步：算出客户的安全存货量。

安全存货量＝实际销量×1.5倍

第三步：求出本次的建议订货量。

本次建议订货量＝安全存货量－本次库存

第四步：说服客户并让客户确认建议的订货量。

业务代表要尽量说服客户接受建议订货量。但在实际的运作中，有时由于种种原因，客户无法接受建议订货量。此时，业务代表应向客户建议多于平时订货量的数量（低于1.5倍），同时要告诉客户如果订货太少会造成缺货、断货现象，而这将会给客户造成销量和利润的损失。这里值得注意的一点是：1.5倍原则是业务代表在建议订货时的一个客观科学依据，要灵活地加以掌握，如遇到特殊情况（如天气、节假日、促销活动等）应适当变化，而不是死板地照搬或套用。

第五步：订货。业务代表要把客户同意的订货数量填入客户卡，并且根据客户卡上的订货量填写送货单。

综上，存货周转以及根据1.5倍原则的建议订货量，既是可口可乐业务代表的职责，也是可口可乐区别于其他公司的销售管理策略。可口可乐公司要求业务代表要灵活地运用存货周转和1.5倍原则的技巧，积极主动地对待工作，做客户值得信任的库存管理方面的顾问和专家。

资料来源：孙振国.创业常识速查速用大全集[M].北京：中国法制出版社，2014：233～234.

复习与思考

1. 什么是安全库存？

2. 简述安全库存的影响因素。

3. 有一种物料,相关记录如下：料号：20300046A,名称为 83053 晶片 IC,上月结存 9000pcs；本月入库为 153000pcs；本月出库为 106000pcs；本月结存库存量为 56000pcs。订货处理期为 9 天,客户需要在 7 天之内要货,试分析是否需要制定安全库存,假如需要,安全库存为多少最为合适？

第三节　定量库存管理方法

学习目标

1. 了解定量库存管理方法的概念及基本原理；

2. 掌握定量库存管理方法的应用范围；

3. 重点掌握定量订货法控制参数的确定。

技能要求

1. 能根据企业物资消耗情况,确定哪些物资适用于定量订货法来控制；

2. 能有效确定定量订货方法中不同情况下的基本控制参数。

引导案例

国内某制造公司在库存管理这一模块比较薄弱,因此公司领导准备对企业内部所有物资的库存控制进行合理调整,针对不同物资的需求或销售量情况,采取不同的控制策略,准备对需求量或销量比较大、占较大资金额的物资采用定量订货的方式进行库存管理,于是公司派小王去负责库存的管理,那么小王该如何去做呢？

一、定量订货法的概念和基本原理

（一）定量订货法的概念

定量订货法是从数量上控制库存量,虽然操作简单,但需要每天检查库存量,是一种基于物资数量的订货法,它主要靠控制订货点和订货批量两个参数来控制订货进货,达到既最好地满足用户需求,又使经营总费用最低的目的。

因此定量订货法是指当库存量下降到预定的最低库存量(订货点)时,按规定数量(一般以经济批量 EOQ 为标准)进行订货补充的一种库存控制方法。

(二)定量订货法的基本原理

定量订货法的原理是：预先确定一个订货点 Q_k，在物资销售或消耗过程中随时检查库存，当库存下降到 Q_k 时，就发出一个订货批量。订货批量取为经济订货量 Q。这种情况下，库存量的变化如图 4-4 所示。

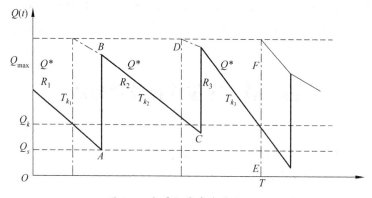

图 4-4　定量订货库存量变化图

图 4-4 是一般情况的例子，即每一阶段的消耗速率均不等，即 $R_1 \neq R_2 \neq R_3$，订货周期也不同，即 $T_{K1} \neq T_{K2} \neq T_{K3}$，其中 R 和 T_K 都是随机变量。在第一阶段，库存以 R_1 的速率下降，当库存下降到 Q_k 时，就发出一个订货批量 Q^*，名义库存升高了 Q^*，达到 $Q_{max} = Q_k + Q^*$。进入第一个订货提前期 T_{K1}，在 T_{K1} 内库存继续以 R_1 的速率下降到图中的 A 点，新订货物到达，T_{K1} 结束，实际库存由 Q_S 上升到 $Q_k + Q^*$，增加了 Q^*，到达 B 点，进入第二销售阶段。设第二销售阶段以 R_2 的速率下降，因为 R_2 小于 R_1，所以库存消耗周期长些。

当库存下降到 Q_k 时，又发出一个订货批量 Q^*。名义库存又升到 $Q_{max} = Q_k + Q^*$，进入 T_{K2}，库存下降到 C 点，第二订货批量 Q_1 到货，T_{K2} 结束，实际库存又升高了 Q^*，到达 D 点。因为 R_2 小，T_{K2} 又短，所以第二个订货提前期 T_{K2} 内库存消耗量少，C 点库存较高，因而 D 点库存也较高。之后又进入第三个周期，由于 R_3 比 R_1 和 R_2 都大，T_{K3} 比 T_{K1} 和 T_{K2} 都长，所以在 T_{K3} 内的库存消耗量最大，E 点最低，还动用了 Q_S，几乎把安全库存量都用完了。新订货物到达后，升高了 Q^* 到 F 点，所以 F 点也是新订货物到达库存量最低的点。库存量就是这样周期变化不止。从图 4-4 可以看出以下几点。

第一，订货点 Q_k 的大小包括了两部分：第一部分为 Q_S；第二部分为 $D_l = Q_k - Q_S$。图中 T_{K1} 期间的需求量正好等于 Dl，T_{K2} 期间的需求量正好小于 Dl，T_{K3} 期间的需求量正好大于 Dl。

第二,在整个库存中的所有需求量都得到满足,没有出现缺货,都是由订货点库存量满足的。其中 T_{K1} 和 T_{K2} 期间还没有动用安全库存 Q_S,而期间 T_{K3} 动用了安全库存 Q_S,库存满足率达到了 100%。但是如果安全库存量设得太小的话,则 T_{K3} 期间的库存曲线就会下降到横坐标线以下,也就是会出现缺货。而且 Q_S 越小,缺货量就越大。因此,设定安全库存量的作用,就是降低了缺货率,提高了库存满足率。

第三,由于控制了订货点 Q_K 和订货批量 Q^*,使得整个系统的库存水平得到了控制。最高库存量 Q_{max} 不超过 $Q_k + Q^*$。

进而得出结论一:需求量和订货提前期可以是确定的,也可以是不确定的;结论二:订货点 Q_k 包括安全库存 Q_S 和订货提前期的平均需求量 D_l 两部分。当需求量和订货提前期都确定的情况下,不需要设置安全库存;当需求量和订货提前期都不确定的情况下,设置安全库存是非常必要的。结论三:由于控制了订货点 Q_k 和订货批量 Q^*,这使整个系统的库存水平得到了控制,从而使库存费用得到控制。

(三)定量订货法的适用范围及优缺点

1. 适应范围

从需求角度看,定量订货法不但适用于随机型需求,也适用确定型需求。因为确定型需求是随机型需求的特殊情况。对于不同的需求类型,可以导出具体的应用形式,但它们的原理都是相同的。

从市场上的物资资源供应角度看,只适用于订货不受限制的情况,即订货时间和订货地点都不受任何限制。因此,定量订货法主要用于那些重要物资的库存控制,在下列情况下可以考虑采用定量订货法模型进行库存控制。

(1)所储物资(存货)具备进行连续检查的条件

并非所有的物资都能很方便地随时进行检查,具备进行连续检查条件是选用连续检查控制方式的前提条件。

(2)价值虽低但需求数量大的物资以及价格昂贵物资

这些均是需要重点控制的物资,应该考虑采用连续检查控制方式控制。前者是因为此类物资价低量大,采用连续检查控制方式的一些较易实施的方案可以简化控制程序;后者是因为连续检查控制方式可以及时收集库存信息,较灵活地优化库存控制与管理。

(3)易于采购的物资

采用连续检查控制方式,订货的时间无法确定,因此连续检查控制方式适用于市场上随时可以采购到的物资。

2. 定量订货法优缺点

(1) 优点

订货点、订货批量一经确定,则定量订货法的操作就很简单。当订货量一定,收货、验收、保管和批发可以利用现成的规格化器具和结算方式,可节省搬运、包装等方面的工作量;定量订货法充分发挥了经济订货批量的作用,可以使平均库存量和库存费用最低。

(2) 缺点

要随时盘存,花费较大的人力和物力;订货模式过于机械化;订货时间不能预先确定,所以难于加以严格的管理,也难于预先作出较精确的人员、资金、工作等方面的安排计划。

此外,在实际工作中具体应用定量订货法时,还要注意它适用的环境条件。

二、定量订货法控制参数确定

为了实施定量订货法,需要确定两个控制参数,一个是订货点;一个是订货批量。

(一)订货点的确定

在定量订货法中,发出订货时仓库里该品种保有的实际库存量叫作订货点。它是直接控制库存水平的关键。

1. 在需求量和订货提前期都确定的情况下,不需要设置安全库存,可直接求出订货点。公式如下:

$$
\begin{aligned}
\text{订货点} &= \text{订货提前期的平均需求量} \\
&= \text{每个订货提前期的需求量} \\
&= \text{每天需求量} \times \text{订货提前期(天)} \\
&= (\text{全年需求量}/360) \times \text{订货提前期(天)} \quad (4\text{-}11)
\end{aligned}
$$

2. 在需求和订货提前期都不确定且服从正态分布的情况下,安全库存的设置是非常必要的。公式如下:

$$
\begin{aligned}
\text{订货点} &= \text{订货提前期的平均需求量} + \text{安全库存} \\
&= (\text{单位时间的平均需求量} \times \text{最大订货提前期}) + \text{安全库存} \quad (4\text{-}12)
\end{aligned}
$$

在这里,安全库存需要用概率统计的方法求出,公式如下:

$$
\text{安全库存} = \text{安全系数} \times \sqrt{\text{最大订货提前期}} \times \text{需求变动值} \quad (4\text{-}13)
$$

式中,安全系数可根据缺货概率查安全系数表(表 4-11)得到;最大订货提前期根据以往数据得到;需求变动值可用下列方法求得:

$$
\text{需求变动值} = \sqrt{\frac{\sum(R_i - \bar{R})^2}{n}} \quad (4\text{-}14)
$$

表 4-11 安全系数表

安全系数	0.0	0.13	0.26	0.39	0.54	0.68	0.84
库存满足率	0.5	0.55	0.6	0.65	0.70	0.75	0.80
缺货率	0.5	0.45	0.4	0.35	0.30	0.25	0.20
安全系数	1.00	1.04	1.28	1.65	1.75	1.88	2.00
库存满足率	0.84	0.85	0.90	0.95	0.96	0.97	0.977
缺货率	0.16	0.15	0.10	0.05	0.04	0.03	0.023
安全系数	2.05	2.33	2.40	3.00	3.08	3.09	
库存满足率	0.98	0.99	0.992	0.998 7	0.999 9	1.000 0	
缺货率	0.02	0.01	0.008	0.001 3	0.000 1	0.000 0	

如果用严格的数学公式计算,则可用以下的公式计算:

(1) 对于正态分布

① 基于订货提前期需求量 D_L 的公式:

$$Q_K = D_L + \alpha \sigma_D \tag{4-15}$$

其中,$Q_S = \alpha \sigma_D$;

D_L 为提前期内的平均需求量;

σ_D 为提前期内需求量的标准偏差。

② 基于需求量求速率 R 和提前期 T_K 的公式:

$$Q_K = \overline{T}_K \overline{R} + \alpha \sqrt{\overline{T}_K \sigma_R^2 + \overline{R}^2 \sigma_T^2} \tag{4-16}$$

$$Q_S = \alpha \sqrt{\overline{T}_K \sigma_R^2 + \overline{R}^2 \sigma_T^2} \tag{4-17}$$

(2) 对于非正态分布,则可以采用以下公式:

$$Q_K = D_L / q = q_0 \tag{4-18}$$

【例 4-2】 某商品在过去四个月中的实际需求量分别为:一月份 120 箱;二月份 115 箱;三月份 127 箱;四月份 130 箱。最大订货提前期为 2 个月,缺货概率根据经验统计为 5%,求该商品的订货点。

解:平均月需求量 = (120 + 115 + 127 + 130)/4 = 123(箱)

缺货概率为 5%,查表(4-11)得:安全系数 = 1.65

$$\text{需求变动值} = \sqrt{\frac{\sum (R_i - \overline{R})^2}{n}}$$

$$= \sqrt{\frac{(120 - 123)^2 + (115 - 123)^2 + (127 - 123)^2 + (130 - 123)^2}{4}} = 5.87$$

$$安全库存 = 1.65 \times \sqrt{2} \times 5.87 \approx 14(箱)$$
$$订货点 = 123 \times 2 + 14 = 260(箱)$$

(二)订货批量的确定

订货批量就是一次订货的数量。它直接影响库存量的高低,同时也直接影响物资供应的满足程度。在定量订货中,对每一个具体的品种而言,每次的订货批量都是相同的,所以对每个品种都要制定一定的订货批量。制定订货批量可以采用以下几种方法:

1. 通常取订货批量为一个经济订货批量

经济订货批量是简单、理想状态的一种。通常订货点的确定主要取决于需要量和订货交纳周期这两个因素。

$$\mathrm{EOQ}(Q^*) = \sqrt{\frac{2AF}{C}} \text{ 或者 } \mathrm{EOQ}(Q^*) = \sqrt{\frac{2AF}{KC_i}} \tag{4-19}$$

其中:$C = K \cdot C_i$,C_i 为单位物资单位时间的保管费率;K 为单位物资的价值(单价);A 为订货费用;F 为单位时间内物资的需求量。这两个公式(4-19)的意义是一样的,只是前者根据单位物资的保管费用算,而后者根据保管费率算而已。

这些公式是根据使得包括订货费用和保管费用在内的总和最小的原则算出来的。但是,需要对每一次的订货费用 F 和单位物资单位时间的保管费用 C,或者保管费用率 C_i 进行确认、考核和计算。而我国现有的习惯,是不太考虑这些问题的。因此数据来源可能会有点问题。除此之外,另一个问题是由此式(4-19)算出来的订货批量可能不一定符合现实的包装单元、运输单元、时间单元的额定数,有的甚至是小数,所以,这样计算出来的经济订货批量一般不完全符合实际情况,还要根据具体的情况作适当的调整。

【例 4-3】 甲仓库 A 商品年需求量为 30 000 个,单位商品的购买价格为 20 元,每次订货成本为 240 元,单位商品的年保管费为 10 元,求:该商品的经济订购批量,最低年总库存成本,每年的订货次数及平均订货间隔周期。

解:经济批量 $\mathrm{EOQ}(Q^*) = \sqrt{\dfrac{2AF}{C}} = \sqrt{\dfrac{2 \times 240 \times 30\,000}{10}} = 1\,200(个)$

每年总库存成本 $TC = 30\,000 \times 20 + 240 \times 30\,000 / 1\,200 + 10 \times 1\,200 / 2 = 612\,000(元)$

每年的订货次数 $N = 30\,000 / 1\,200 = 25(次)$

平均订货间隔周期 $T = 365 / 25 = 14.6(天)$

2. 取订货批量等于计划期 T_0 中的需求量大小,即利用下式确定订货批量 Q_0:

$$Q_0 = RT_0 \tag{4-20}$$

例如,可以订一个月、一个季度、一年等一个订货周期的需求量。这样在实际操作中就比较方便和简单。

这里要注意,以上订货批量的制定,都是只根据总费用最省这个原则指定的。除总费用最省之外,还有一些因素可能影响订货批量的制定。如订货的难易程度就是要考虑的另一个重要原因。

有些商品订货很难,例如路途很远;或者手续很麻烦(如跨国采购);或者是珍稀物品;或者是幸运物品,一次购买,以后可能就再也没有了;或者要花很大的代价才能够再买到。在这些情况下,制定订货批量就不能用上述公式计算,而要根据情况具体确定。

除此以外,还可以取与某种包装单元、运输单元的额定容量相等的或整数倍的数量。有些产品,生产厂是以一定的包装单元包装的。例如,袜子是成打成箱卖的,香烟是成箱卖的,采购也应当是成打成箱来确定订货批量;运输部门装运货物有运输单元,例如,火车车皮、集装箱等,订货批量应当尽可能与这些运输单元相匹配。

在这些情况下,既要考虑包装单元、运输单元,又要考虑需求量,以需求量为主,兼顾包装单元、运输单元来制定合适的订货批量。

有些商品,生产厂是轮番批量生产的,有些是季节性生产的,它们都有一个供应周期。这一批生产完了,要过一段时间才能再生产,再供应。在这种情况下,采购订货批量应采取整个供应周期的需求量。

各种批量的制定方法,适用于各种不同的具体情况。制定具体的订货批量的时候,应当根据具体情况。

任务实施

根据情境案例中企业的情况,小王接到任务后,首先应了解定量订货法的基本理论知识,哪些物资适用于定量订货法? 如何进行操作,然后开始定量库存控制管理操作,具体的任务实施应如下:

1. 作好基础工作

(1) 把所有品种进行 ABC 分类,A 类或再加上 B 类,采用定量订货法。

(2) 需求分析。

确定需求的性质、规律和数量。把过去一段时间(一年或几个月)内该品种的库存消耗量按日或周为时间单位求出单位时间的消耗量,就是该品种的单位时间需求量。把这个单位时间需求量按先后顺序形成一个数列,对这个数列进行深入分析,看它是均匀稳定的确定型需求,还是随机变化的随机型需求? 是逐渐增加还是逐渐减少的? 如果是随机型需求,则服从正态分布还是非正态分布? 如果是确定型需求,则其平均值是多少? 如果是正态分布,则其平均值、标准偏差是多少? 如果是非正态分布,则其分布率是多少?

(3) 经营分析

确定经营方式、经营费用。如果是确定型需求,则确定采用不允许缺货、允许缺货,还是补货经营方式? 进货采用瞬时进货还是持时进货? 如果是随机型库存,则要确定是基于服务水平、缺货费用,还是基于补货费用? 在各种经营方式下发生哪些费用,一次订货费用是多少? 单位物资单位时间的保管费用是多少? 缺货费用、补货费用是多少?

2. 确定库存模型

根据第一步的分析,确定合适的库存模型。如对于确定型需求,可以根据情况选用不允许缺货瞬时到货模型、不允许缺货持时到货模型、允许缺货瞬时到货模型、允许缺货持时到货模型、实行补货的瞬时到货模型、实行补货的持时到货模型;对于随机型需求,可以选用基于服务率的库存模型、基于缺货的库存模型、基于补货的库存模型。

3. 确定订货点

根据不同的库存模型确定各自合适的订货点。

4. 确定订货批量

根据具体情况确定订货批量,具体确定方法参见上述内容。

5. 定量订货法运行

在制定了订货点、订货量两个参数之后,就可以实施定量订货法运行了。在具体运行实施时,保管员要随时检查库存,每天都求出库存量的余额,当库存量下降到给定的订货点,就发出订货,每次订货都订一个已经给定的订货批量。

课堂实训

1. 工作目标

通过模拟案例或计算演练,使学生学会分析定量订货法的相关参数的计算。

2. 工作准备

(1) 了解定量订货法的基本知识。

(2) 准备计算的相关资料和工具等。

(3) 由学生独立完成。

(4) 工作时间安排 1 学时。

3. 工作任务

(1) 某金属公司销售钢材,过去 6 周,每周销售的钢材分别为 108、134、155、117、133、145 吨,如果它们服从正态分布,订货进货提前期为 4 周,一次订货费用 300 元,一吨钢材保管 1 周需要保管费 10 元,要求库存满足率达到 95%,如果实行定量订货法控制,应该怎样进行经济订货批量的计算?

(2) 某公司为了降低库存成本,采用订购点法控制某种商品的库存。该商品的年需求量为 1 000 单位,准备的订购成本为每次 10 美元,每年每单位商品的持有成本为 0.5

美元,试计算该公司每次订购的最佳数量为多少? 如果安全库存天数为 3 天,订购备运时间为 4 天,则该公司的订购点为多少?

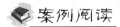 **案例阅读**

零库存:一本被误读的经

零库存,作为丰田管理的一个神话,被中国企业无限发扬光大,甚至作为供应链管理的一个重要指标予以执行。事实上,对零库存这个词语,不分背景、不分品类、不分行业都照单全收,这是完全被误读的。零库存这个词语往往是与"JIT"一起出现,甚至在一定程度上 JIT 等同于零库存。

1. 都是零库存惹的祸

零库存确实是解决高库存的一个法宝,但是如果不对企业供应链的各类资源进行有效分析,则会出现重要的问题。

小米手机将"专注、极致、口碑、快"发扬光大,创造了一个又一个的神话。但是,在早期以口碑为主导的过程中,在零库存这件事情上吃了好几次亏。

很多人对于小米的饥饿营销一直比较诟病,但小米创始人"雷布斯"多次辟谣,并不是饥饿营销,真的是产能不足。站在曾经与小米手机有过合作经验的角度而言,"雷布斯"说的是真的,就是产能不足和供应链控制不足的问题。

尤其是 2012 年东南亚洪灾,严重影响了小米面板灯一系列物料的供应,造成大面积缺货;后来因为与高通的关系出现问题,而造成芯片、主板供应短缺的问题;接下来引入台湾联发科,因为拉低了联发科的品牌形象,造成关系一度紧张,影响供货周期以及供货量。

2. 丰田模式的零库存

丰田模式的核心是从推式生产向拉式生产转变,推式生产向拉式生产的转变,是真正的对以产定销的颠覆,但这一点的前提是以本企业为核心,将所有的上下游企业全部拉到一辆战车上。

如果看丰田的整体供应圈的话,就会非常清楚,丰田制根本就不是所谓的零库存,这就是"VMI"(供应商管理库存),将自己的库存压力转移到整条供应链的上下游企业中。对于丰田而言,实现所有的"JIT"即可,丰田让你供应商几点到供应商就得几点到,不到会受到处罚,早了就得等待。库存多了供应商只能自己消化,也跟丰田没有什么太大的关系。

这就是丰田的零库存。在今天企业与企业的竞争上升到供应链与供应链的竞争环境中,单独的来看一个企业的库存状况已经没有任何意义,更多的应该关注上下游合作企业的库存和管控水平,这才能真正体现一个有责任企业的水平。

3. 减少浪费才是要义

虽然以上文字说明了零库存是一个伪命题,但是并不妨碍我们在企业生产过程中将其作为一个重要指标予以执行。零库存,真正的意义是降低浪费,买多了、采多了、产多了等都是浪费,一定要有零库存的意识,以最大可能去减少浪费。

但在企业管理运营过程中,必须要对各类库存进行有效细分,真正对不同的品类采取不同的采购方式以及供应商管控的方式,这样才是真正的零库存,而不是简单意义上的库存为零的概念。

资料来源:白光利. 零库存:一本被误读的经[N]. 现代物流报,2015-05-29,B2 版.

复习与思考

1. 简述定量订货法的优缺点。

2. 定量订货法适用于什么情况?

3. 某商品在过去 3 个月中的实际需求量分别为:一月份 126 箱;二月份 110 箱;三月份 127 箱。最大订货提前期为 2 个月,缺货概率根据经验统计为 5%,求该商品的订货点(Z_a 和服务水平的数值关系请查表 4-10)。

4. 某 A 物资的月需求量服从正态分布,均值为 20t/月,标准偏差为 3t/月,从发出订货单到收到订货货物的时间约为半个月,平均一次订货费为 200 元,一吨物资一月的保管费 20 元。要求库存满足率达到 84%,则应采取什么样的订货策略?

5. 某 C 类物资的月需求量服从正态分布,均值为 20t/月,标准偏差为 3t/月。如果一个月订一次货,从发出订货单到收到订货货物的时间约为半个月,要求库存满足率达到 84%,则应采取什么样的订货策略?

第四节 定期库存管理方法

学习目标

1. 了解定期库存管理方法的内涵及其原理;

2. 掌握定期库存管理方法的应用范围;

3. 掌握定期订货法控制参数的确定。

技能要求

1. 能根据 ABC 分类法划分的物资类别,确定定期库存管理方法适用的物资范围;

2. 能有效确定定期订货方法中不同情况下的基本控制参数。

引导案例

某公司为实施定期订货法策略,对某个商品的销售量进行了分析研究。发现用户需求服从正态分布。过去 10 个月的销售量分别是:16、15、12、17、18、12、18、17、19、16(t/月),如果他们组织资源进货,则订货提前期为 1 个月,一次订货费为 50 元,1t 物资一个月的保管费为 2 元。

如果要求库存满足率达到 90%,根据这些情况应当如何制定定期订货法策略。又在实施定期订货法策略后,第一次订货检查时,发现现有库存量为 23t,已订未到物资 6t,已经售出但尚未提货的物资 2t,那么该公司首次订货时应该订多少货呢?

一、定期订货法的基本原理

定期订货法是按预先确定的订货时间间隔按期进行订货,以补充库存的一种库存控制方法。它要求按固定的检查周期对库存量进行盘点,并根据检查盘点的实际库存量和下一个进货周期的预计需要量来确定订购批量。所以,定期库存控制法是以定期不定量为特征的,即订购周期固定。如果备运时间相同,则进货周期也固定,而订购点和订购批量不定。

定期订货法是基于时间的订货控制方法,它主要是要确定一个订货周期 T 和一个最高库存量 Q_{max}。这个订货周期,就是控制库存的订货时机;这个最高库存量,就是控制库存的一个给定库存水平。然后每隔一个周期 T 就检查库存发出订货,订货量的大小,就是最高库存量与当时的实际库存的差。通过设定订货周期和最高库存量,从而达到库存量控制的目的,只要订货周期和最高库存量控制得当,既可以不造成缺货,又可以达到节省库存费用的目的。

其决策思路是:预先确定一个订货周期 T 和一个最高库存量 Q_{max},进行周期性的检查库存,根据盘点结果与预定的目标库存水平的差额确定每次订购批量。即求出当时的实际库存量,已订货而没有到达的物资量以及售出但还没有发货的物资数量,然后发出一个订货批量 Q,这个订货量 Q 的大小,应使得订货后的名义库存升高到 Q_{max},这样,这类系统的决策变量应是:检查时间周期 T、目标库存水平 Q_{max}。

定期订货法在确定了订货周期 T 和最高库存量 Q_{max} 之后就可以进行运作实施了。定期订货法实施之前也要进行需求分析、经营分析、费用分析,选用合适的模型。在求出订货周期和最高库存量两个参数之后,运行起来是很简单方便的。只要每隔一个订货周期就检查库存,发出订货,订货量的大小取当时的实际库存量与最高库存量的差值即可,这样重复运行就可以了。这样做,既可以最好的满足用户需要,又可以使得总费用最省。

但在系统运行以前,要先确定好订货周期,假设为 T,也确定好仓库库存控制的最高库存量,假设为 Q_{max},库存销售按正常规律进行。假设在时间轴的 0 点开始运行定期订货法，这时检查库存量，库存水平在 1 点，库存量假设为 Q_{K1}，则发出订货，订货量取 Q_{K1} 与 Q_{max} 的差值，即第一次的订货量 $Q_1 = Q_{max} - Q_{K1}$。随后进入第一个订货提前期 T_{K1}，提前期结束，所订 Q_1 的货物到达，实际库存一下升高 Q_{max}，到达高库存。然后进入第二个周期的销售，销售仍然按正常进行，销售过程中可以不管库存量的变化。

待到经过一个订货周期 T，到了按订货周期该订货的日期，又检查库存量，假设这时（2 点）的库存量为 Q_{K2}，就又发出订货量 Q_2，Q_2 的大小等于 Q_{K2} 与 Q_{ma} 的差值。随后进入第二个订货提前期 T_{K2}，T_{K2} 结束，所订货物 Q_2 到达，将实际库存量又一下提高到高库存。随后进入第三个销售周期。到了下一个订货日，又检查库存、发出订货。这样继续下去。这样操作能起到既控制了库存量又保证满足用户需要的目的，上述决策情况如图 4-5 所示。

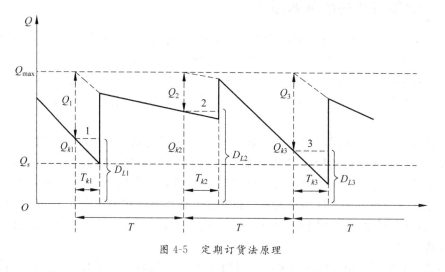

图 4-5   定期订货法原理

控制库存量是很明显的。整个运行过程的最高库存量不会超过 Q_{max}，实际上，刚订货时，是包括订货量在内的。名义库存量最高就是 Q_{max}，待经过一个订货提前期销售，所订货物实际到达，实际最高库存量比 Q_{max} 还少一个提前期平均需求量，等于 $Q_{max} - Q_i$。所以 Q_{max} 实际上就是最高库存量的控制线，它是定期订货法用以控制库存量的一个关键性的控制参数。

定期订货法以订货费用和采购费用总量最低为原则。用定期订货法订货，关键是需要确定订货间隔期、最高安全库存和每次订货量。

二、定期订货法的应用范围及优缺点

（一）定期订货法的应用范围

具有下列特点的物品可以考虑采用固定间隔期系统实行库存控制。

（1）需要定期盘点和定期采购或生产的物资。这些物资主要指成批需要的各种原材料、配件、毛坯和零配件等。在编制上述物资的采购计划时通常均要考虑现有库存的情况，由于计划是定期制定并执行的，因此，这些物资需要定期盘点和定期采购。

（2）具有相同供应源的物资。此处具有相同供应来源的物资是指同一供应商生产或产地在同一地区的物资，由于物资来源的相似性，采用统一采购策略，不仅能够节约订货和运输费用，而且可以获得一定的价格折扣，降低购货成本。另外，还可以保证统一采购的顺利进行。

（3）供货渠道较少或供货来自物流企业的物资。其库存管理可采用定期管理系统进行控制。

（二）定期订货法的优缺点

定期订货法最大的优点是管理人员不必每天都检查库存，只是到了订货周期规定要订货的时间，才检查库存，发出订货量。这样就大大减轻了管理人员的工作量，而又不影响工作效果和经济效益。另外，这种订货法能通过订货周期来控制库存，它可以合并订购或进货以减少费用；周期盘存也比较彻底、精确；由于是定期订货，所以能预先制定订货计划和工作计划。定期订货法还方便于实现多个品种联合订购。

定期订货法的主要缺点是遇到突发性大量需求，易造成缺货，因此需要较高的安全库存量，因为它的保险时间$(T+T_k)$较长，$(T+T_k)$期间的需求量订货高，同时因为它的保险时差也比较大，所以安全库存量也就比较大了。此外，它没有像定量订货法那样利用经济订货批量进行订货，因而每次订货的批量不固定，无法制定出经济订货批量，因而运营成本较高，经济性较差，自然也就不能发挥经济订货批量比较经济的优越性。

三、定期订货法控制参数的确定

定期订货法在保证用户需求满足程度方面的方法原理与定量订货法不同。定量订货法以提前期用户需求量为依据，制定的策略的目的是保证提前期内用户需求量的满足，它的决策参数 Q_k 就是只能按一定满足程度来保证满足提前期内用户的需求量。

定期订货法不是以满足提前期内的用户需求量为目的的，而是以满足订货周期内的需求量再加上满足提前期内用户的需求量为目的的，即是以满足 $T+T_k$ 期间的用户总需求量为目的的。

它是根据 $T+T_k$ 期间的用户总需求量为依据来确定 Q_{max} 的。因为 $T+T_k$ 期间的总需求量也是随机变化的，所以也是一个随机变量。其值也是由两部分构成的，一部分是 $T+T_k$ 期间的平均需求量；另一部分是为预防随机型延误而设置的安全库存量。而安全库存量的大小也是根据一定的库存满足率而设置的。库存满足率越高，则安全库存量也越多，Q_{max} 也越大，库存满足程度也越高。

要实施定期订货法,主要取决于三个控制参数。

(一) 订货周期的确定

定期订货法中,订货周期决定了订货时机,它也就是定期订货法的订货点。订货周期,就是订货间隔期。它与定量订货法的订货间隔期不同,定量订货法的订货间隔期互相可能不等,定期订货法的订货间隔期都互相相等。订货间隔期的长短,直接决定了最高库存量的大小,也就是决定了仓库的库存水平的高低,因而决定了库存费用的大小。所以订货周期不能太长,太长了,就会使库存水平过高,也不能太短,太短了,订货批次太多,增加了订货费用。

实际上,定期订货法的订货周期 T 有多种确定方法:

(1) 订货周期取习惯的日历时间单元,如周、旬、月、季、年等。企业通常按这些时间单元安排生产计划、工作计划。取这样的时间单元可以跟生产计划、工作计划相吻合,比较方便。

(2) 订货周期取供应商的生产周期或供应周期。有些供应商是多种轮番批量生产,或是季节性生产,都有一个生产周期或供应周期。订货周期需与生产周期一致,才能够订到货物。

(3) 订货周期取经济订货周期。经济订货周期与经济订货批量一样,都是根据不允许缺货瞬时到货情况下总费用最低的原理计算出来的。

理想的经济订货批量(economic order quantity,EOQ)的确定是通过平衡采购进货成本和保管仓储成本核算,以实现总库存成本最低的最佳订货量。这种批量的确定,是假设全年的需求和成本相对较稳定,既然是根据单一产品进行计算,那么基本公式形成中不考虑产品联合订货的影响。

计算经济订货批量最有效的方法是数学方法,虽然模型可以确定最佳的补给数量,但它需要某些相当严格的假设才能直接应用。在简单的 EOQ 模型中需要做出的主要假设有:

(1) 已知全部需求的满足数。

(2) 已知连续不变的需求速率。

(3) 已知不变的补给完成周期时间。

(4) 与订货数量和时间保持独立的产品的价格不变(即购买数量或运输价格不存在折扣)。

(5) 不限制计划制定范围。

(6) 多种存货项目之间不存在交互作用。

(7) 没有在途存货。

(8) 不限制可得资本等。

不过,通过计算上的延伸,可以克服这些假设强加的限制。总而言之,EOQ 概念说明了与存放成本和收购成本有关的优选问题的重要性。EOQ 公式推导如下：

因为：库存总费用＝货物成本＋订货成本＋存储成本

假设 A 为全年需要量；P 为物资的购买成本或单位生产成本；Q 为每批订货量；F 为每批订货成本；C 为每件年储存成本。则：订货批数＝A/Q；平均库存量＝$Q/2$；全年相关订货成本＝$F \cdot A/Q$；全年相关储存总成本＝$C \cdot Q/2$

$$则库存总费用 \ TC = AP + F \cdot \frac{A}{Q} + \frac{Q}{2}C \tag{4-21}$$

三种成本之间的关系可以用图 4-6 表示：

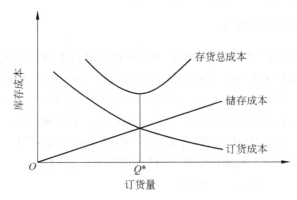

图 4-6　库存成本曲线示意图

要使全年相关总成本最小，即求 TC_{min}，则将式(4-21)对 Q 进行求导，令 $TC'_Q = 0$，即求得经济订货批量的基本公式：

$$经济批量 \ EOQ(Q^*) = \sqrt{\frac{2AF}{C}} \tag{4-22}$$

全年订货批数 $N = A/Q^* = A/\sqrt{2AF/C} = \sqrt{\dfrac{AC}{2F}}$

从而可知订货间隔期＝经济订货批量/年需求量，即：

$$T^* = \sqrt{\frac{2F}{AC}} \tag{4-23}$$

【例 4-4】　某仓库 A 商品年需求量为 9 000 箱，单位商品年保管费用为 20 元，每次订货成本为 400 元，求经济订货批量 Q^*、经济订货周期 T^*。

解：根据 $EOQ(Q^*) = \sqrt{\dfrac{2AF}{C}} = 600$（箱）

根据 $T^* = \sqrt{\dfrac{2F}{AC}} = 1/15$（年）

$\qquad\qquad = 24$（天）

【**例 4-5**】　长城公司是生产某机械器具的制造企业，依计划每年需采购 A 零件 10 000 个，每次订货成本是 100 元，每个 A 零件每年的保管仓储成本是 8 元。求 A 零件的经济订货批量，每年的订货次数和每次的订货之间的间隔时间。

解：

$$\text{EOQ}(Q^*) = \sqrt{\frac{2AF}{C}} = \sqrt{\frac{2 \times 10\ 000 \times 100}{8}} = 500(\text{个})$$

每年的订货次数 $N = A/Q^* = 10\ 000/500 = 20(\text{次}/\text{年})$

每次订货的时间间隔 $= 365/20 = 18.25$（天）

（二）目标库存水平的确定

目标库存水平是满足订货期加上提前期的时间内的需求量。它包括两部分：一部分是订货周期加提前期内的平均需求量；另一部分是根据服务水平保证供货概率的保险储备量，也就是把订货周期和其后一个订货提前期合在一起，即 $T + T_k$ 的长度为一个时间单位，把 $T + T_K$ 期间内的需求量 D_{T+T_k}。作为确定 $Q_{\max}$ 的依据，则定期订货法的最高库存量是用以满足 $(T + T_K)$ 期间内的库存需求的，所以我们可以用 $(T + T_K)$ 期间的库存需求量为基础。如果 D_{T+T_k} 服从正态分布，则可以用下式求 $Q_{\max}$：

$$D_{T+T_K} = N(D_{T+T_K}, \sigma D_{T+T_K}) \tag{4-24}$$

$$Q_{\max} = \overline{D}_{T+T_K} + \alpha \sigma_{D_{T+T_K}} = \overline{D}_{T+T_K} + Q_S \tag{4-25}$$

式中：D_{T+T_k} 和 σD_{T+T_k} 分别是订货周期与提前期的总需求量的平均值和标准差。

也可以改写成 R 和 T_k。的表达式。运用公式：

$$Q_{\max} = (T + \overline{T}_K)\overline{R} + \alpha \sqrt{(T + T_K)\sigma_R^2 + \overline{R}^2 \sigma_T^2} \tag{4-26}$$

式 (4-26) 包含有三种特殊情况：

（1）当 T_K 不变，为确定值，即 $\sigma_T = 0$ 时，有：

$$Q_{\max} = (T + T_K)\overline{R} + \alpha \sqrt{T + T_K}\sigma_R \tag{4-27}$$

（2）当 R 不变，为确定值，即 $\sigma_R = 0$ 时，有：

$$Q_{\max} = R(T + \overline{T}_K) + \alpha R \sigma_T \tag{4-28}$$

（3）当 T_k、R 都不变，为确定值，即 $\sigma_R = 0, \sigma_T = 0$ 时，有：

$$Q_{\max} = R(T + T_K) \tag{4-29}$$

式 (4-29) 的这种情况就是确定型库存模型。它也是随机库存模型的特殊情况。

如果 D_{T+T_k} 服从非正态分布，则出于与定量订货法的同样考虑，可以用下式求 $Q_{\max}$：

$$Q_{\max} = D_{T+T_K} / \{D_{T+T_K} \leqslant Q_{\max}\} = P \tag{4-30}$$

或

$$Q_{\max} = D_{T+T_K} / \{D_{T+T_K} > Q_{\max}\} = q \tag{4-31}$$

以上列出了各种情况下最高库存量的计算方法。要根据具体情况选用合适的计算方法来求最高库存量。

（三）订货批量的确定

定期订货法没有固定不变的订货批量，每个周期订货量的大小都是由当时的实际库存量的大小确定的，等于该周期的最高库存量与实际库存量的差值。这里所谓实际库存量，严格地说，是指检查库存时仓库所实际具有的能够用于销售供应的全部物品的数量。也就是说，它不光包括当时的存于仓库中的物资数量 Q_{Ki}，也包括已订未到物资数量 Q_{Ni} 和已经售出而尚未发货的物资数量 Q_{Mi}。则每次订货的订货量的计算公式为：

订货量＝最高库存量－现有库存量－订货未到量＋顾客延迟购买量，即：

$$Q_i = Q_{\max} - Q_{Ni} - Q_{Ki} + Q_{Mi} \tag{4-32}$$

其中：$Q_{\max}$——目标库存量；

$\quad\quad Q_{Ni}$——第 i 次订货点的在途到货量；

$\quad\quad Q_{Ki}$——第 i 次订货点的实际库存量；

$\quad\quad Q_{Mi}$——第 i 次订货点的待出库货物数量。

由于 Q_{Ni}、Q_{Ki}、Q_{Mi} 都是由订货时检查库存而实际得到的数据，每次检查的值可能不一样，因此每次的订货量也不一样。

【例 4-6】　某仓库 A 商品订货周期 15 天，平均订货提前期 2 天，平均库存需求量为每天 120 箱，安全库存量 450 箱，另某次订货时在途到货量 600 箱，实际库存量 1 200 箱，待出库货物数量 500 箱，试计算该仓库 A 商品最高库存量和该次订货时的订货批量。

解：根据 $Q_{\max} = \overline{D}_{T+T_K} + \alpha\sigma_{D_{T+T_K}} = \overline{D}_{T+T_K} + Q_S = \overline{R}(T+T_K) + Q_S$

$\quad\quad\quad\quad = 120(15+2) + 450 = 2\ 490$（箱）

根据 $Q_i = Q_{\max} - Q_{Ni} - Q_{Ki} + Q_{Mi} = 2\ 490 - 600 - 1\ 200 + 500 = 1\ 190$（箱）

四、两种企业库存订货管理方式的比较

定量订货法与定期订货法是企业库存订货管理中应用最为广泛的两种方法，并同时结合 ABC 分类法和安全库存管理对企业不同物资进行控制管理，但这两种库存控制方法有着本质上的区别，具体如下：

1. 提出订购请求时点的标准不同

定量订购库存控制法提出订购请求的时点标准是，当库存量下降到预定的订货点时，即提出订购请求；而定期订购库存控制法提出订购请求的时点标准则是，按预先规定的订货间隔周期，到了该订货的时点即提出请求订购。

2. 请求订购的商品批量不同

定量订购库存控制法每次请购商品的批量相同，都是事先确定的经济批量；而定期订

购库存控制法每到规定的请求订购期,订购的商品批量都不相同,可根据库存的实际情况计算后确定。

3. 库存商品管理控制的程度不同

定量订购库存控制法要求仓库作业人员对库存商品进行严格的控制和精心地管理,经常检查、详细记录、认真盘点;而用定期订购库存控制法时,对库存商品只需要进行一般的管理、简单的记录,不需要经常检查和盘点。

4. 适用的商品范围不同

由于定量订货方式需要每次订货的时候,检查库存是否减少到了订货点,因此需要经常了解和掌握库存的动态,也就是经常进行检查和盘点,正因如此,定量订货方式的工作量大且花费大量时间,如果对于每种商品都经常进行检查盘点,就会增加库存保管成本,因此,定量订购库存控制法适用于品种数量少、平均占用资金大的、需重点管理的 A 类商品;而定期订购库存控制法适用于品种数量大、平均占用资金少的、只需一般管理的 B 类、C 类商品。具体比较如下表 4-12 所示。

表 4-12　两种库存订货管理方式的比较

订货方法名称	定期订货法	定量订货法
订货数量	每次订货数量变化	每次订货数量保持不变
订货时间	订货间隔期不变	订货间隔期变化
库存检查	在订货周期到来时检查库存	随时进行货物库存状况检查和记录
库存大小	大	小
订货种类	多品种统一进行订货	每个货物品种单独进行订货作业
持续所需时间	由于记录持续,时间长	时间短
订货对象	B 类及 C 类货物	A 类货物,有时 B 类货物也可采用
缺货	在整个订货间隔期内以及提前期间内均可能发生缺货	缺货情况只是发生在已经订货但货物还没收到的提前订货期间内

任务实施

根据本节所讲述的内容,引导案例中的具体问题解决如下:

解:1. 根据当前情况,首先要确定定期订货法中的基本参数

(1)确定需求服从的正态分布情况

根据题意得知:每个月平均销量为

$$\overline{R} = \frac{16 + 15 + 12 + 17 + 18 + 12 + 18 + 17 + 19 + 16}{10} = 16(\text{t}/\text{月})$$

平均销量的偏差 $\sigma_R = \sqrt{\sum_1^{10} (R - \overline{R})^2} = \sqrt{52} = 7.21$

因此需求服从正态分布(16,7.12)

(2)确定订货周期

根据题意知:年需求量 $A = 16 \times 12 = 192(\text{t})$,每次订货费用 $F = 50(\text{元}/\text{次})$,单位物资年保管费 $C = 2 \times 12 = 24(\text{元}/\text{年})$,则经济订货批量为

$$\text{EOQ}(Q^*) = \sqrt{\frac{2AF}{C}} = \sqrt{\frac{2 \times 192 \times 50}{24}} = 28.28(\text{t})$$

则订货周期: $T^* = \frac{Q^*}{A} = \sqrt{\frac{2F}{AC}} = 0.147(\text{年}) = 1.77(\text{月})$

(3)确定目标库存量

当 T_K 不变时,目标库存量满足公式:

$$Q_{\max} = (T + T_K)\overline{R} + \alpha \sqrt{T + T_K} \sigma_R = (1.77 + 1) \times 16 + 1.28 \times \sqrt{1.77 + 1} \times 7.21$$
$$= 59.68(\text{t})$$

综上可知:该公司要想对某商品实施定期订货法控制库存,在制定定期订货法策略时,其订货周期应为 1.77 个月,目标库存量应为 59.68t。

2. 第一次订货量的确定

根据题意知: $Q_{\max} = 59.68\text{t}$, $Q_{Ni} = 6\text{t}$, $Q_{Ki} = 23\text{t}$, $Q_{Mi} = 2\text{t}$

根据式(4-32)可知: $Q_i = Q_{\max} - Q_{Ni} - Q_{Ki} + Q_{Mi} = 59.68 - 23 - 2 + 6 = 40.68(\text{t})$

所以第一次订货量为 40.68t。

课堂实训

1. 工作目标

通过模拟案例或计算演练,使学生学会分析定期订货法的应用情形,懂得定期订货法相关参数的计算。

2. 工作准备

(1)了解定期订货法的基本知识。

(2)准备计算的相关资料和工具等。

(3)由学生独立完成。

(4)工作时间安排 1 学时。

3. 工作任务

（1）如果某产品的需求量 A 为每年 2 000 单位，价格为每单位 5 美元，每次订货的订货成本 F 为 25 美元，年持有成本率为 20%，则各次订货之间的最优检查间隔期 T 为多长时间？

（2）某公司为实施定期订货法策略，对某个商品的销售量进行了分析研究。发现用户需求服从正态分布。过去九个月的销售量分别是：11、13、12、15、14、16、18、17、19(t/月)，如果他们组织资源进货，则订货提前期为 1 个月，一次订货费为 30 元，1t 物资 1 个月的保管费为 1 元。如果要求库存满足率达到 90%，根据这些情况应当如何制定定期订货法策略。又在实施定期订货法策略后，第一次订货检查时，发现现有库存量为 21t，已订未到物资 5t，已经售出但尚未提货的物资 3t，问第一次订货时应该订多少？

📚 案例阅读

服饰企业的库存经

辛辛苦苦干一年，赚了一堆库存钱。服饰行业大都谈"库存"色变，"做服装就是做库存，零库存才是硬道理"的论断始终有大量拥趸。市场上许多服饰品牌采用期货模式，把库存压给经销商，可如今互联网无孔不入，交通运输高度发达，通信技术迅猛发展，传统的经销模式必然会受到极大的冲击，靠打"时间差"和"距离差"的红利时代已经一去不复返。

典道体育用品有限公司服务的本质是让客户体验更好，公司运作的是运动休闲服饰团购业务，更是先备货后销售，但核心也是实现了对库存的绝对控制。

1. 生产下单控制

公司把大量的时间和精力花在未来一年的市场调研，把握市场走向，精确客户需求，一切以数据说话，对于每个单品的颜色和尺码控制精准到极致，同时做好及时补货，实现快速响应。

2. 销售主动出击

打破以往的"坐店等客"，所有销售都是主动出击，同时强调服务，所有环节都替客户想到位，进行真正的顾问式销售，解决客户可能面对的所有问题，使客户感动。

3. 经销商零库存

让经销商没有任何压力，把所有的精力都放在销售服务上。共赢才会共生，各谋其职，各专其才，公司做的是全国一盘棋，进行大数据分析、资源调配，使全国各地的仓库归为总部一个仓库，库存得以实现快速周转。

不走寻常路，才能跳出来。投入科技智慧，以库存取胜，实现全产业链控制，真正的零库存将水到渠成。

资料来源：王四有. 服饰团购企业的库存经[N].现代物流报,2014-05-27,B2 版.

复习与思考

1. 定期订货法的优缺点是什么？

2. 定期订货法适用于什么情况？

3. 某种物资月需求量服从均值 15、标准差 $\sqrt{\dfrac{10}{3}}$ 的正态分布,每次订货费用为 30 元,平均提前期 1 个月,单位物资保管费为 1 元(件/月),实行定期订货,首次盘点得到：实际库存量为 21.32,已发出订货但还未到货量为 5,已售出但尚未出货量为 1.5。如果要求库存满足率达到 97.7%,求订货周期 T 和最高库存量 $Q_{\max}$。

4. 某金属公司销售钢材,过去 12 周,每周的销售的钢材分别是 160、175、165、180、185、170、170、165、175、170、164 和 168t。如果它服从正态分布,订货进货的提前期为一周,一次订货费用 200 元,钢材每吨每周的保管费为 10 元,要求库存满足率为 90%,如果用定量订货法,那么订货点与订货批量分别是多少？(此时的安全系数为 $\alpha=1.28$)

5. 某种物资订货前置期内的销售量服从正态分布,过去 6 个月前置期内的销售量分别为 80、70、90、100、110、120 台,如果要保证用户满足率不小于 90%,求订货点和安全库存量为多少合适？

本章小结

本章阐述了库存的含义、功能和分类及库存管理的决策内容和影响因素；库存控制管理方法等内容。并重点对库存 ABC 管理法、安全库存法、定量定货法和定期订货法进行了讲解,强调了每种方法的适用范围、影响因素、解决途径,进而培养学生实际的库存控制能力。

第五章

仓储作业能力

第一节　入库作业操作

学习目标

1. 学会仓库入库作业流程；

2. 懂得进行仓库入库作业操作；

3. 掌握仓库入库的单证缮制、审核。

技能要求

1. 准确、及时地办理货物的入库验收及交接手续；

2. 熟练地缮制和审核仓库入库的单证。

引导案例

　　大连兴隆物流公司是一家专业为客户提供一体化管理的家电仓储服务公司，拥有 150 多万平方米的仓库。小张是一名刚刚毕业的物流专业的学生，有幸成为该公司的员工，负责仓库收货入库、发货出库、盘点等工作。

　　现有 100 台型号 XOG50-D809、规格 60cm×58cm×80cm 的洗衣机装载在大连兴隆物流公司的车辆上，从沈阳客户仓库运到大连仓库。预计于 2017 年 8 月 1 日上午 9 点到达。发货人是沈阳海尔公司，收货人是大连国美电器胜利店。那作为一名仓管员的小张要如何操作？

　　商品入库业务也叫收货业务，它是仓储业务的开始。商品入库管理，是根据商品入库凭证，在接收入库商品时所进行的卸货、查点、验收、办理入库手续等各项业务活动的计划和组织。

　　货物入库的基本要求是：根据货主的入库凭证，清点货物数量，检查货物和包装的质量，检验货物的标志，并按照规程安排货物入库存放。在入库业务环节中，应注意认真做好入库记录，并与承运人共同签字，以便分清责任。

对于负责入库的业务人员来说,在进行货物入库的工作中应做到手续简便清楚、作业快且稳定、技术准确,认真把好入库关。

入库作业阶段由入库前准备、接运、验收和入库交接四个环节构成。

一、入库前准备工作

1. 了解各种入库货物的状况

仓库管理人员需了解入库货物的品种、规格、数量、包装状态、体积、到库时间、存储期限、货物的理化特性以及保管的要求,精确、妥善地进行库场安排、准备。

2. 制定仓储计划

根据货物情况、仓库情况、设备情况,仓库管理人员制定出仓储计划,并将计划下发各相应的作业人员。

3. 掌握仓库库场情况

了解货物入库期间、保管期间仓库的库容、设备、人员的变动情况,安排好工作。出库需使用重型设备操作的货物,要确保可使用设备的货位。必要时对仓库进行清查,清理归类以便腾出仓容。

4. 仓库妥善安排货位

仓库根据入库货物的性能、数量和类别,结合仓库分区分类保管的要求,核算货位的大小,根据货位使用原则,严格验收场地,妥善安排货位,确定苫垫方案及堆垛方法等。

5. 做好货位准备

彻底清洁货位,清除残留物,清理排水管道(沟),必要时安排消毒、除虫、铺地。仔细检查照明、通风等设备,发现损坏及时通知修理。

6. 准备必要的苫垫材料、作业用具

在货物入库前,根据所确定的苫垫方案,准备相应材料以及所需用具,并组织衬垫铺设作业。

7. 装卸搬运流程设定

根据货物、货位、设备条件和人员等情况,合理科学地制定装卸搬运流程,保证作业效率。

8. 文件单证准备

仓库管理员应妥善保管货物入库所需的各种报表、单证和记录簿等,如入库记录、理货检验单、存卡和残损单等,以备使用。

9. 合理安排人力、设备

根据入库货物的数量和时间,安排好物资验收人员、搬运堆码人员、物资入库工作过

程,以及用来验收用的点数、测试、开箱等工具,确定各个工作环节所需要的人员和设备。由于仓库、物资业务性质不同,入库准备工作也有所差别,这就需要根据具体情况和仓库制度做好充分准备。

二、货物接运

物品到达仓库的形式除了小部分由供货单位直接运到仓库交货外,大部分要经过铁路、公路、航运、空运和短途运输等运输工具转运。凡经过交通运输部门转运的物品,均需仓库接运后,才能进行入库验收,因此,它是接运输入库业务流程的第一道作业环节。

货物接运的主要任务是及时而准确地从交通运输部门提取物品,在接运由承运人转运的物品时,必须认真检查,分清责任,取得必要的证件,避免将一些在运输过程中或运输前就已经损坏的物品带入仓库,造成验收中责任难分和保管工作中的困难或损失。

接运可在车站、码头、仓库或专用线进行,因而可以简单的分为到货和提货两种方式。到货形式下,仓库不需组织库外运输。提货形式下,仓库要组织库外运输,除要选择运输线路、确定派车方案外,要注意物品在回库途中的安全。

1. 提货

(1) 到车站、码头提货

货物到达车站、码头等地点后,仓库依据货物通知单派车接运货物。此外,在接受货主的委托,代理完成提货、末端送货活动的情况下也会发生到车站、码头提货的作业活动。这种提货大多是零担托运、到货批量比较小的货物。此种提货的注意事项包括:

① 提货人员对所提取的物品应了解其品名、型号、特性和一般保管知识、装卸搬运注意事项等。在提货前应做接运的准备工作,例如装卸搬运工具、存放场地等。提货人员在到货前,应主动了解到货时间和交货情况,根据到货多少,组织装卸人员、机具和车辆,按时前往提货。

② 提货时应根据运单以及有关资料详细核对品名、规格、数量,并要注意外观,查看包装、封印是否完好,有无玷污、受潮、水渍、油渍等异状。若有疑点或不符,应当场要求运输部门检查,并做相应记录。

③ 在短途运输中要做到不混不乱,避免碰坏损失。危险品应按照危险品搬运规定办理。

④ 物品到库后,提货员应与保管员密切配合,尽量做到提货、运输、验收、入库、堆码成一条龙作业,从而缩短入库验收时间,并办理内部交接手续。

(2) 到货主单位提取货物

这是仓库受托运方的委托,直接到供货单位提货的一种形式。作业程序主要是:当接到通知单后,做好提货准备,并将提货与货物的初步验收工作结合在一起进行。最好在供货人员在场的情况下,当场进行验收。因此,接运人员要按照验收注意事项提货,必要时可由验收人员参与提货。该种提货方式的主要注意事项如下:

① 应将该种接货与检验工作结合起来同时进行。

② 仓库应根据提货通知,了解所提物品的性能、规格、数量,准备好提货所需的机械、工具、人员,配备保管员在库房当场检验质量、清点数量,并做好验收记录,接货与验收合并一次完成。

（3）托运单位送货到库接货

这种接货方式通常是当托运单位与仓库在同一城市或附近地区,不需要长途运输时被采用。其作业内容和程序是:当托运方送货到仓库后,根据托运单(需要现场办理托运手续的先办理托运手续),当场办理接货验收手续,检查外包装,清点数量,做好验收记录。如有质量和数量问题,托运方应在验收记录上签章。

（4）铁路专用线到货接运

这是指仓库备有铁路专用线,大批整车或零担到货接运的形式。一般铁路专用线都与公路干线联合,在这种联合运输形式下,铁路承担主干线长距离的物资运输,汽车承担支线部分的直接面向收货方的短距离运输。此种方式的注意事项如下:

① 接到专用线到货通知后,应立即确定卸货货位,力求缩短场内搬运距离,组织好卸车所需的机械、人员以及有关资料,做好卸车准备。

② 车皮到达后,引导对位,进行检查。看车皮封闭情况是否良好(即车门、车窗、铅封、苦布等有无异状);根据运单和有关资料核对到货品名、规格、标志和清点件数;检查包装是否损坏或有无散包;检查是否有进水、受潮或其他损坏现象。在检查中发现异常情况,应请铁路部门派员复查,做出记录,记录内容应与实际情况相符,以便交涉。

③ 卸车时,要注意为验收和入库保管提供便利条件,分清车号、品名、规格,不混不乱;保证包装完好、不碰坏、不压伤,更不得自行打开包装。应根据物品的性质合理堆放,以免混淆。卸车后在物品上应标明车号和卸车日期。

④ 编制卸车记录,记明卸车货物规格、数量,连同有关证件和资料,尽快与保管员办好内部交接手续。

2. 仓库收货

货物到库后,仓库收货人员检查货物入库凭证,然后根据入库凭证开列的收货单位和货物名称,与送交的货物内容和标记进行核对,然后就可以与送货人员办理交接手续。

若收货工作正常,收货人员在送货回单上盖章表示货物收讫。如发现异常情况,必须在送货单上详细注明并由送货人员签字,或由送货人员出具差错、异常情况记录等书面材料,作为事后处理的依据。

3. 接收工作中出现问题的处理

（1）破损

破损既包括货物本身的破损也包括包装的破损。破损如属于生产厂商、发货单位或承运单位的责任，提运员或接运员应向承运部门索取有关的事故记录，并交给保管员，作为向供应商或承运单位进行索赔的依据。破损责任如果是因接运过程中的装卸不当等原因造成的，签收时应写明原因、数量等，报仓库主管处理，一般由责任方负责赔偿。

（2）短少

短少也分接运前和接运中两种情况。因接运前短少的，可按上述办法处理。如因接运中的装载不牢而导致货物丢失的，或无人押运被窃等原因造成的，在签收时应报告保卫部门进行追查处理。

（3）变质

变质多发生在生产或保管过程中、承运中和提运中。生产或保管过程中变质的责任多在供货方，这时可进行退货、换货或索赔等处理。保管员在签收时应详细说明数量和变质程度。承运中货物变质，责任在承运方。保管员在签收时应索取有关记录，交货主处理。提运中货物变质的，是接运人员的责任。

（4）错到

因发运方的责任，如错发、错装等导致错到，应通知发运方处理。因提运、接运中的责任，如错卸、错装等导致错到，保管员在签收时应详细注明，并报仓库主管负责追查处理。因承运方责任，如错运、错送等导致错到，应索取承运方记录，交货主交涉处理。对于无合同、无计划的到货，应及时通知货主查询，经批准后，才能办理入库手续。同时，货主要及时将订货合同、到货计划送交仓库。

三、货物验收

1. 验收的定义和作用

（1）验收的定义

验收是指仓库在物品正式入库前，按照一定的程序和手续，对到库物品进行数量和外观质量的检查，以验证它是否符合订货合同规定的一项工作。由于到货的来源复杂、产地繁多、产地和厂家不同，又都经过不同的运输方式和运输环节的装卸搬运等原因，有可能使到货在数量上、质量上发生变化，这就决定了对到货进行验收的必要性。因此，进入仓库储存的物品必须经过检查验收，只有验收合格的物品，方可入库保管。

验收的主要任务是查明到货的数量和质量状态，为入库和保管打基础，防止仓库和货主遭受不必要的经济损失，同时对供货单位的产品质量和承运部门的服务质量进行监督。

（2）验收的作用

通过验收不仅可以防止企业遭受经济损失，而且可以起到监督供货单位和承运人的作用,同时可指导保管和使用。

① 入库验收为物品保管和使用提供可靠依据。物品到库的形式虽然各有不同(直达、中转),但都需要经过运输。特别对于长途运输,经过多次装卸的物品来说,容易发生包装损坏、散失、破损、受潮等情况,这种情况必将影响到物品的保管和使用。所以,必须在物品入库时,将物品的实际状态调查清楚,并予以记录,这样,一能确保不合格物品不会进入流通和生产领域;二能在保管中有的放矢地采取措施,为用户提供完好的物品。

② 验收记录是货主退货、换货和索赔的依据。物品验收过程中,若发现物品数量不足,或发现规格不符,或质量不合格时,仓库检验人员应做出详细的验收记录,据此由有关方面向供货单位提出退货、换货或向承运责任方提出索赔等要求。倘若物品入库时未进行严格的验收,或没有做出严格的验收记录,而在保管过程中,甚至在发货时才发现问题,就会使责任不分,丧失索赔权,带来不必要的经济损失。

③ 验收是避免物品积压,减少经济损失的重要手段。保管不合格品,是一种无效的劳动。对于一批不合格物品,如果不经过检查验收,就按合格物品入库,必然造成物品积压;对于计重物品,如果不进行检斤计数,就按有关单据的供货数量付款,当实际斤数不足时,就会造成经济损失。

④ 验收有利于维护国家利益。加入 WTO 之后,我国经济与世界经济的联系更加紧密,进口物品的数量和品种不断增加,进口物品的产地等情况更为复杂,必须依据进口物品验收工作的程序与制度,严格认真地做好验收工作。否则,数量与质量方面的问题就不能得到及时发现,若超过索赔期,即使发现问题,也难于交涉,这就会给国家经济造成重大损失。

2. 验收工作的基本要求

验收是一项技术要求高、组织严密的工作,关系到整个仓储业务能否顺利进行,所以,必须做到准确、及时、严格、经济。

(1)准确

对于入库物品的数量、规格、型号、配套情况及质量状态等验收要求做到准确无误,如实反映物品当时的实际状态,不能参入主观偏见或臆断,这在处理进口物品时尤为重要,严格按规程办事,划清国内外责任,需要提出索赔时,验收技术报告理由要充足。

(2)及时

到库物品必须在规定期限内及时地完成验收工作,提出验收结果。一批物品必须全部验收完毕,记账、立卡后,才能发放,只有及时验收,才能保证及时供应;同时,货款的托收承付和索赔是有一定期限的,如果验收时发现到货数量不符或材质不符,要进行拒付或向对方提出索赔时,均应在规定期限内提出,否则银行不予办理拒付货款手续,供方也不予负责。

（3）严格

仓库有关各方都要严肃认真地对待物品验收工作。验收工作的好坏直接关系到国家和企业利益，也关系到以后各项仓储业务的顺利开展，因此，仓库领导应高度重视验收工作，直接参与人员更要以高度负责的精神来对待这项工作。

（4）经济

在验收的多数情况下，不但需要验收设备和验收人员，而且需要装卸搬运机具和设备以及相应工种工人的配合。这就要求各工种密切协作，合理组织调配人员与设备，以节省作业费用。此外，验收工作中，尽可能保护原包装，减少或避免破坏性试验，也是提高作业经济性的有效手段。

3. 验收的程序

（1）验收准备

① 全面了解验收货物的性能、特点和数量，根据其需求确定存放地点、垛形和保管方法。

② 准备堆码苫垫所需材料和装卸搬运机械、设备及人力，以便使验收后的物资能及时入库保管存放，减少物资停顿时间；若是危险品则需要准备防护设施。

③ 准备相应的检验工具，并做好事前检查，以便保证验收数量的准确性和质量的可靠性。

④ 收集和熟悉验收凭证及有关资料。

（2）核对资料

核对资料，即是将下述证件加以整理与核对。凡供货单位提供的质量证明书、合格证、发货明细表等均须与入库实物相符。货物质量以该物资采用的统一标准进行验收。

① 货物的入库通知单，仓储合同等。

② 供货单位提供的质量证明书或合格证、装箱单、磅码单、发货明细表。

③ 运输部门提供的运单，若入库前在运输中发生残损情况时，必须有普通记录和商务记录。

（3）检验货物

检验货物是仓储业务的一个重要环节，包括数量检验、外观质量检验和包装检验三方面的内容，即复核货物数量是否与入库凭证相符，货物质量是否符合规定的要求，货物包装能否保证在储存和运输过程中的安全。

① 数量检验。是保证货物数量准确不可缺少的措施。要求货物入库时一次进行完毕。在一般情况下，按重量供货的应过磅验收；按理论换算供货的应按理论换算验收；按件(台)供货的应点件(台)验收。在检验数量的同时应注意过磅、记码单和堆垛三个环节，以确保数量准确。

② 外观质量检验。是指通过人的感觉器官检查货物外观质量情况的检查过程。主

要检查货物的自然属性是否因物理及化学反应而造成负面的改变,是否受潮、玷污、腐蚀、霉烂、缺件、破裂等。

③ 包装检验。货物包装的好坏、干潮直接关系着物资的安全储存和运输。所以对货物的包装要进行严格验收,凡是产品合同对包装有具体规定的要严格按规定验收,如箱板的厚度、打包铁腰的匝数、纸箱、麻包的质量等。对于包装的干潮程度,一般是用眼看、手摸方法进行检查验收。

(4)验收应注意的问题

① 凡必要的单证不齐时,保管人员可对已到库货物做待检验处理,进行临时妥善保管,待证件齐全后再进行验收。但保管人员应及时与有关方面联系,催促办理。

② 供货单位提供的质量证明书,与规定的技术标准或订货合同不符时,应立即通知货主,由货主与供货方交涉解决。

③ 当规格、质量和包装不符合要求时,保管人员可先验收合格品。不合格部分应单独存放并进行查对,核实后将不合格情况以及残损、降级程度做出记录,提供给货主并与供货方交涉处理。在交涉期间,保管人员对不合格部分应妥善保管。

④ 当重量发生溢、缺时,在规定的"衡器公差"以内,保管人员可按实际验收重量验收。超过规定的"衡器公差"时,应进行核实并做出验收记录和磅码单,交货主并与供货方交涉处理。

⑤ 凡有关证件已到齐,但在规定时间内货物尚未到库的,保管人员应及时找有关方面查问处理。

(5)对验收中出现问题的处理

在货物验收过程中,如果发现货物数量或质量存在问题,应该严格按照有关制度进行处理。验收过程发现问题进行处理时应该注意以下几点。

① 单据不全的处理。凡验收所需的证件不齐全时,到库货物仍作为待验货物处理,待单证到齐后再进行验收,若条件允许也可提前验收。

② 单单不符的处理。单单不符是指供货单位提供的质量证明书等与存货单位(货主)提供的入库单不符。遇到这种情况应立即通知货主,并按货主提出的办法办理,但应将全部事实处理经过记录在案备查。

③ 质量有异的处理。凡规格、质量、包装不符合要求或在途中受损变质者,均称质量有异。此时,应先将合格品验收入库,不合格品分开堆放,做出详细记录,并立即通知货主。

④ 与发货单位交涉。交涉期间,对不合格品要妥善保管;如货主同意按实际情况验收入库时,应让货主在验收记录上签章。验收后,仍应将不合格品单存、单发,并填写入库验收单。

⑤ 数量不符的处理。若实际验收数量小于送验数量并小于合同中的磅差率时,则以

送验数量为验收数量；若实验数量大于送验数量时，则以送验数量为验收数量；若实验数量小于送验数量并大于合同中的磅差率时，经核实后立即通知货主。在货主提出处理意见前，该物资不得动用。如供货单位来复磅，验收员应积极配合，提供方便；若供货单位不来复磅，验收员需提供到货登记表、检斤单、检尺单、铁路记录等相关验收证明材料（复印件），并加盖公章。验收过程中如遇严重问题应填写货物异常报告。

⑥ 有单无货的处理。有单无货是指有关单据已到库，但在规定时间内货物未到。此时，应及时向货主反映，以便查询。

⑦ 错验的处理。验收员在验收过程中发生数量、质量等方面的差错时，应及时通知货主，积极组织力量进行复验，及时更正。

（6）填写验收单据

货物检验后，仓库保管员应按质量合格的实际数量填制"货物入库验收单"；如果数量不符，还应填制"货物溢余短缺报告单"；如果有轻微质量问题，还应对这些货物填写"货物残损变质报告单"。经仓库负责人、核对人核对签字后，作为今后与供货方、运输方交涉的凭证。

货物入库验收单一般包括验收时间、存放仓库、货物编号、名称、规格、型号、包装细数、单位、单价、应收数量及金额、实收数量及金额、验收人等内容。

货物溢余短缺报告单一般包括时间、报告单位、货物编号、名称、规格、型号、包装细数、单位、单价、应收数、实收数、溢余（短缺）数及原因等内容。

货物残损变质报告单一般包括时间、报告单位、货物编号、名称、规格、型号、单位、单价、残损变质数及原因、处理意见等内容。

货物入库验收单、货物溢余短缺报告单、货物残损变质报告单的具体格式因使用企业的具体要求而不尽相同。

四、入库交接

（一）入库步骤

1. 安排货位

安排货位时，必须将安全、方便、节约的思想放在首位，使货位合理化。货物因自身的自然属性不同而具有不同的特性，有的怕冻，有的怕热，有的怕潮，有的怕虫蛀等。如果货位不能适应储存货物的特性，就会影响货物质量，发生霉腐、锈蚀、熔化、干裂、挥发等变化。为了方便出入库业务，要尽可能缩短收、发货作业时间；以最少的仓容，储存最大限量的货，提高仓容使用效能。

2. 搬运

经过充分的入库准备及货位安排后，搬运人员就可把验收场地上经过点验合格的入库货物,按每批入库单开制的数量和相同的唛头集中起来,分批送到预先安排的货位,要做到进一批、清一批,严格防止唛头互串和数量溢缺。

分类工作应力争送货单位的配合,在装车启运前,就做到数量准、批次清。对于批次多和批量小的入库货物,分类工作一般可由保管收货人员在单货核对、清点件数过程中同时进行;也可将分类工作结合在搬运时一起进行。

在搬运过程中,要尽量做到"一次连续搬运到位",力求避免入库货物在搬运途中的停顿和重复劳动,对有些批量大、包装整齐,送货单位又具备机械操作条件的入库货物,要争取送货单位的配合,利用托盘实行定额装载,往返厂库之间,从而提高计数准确率,缩短卸车时间,加速货物入库。

3. 堆码

货物堆码直接影响着货物保管的安全、清点数量的便利,以及仓库容量利用率的提高。堆码方式主要有以下几种:

（1）散堆方式

将无包装的散货在库场上堆成货堆的存放方式,特别适用于大宗散货,如煤炭、矿石、散粮和散化肥等。

（2）堆垛方式

堆垛方式是指对有包装的超长、大件货物进行堆码。

（3）货架方式

采用通用或者专用的货架进行物资堆码。适合于存放小件货物或不宜堆高的货物。

（4）成组堆码方式

采用成组工具使货物的堆存单元扩大。常用的成组工具有货板、托盘和网格等。

4. 办理入库手续

验收合格的货物,应及时办理入库手续,建立各种资料及给货主签验收单。

（1）立卡

"卡"又称"料卡"或"货物验收明细卡",能够直接反映该垛货物品名、型号、规格、数量、单位及进出动态和积存数。

卡片应按"入库通知单"所列内容逐项填写。货物入库堆码完毕,应立即建立卡片,一垛一卡。对于此卡片的处理,通常有两种方式。

一是由保管员集中保存管理。这种方法有利于责任制的贯彻,即专人专责管理。但是如果有进出业务而该保管员缺勤时就难以及时进行。

二是将填制的料卡直接挂在货物垛位上。挂放位置要明显、牢固。这种方法的优点是便于随时与实物核对,有利于物资进、出业务的及时进行,可以提高保管人员作业活动的工作效率。

（2）登账

货物入库,仓库应建立"实物保管明细账",登记货物进库、出库、结存的详细情况。"实物保管明细账"按货物的品名、型号、规格、单价、货主等分别建立账户。此账采用活页式,按货物的种类和编号顺序排列。在账页上要注明货位号和档案号,以便查对。实物账必须严格按照货物的入、出库凭证及时登记,填写清楚、准确。记账发生错误时,要按"划红线更正法"更正。账页记完后,应将结存数结转新账页,旧账页应保存备查。登账凭证要妥善保管,装订成册,不得遗失。实物保管要经常核对,保证账、卡、物相符。

它是反映在库储存货物进出库、储存动态的账目,也是核对储存货物动态和保证与财务总账相符的主要依据。按照账目管理分工,企业的财务部门负责总账的管理,一般只分物资大类记账,并凭此进行财务核算。货物保管部门负责物资明细大类记账,并凭此进行财务核算。货物保管部门负责物资明细账目的管理,凭此进行货物进、出业务活动。明细账除有货物品名、规格、批次之外,还要标明货物存放的具体位置、物资单价和金额等。

（3）建档

建档是将货物入库业务作业全过程的有关资料证件进行整理、核对,建立资料档案,以便货物管理和保持客户联系,为将来发生争议时提供凭据。同时也有助于总结和积累仓储管理经验,为货物的保管、出库业务创造良好的条件。

（4）签单

货物验收入库后,应及时按照"仓库货物验收记录"要求签回单据。以便向供货单位和货主表明收到货物的情况。另外,如果出现短少等情况,也可作为货主与供货方交涉的依据,所以签单必须准确无误。

（二）入库凭证流转程序

货物验收工作由理货员、计量员、复核员和业务受理员分工负责。理货员组织对货物的数量与外观质量验收、计量、堆码和记录等,并向业务受理员提交货物验收的结果和记录。

（1）业务受理员接收存货人的验收通知（也可由存货人委托仓库开具）、货物资料（如质保书、码单、装箱单、说明书和合格证等）,登建货物档案,并将存货人验收通知单作为货物储存保管合同附件进行管理,其信息录入计算机中生成验收通知单。然后将存货人验收通知单、收货单及其他验收资料一并交理货员。

（2）理货员根据业务受理员提供的收货单、验收资料、计量方式等确定验收方案、储存货位、堆码方式、所需人力和设备等,做好验收准备工作。

（3）由理货员开具作业通知单,进行验收入库作业,做好有关记录和标识。

（4）货物验收完毕后,理货员手工出具验收单,一式一联,一并交给复核员。同时负责作业现场与货位的清理和货牌的制作、悬挂。

(5)复核员依据收货单、验收码单对实物的品名、规格、件数和存放货位等逐项核对，签字确认后返回给理货员。

(6)理货员在经复核员签字的收货单、验收码单等诸联加盖"货物验收专用章"后，将验收码单录入到计算机中，据此生成仓单附属码单，根据验收结果填写存货人验收通知和收货单，并与其他验收资料一并转回业务受理员处。

(7)业务受理员在对理货员返回的单据和验收资料审核无误后，由计算机打印仓单附属码单一式两联，依据收货单、验收码单、计算机打印的仓单附属码单第一联和第二联、存货人验收通知单以及有关验收资料、记录，报主管领导或授权签字后，连同存货人验收通知、收货单、仓单附属码单第一联和第二联转给收费员。货物入库单证流程如图5-1所示。

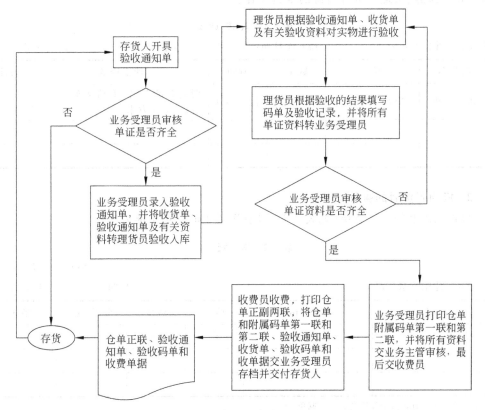

图 5-1　货物入库单证流程

(8)收费员依据仓单、物资储存保管合同约定的收费标准，结算有关入库费用并出具收费发票。

(9)业务受理员将仓单正联、存货人验收通知单、仓单附属码单第一联及收费单据等一并转交（寄）给存货人,其余单证资料留存并归档管理。

任务实施

1. 入库前准备工作

（1）入库指令的收集传递。根据发货人沈阳海尔公司的入库指令,通过电话或电脑系统及时传递给大连收货人及仓库。

（2）编制入库计划。仓库业务部门编制入库计划表(见表5-1)。

（3）资源准备。仓管员根据仓库业务部门制定的入库计划,及时做好货位准备、验收准备、装卸搬运、搬运人员等资源的准备工作。

表 5-1　入 库 计 划

送货单位:沈阳海尔公司　　　　　预入库日期:2017 年 8 月 1 日　　　　　仓库:大连库

货物品名	型号	数量	时间	所需资源	备注
海尔洗衣机	XQG50-D809	100 台	上午 9:00	搬运人员 5 名,手动叉车 5 台,货位 27 立方米	

2. 货物到货时的验收

货物入库必须有送货单(见表5-2),没有送货单的货物不能入库。

表 5-2　送 货 单

NO. 2017072850

单位:沈阳海尔公司　　　　　　　　　　　　日期:2017 年 7 月 28 日

品名	规格(cm)	单位	数量	金额(元)	备注
XQG50-D809	60×58×80	台	100	198 800	

接收单位:大连国美电器胜利店　　　制单:***
送货单位:大连兴隆物流公司　　　　司机:***

（1）送货单的信息与实际货物情况进行核对

送货单所列的货物的品名、规格、数量等信息与实际到货的货物情况进行初步的核对。

（2）外观质量验收

3. 货物入库交接和登记

（1）接收货物。库管员以送货单（见表5-2）为依据，通过验收，将不良货物剔出、退回或编制残损单证等，确定收到货物的确切数量、货物表面良好状态。

（2）接收文件。送货人将货物资料、送货单、采购清单等相应的文件送交仓库的库管员。

（3）签署单证。库管员在和送货人员交接货物，进行验收后，共同在送货人交来的送货单（见表5-2）、交接清单（见表5-3）上签署和批注，并留存相应单证。提供相应的入库、验收、残损单证、事故报告，由送货人签署。

表5-3 到货交接清单

收货人	发站	发货人	货物名称	标志	单位	数量	重量	货物存放处	车号	运单号
大连国美电器胜利店	沈阳	沈阳海尔公司	洗衣机		台	100	50kg		辽 B73E83	201708072850

（4）登账

货物交接完毕，仓库根据验收的实际情况制作入库单（见表5-4），详细记录入库货物的实际情况，对短少、破损等在备注栏填写和说明。登账的主要内容有：物资名称、规格、数量、结存数、存货人或提货人、批次、金额、注明货位号或运输工具、接（发）货经办人。

表5-4 入 库 单

NO.2017072850

货主单位：大连国美电器胜利店　　　　　　　日期：2017 年 8 月 1 日

物资标号	品名	规格（cm）	单位	数量	检验	实收数量	备注
XQG50-D809	海尔洗衣机	60×58×80	台	100	合格	100	

会计：***　　　　　库管员：***　　　　　制单员：***

说明：本单一式三联；第一联：送货人联；第二联：财务联；第三联：仓库检查联。

（5）立卡

货物入库上货架后，将货物名称、规格、数量或出入库状态等内容填写在货卡上，称为立卡。货卡又称料卡、货牌，如表 5-5，插放在货物下方的货架支架上或摆放在货垛正面的明显位置。

表 5-5　货　　卡

货主单位：　　　　　　　　　　　　　　　　　　　　　　　　　　　　　　　日期：

年		货品名称	规格	单位	入库数量	出库数量	结存	经手人
月	日							

（6）建档

仓库对接收的货物或委托人建立存货档案或客户档案，装订成册，如表 5-6，以便于货物管理和保持客户联系，为将来可能发生的争议保留凭证。

表 5-6　单据装订清单

客户　　　　　　　　　　　　网点　　　　　　　　　　　　单据日期

清单号　　　　　　　　　　　　　　　　　　　　　　　　　编制日期

序号	订单日期	订单号	通知单号	仓库	红冲单号	核销单号	核销类型

课堂实训

1. 工作目标

通过模拟真实的仓库入库作业环境，使学生学会仓库入库作业流程，懂得仓库入库作业操作，掌握仓库入库的单证缮制、审核。

2. 工作准备

（1）了解仓库入库作业相关知识。

（2）准备相关的入库单证，如送货单、入库单、货卡等。

（3）将全班学生分成若干组，每组按照岗位设职 5 员（货主企业代表 1 名、运输企业代表 1 名、库管员 1 名、制单员 1 名、检验员 1 名)。

(4) 工作时间:4 学时。

(5) 工作环境:仓库实训室或机房等。

3. 工作任务

国内某手机制造企业在沈阳设有加工厂,它的成品仓库外包给大连一家物流公司。要求模拟大连这家物流公司为工厂设计合理的入库流程,学生充当物流公司的职员对手机的入库过程进行模拟操作。2017 年 8 月 15 日货主沈阳天语手机制造有限公司发来一份送货单,如表 5-7,验收时发现少了 2 个包装,要求入库人员完成以下工作任务。

(1) 针对手机产品特点,制定合理入库流程。

(2) 入库前准备工作,做好入库指令收集传递、编制好入库计划表、入库前的资源准备等工作。

(3) 入库验收与检查。

(4) 入库交接与登记,要求制作入库单、货卡及物资库存日报表。

表 5-7 送 货 单

NO. 012567

单位: 日期:2017 年 8 月 15 日

品名	规格(cm)	单位	数量	单价(元)	金额(元)	备注
天语手机	15×12×6	个	100	1 550	155 000	

收货单位: 送货单位:

经手人: 经手人:

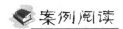 **案例阅读**

大连恒新零部件公司配件入库管理

大连恒新零部件制造公司(以下简称恒新公司),隶属于大连市政府,是大连市 50 家纳税大户之一。作为大连市重点企业,恒新公司原材料需求很大,每年采购额约 4 亿元,所以如何对库存进行管理和控制对企业的发展至关重要。

恒新公司在总结多年实践经验的基础上,制定出下述的入库管理制度,取得了很好的效果。

1. 验货接运

到货接运是配件入库的第一步。它的主要任务是及时而准确地接收入库配件。在接运时,要对照货物运单认真检查,做到交接手续清楚、证件资料齐全,为验收工作创造有利条件。避免将已发生损失或差错的配件带入仓库,造成仓库的验收或保管出现困难。

2. 验收入库

凡要入库的配件,都必须经过严格的验收。物资验收是按照一定的程序和手续,对物资的数量和质量进行检查,以验证它是否符合订货合同的一项工作。验收为配件的保管和使用提供可靠依据,验收记录是仓库对外提出换货、退货、索赔的重要凭证。因此,要求验收工作做到及时、准确,在规定期限内完成,要严格按照验收程序进行。验收作业程序是:验收准备→核对资料→实物检验→验收记录。

(1)验收准备。搜集和熟悉验收凭证及有关订货资料,准备并校验相应的程序和手续,确定存放地点和保管方法等。

(2)核对资料。凡要入库的零配件,应具备下列资料:入库通知单、供货单位提供的质量证明书、发货明细表、装箱单、承运部门提供的运单及必要的证件。仓库管理人员需对上述各种资料进行整理和核对,无误后即可进行实物检验。

(3)实物检验。主要包括对零配件的数量和质量两个方面的检验。数量验收是查对所到配件的名称、规格、型号、件数等是否与入库通知单、运单、发货明细表一致。需进行技术检验来确定其质量的,则应通知企业技术检验部门检验。

(4)验收记录。如果配件验收准确无误,相关当事人在入库单上签字,以确定收货。如果发现配件验收有问题,则应另行做好记录和签字,并且交付有关部门处理。

3. 办理入库手续

经验收无误后即应办理入库手续,进行登账、立卡、建档,妥善保管配件的各种证件、账单资料。

(1)登账。仓库对每一品种、规格及不同级别的物资都必须建立收、发、存明细账,它是及时、准确地反映物资储存动态的基础资料。登账时必须要以正式收发凭证为依据。

(2)立卡。卡是一种活动的实物标签,它反映库存配件的名称、规格、型号、级别、储备定额和实存数量。一般是直接挂在货位上。

(3)建档。历年来的技术资料及出入库有关资料应存入档案,以备查阅,积累零部件保管经验。档案应一物一档,统一编号,以便查找。

资料来源:沈默.现代物流案例分析[M].南京:东南大学出版社,2015:73～74.

复习与思考

1. 简述商品入库验收作业的流程。

2. 如何检验商品的数量和质量?

第二节　仓库理货作业操作

学习目标

1. 熟悉理货员岗位职责及理货员工作流程；

2. 熟练掌握理货员业务操作；

3. 熟悉理货过程中的相关单据。

技能要求

1. 能够独立正确的完成一项理货工作；

2. 能够熟练的制作相关理货单据。

引导案例

现有一批包装规格长宽高 52cm×48cm×35cm 的货物 55 箱要入仓库,其中一个包装有损毁,该包装内装有 3 个货物,需要拆装后,将 3 个货物重新包装后把货物拣选出来,放置在出货区等待出货。理货员需要做什么工作呢?

仓库理货作业主要需要 7 个步骤,分别是货物检查与核对、残损处理、确认存放方式、缮制理货清单、货位整理与转移、出库货物分拣、货物分类与发运。具体流程如图 5-2 所示。

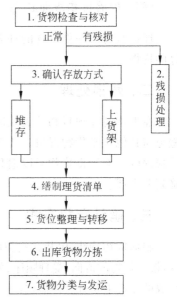

图 5-2　仓库理货流程图

一、货物检查与核对

仓库理货作业是仓库理货人员对货物入库或出库现场的管理工作,理货人员根据入库单或出库单的信息对入库或出库的货物进行检查与核对工作,其主要工作如下。

(一)清点货物件数

清点实际交货数量与送货单的数量是否相符。对于件装货物,包括有包装的货物、裸装货物、捆扎货物,根据合同要求约定的计算方法,点算完整货物的件数。如果合同没有约定清点运输包装件数。对于要拆装入库的货物,按照最小独立包装清点。

（二）检查货物单重、尺寸

货物单重是指每一运输包装的货物重量。货物单重一般通过称重的方式核定。对于以长度或者面积、体积为度量衡进行交易的商品，入库时必须要对货物的尺寸进行丈量。丈量的项目（长、宽、高、厚等）根据约定或者根据货物的特性确定，通过合法的标准量器，如卡尺、直尺、卷尺等进行丈量。

（三）查验货物重量

对入库货物的整体重量进行查验。对于需要计重的货物，通过衡重计算货物重量。衡重方法可以采用：衡重单件重量，则总重等于所有单件重量之和；分批衡重重量，则总重等于每批重量之和；入库车辆衡重，则总重＝总重车重量－总空车重量；抽样衡重重量，则总重＝（抽样重量/抽样样品件数）×整批总件数；抽样重量核定，误差在1％以内，则总重＝货物单件标重×整批总件数。

（四）检验货物表面状态

理货时对每一件货物的外表进行感官检验，查验货物外表状态，接收货物外表状态良好的货物。

二、残损处理

在理货时发现货物外表状况不良，或者怀疑内容物损坏，将不良货物剔出，单独存放，避免与其他正常货物混淆。待理货工作结束后进行质量认定，确定内容物有无受损以及受损程度。对不良货物采取退货、修理、重新包装等措施处理，或者制作残损报告，以便明确划分责任。

三、确认存放方式

根据货物特性、包装方式和形状、保管的需要，确保货物质量，方便对货物进行整理、拣选，按照货物的流向、受理顺序、发运时间和到达地点，来合理安排货物储存堆码。仓库货物存放的方式主要有三种形式：一是地面存放方式；二是托盘存放方式，三是货架存放方式。

（一）地面存放

地面存放方式主要有散堆法、堆垛法。散堆法适用于没有包装的大宗货物，如煤炭、矿石、砂土等，在仓库内适合存放少量的谷物、碎料等散装货物。堆垛法对有包装的货物或裸装计件的货物，采取地面堆垛的方式储存。地面堆垛的主要方式见第二章第二节，这里不再赘述。

（二）托盘存放

托盘存放方式，是指将托盘放置在地面，而货物有规则地排列在托盘上的存放方式。从货物在托盘上堆码时的行列配置来看，有下列四种基本堆积模型，如图 5-3 所示。

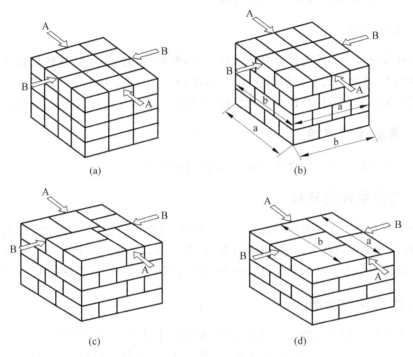

(a)　　　　　　　　(b)

(c)　　　　　　　　(d)

图 5-3　托盘货物堆码方式

1. 重叠式

如图 5-3(a)所示，各层堆放方式相同，上下对应。此方法的优点是，操作简单，各层重叠后，包装物的四个角和边重叠垂直，能承受较大的荷重。其缺点是，各层间咬合强度差，容易发生塌垛。所以还需要其他的紧固方式加以配合。

2. 纵横交错式

如图 5-3(b)所示，托盘上的货物奇数层和偶数层之间成 90°角交叉堆码的模型。该堆码方式层间有一定的咬合效果，但咬合强度不高。

3. 正反交错式

如图 5-3(c)所示，同一层中，不同列的货物以 90°角垂直码放，而奇数层和偶数层之间成 180°角进行堆码。

4. 旋转交错式

如图 5-3(d)所示,在各层中改变货物的方向进行堆码,每层相邻的两个包装都呈 90° 角,上下两层间的堆码又相差 180° 角。该种堆码方式优点是层间咬合强度大,托盘货物稳定性高;其缺点是堆码难度大,空间有浪费。

(三)货架存放

货架存放方式是仓库内最常见的存放方式,根据货物的不同特性将货物放置在不同类型的货架上,这种方式充分利用仓库空间,库内货物整齐,方便作业和保管。货架存放方式比较常见的是利用托盘作为载货平台,再使用叉车将托盘存放在货架上的保管方式。

四、缮制理货清单

理货人员根据每次入库理货的情况,制作理货清单。

五、货位整理与转移

理货人员在整理仓库时按照已划分好的区域、货架,将已经归类的物品进行定期的整理,检查物品是否摆放整齐,产品是否过期,包装是否需要进行转换等工作。理货人员根据货物存放的需要对仓库的货品进行整理并进行储位的转移时,要做到账、卡、物相一致。

六、出库货物分拣

理货人员应客户订单的要求,按照出货优先顺序、储位区号、配送车辆次号、客户号、先进先出等方法,把出货商品分拣、组配、整理出来,经复核人员确认无误后,将出货商品放置到暂存区。

七、货物分类与发运

理货人员将货物拣选出来以后,再根据货物的运输方式、流向和收货地点,将出库货物分类集中在出货区,通知驾驶员提货发运。并按交接清单逐件核对装卸,双方确认无误后在交接清单上签章。

任务实施

1. 货物检查与核对

(1)清点货物件数

本背景给出的货物为箱装货物,共 55 箱。经过清点后发现数量没有发生短少,但是有一箱货物的包装发生破损。包装内有 3 件货物,需要拆包装后进一步检验。

(2)检查货物单重、尺寸

选取丈量工具,对货物尺寸(长、宽、高)进行丈量。丈量的尺寸应符合 52cm×48cm×35cm 规格要求。

(3)查验货物重量

对入库货物的整体重量进行查验。采取衡重单件重量,则总重等于所有单件重量之和的方法进行称重。

(4)检验货物表面状态

理货时对每一件货物的外表进行感官检验,查验货物外表状态,接收货物外表状态良好的货物。尤其是包装出现破损的货物,一定要进行进一步检验。

2. 制作残损报告单

在理货时发现有一箱货物外包装发生破损,怀疑内含的 3 件货物发生损坏,将其单独存放,避免与其他正常货物混淆。理货工作结束后进行质量认定,确定内容有无受损以及受损程度。对不良货物进行残损处理,并制作残损报告单如表 5-8 所示。

表 5-8　残损报告单

收货日期:2017 年 8 月 15 日　　　　　　　　　　编号:20170815027
货主:大连国美电器胜利店　　　　　　　　　　　送货单号:2017072850

残存原因	硬性碰撞所致			仓库	2 号库
品名	规格(cm)	残损数量(台)	残损处理		备注
海尔微波炉	52×48×35	3	退货		

理货员:***　　　　　　　　　　　　　货主代表:***

3. 确认存放方式

该批货物为箱装货物,根据该批货物的特点,选取托盘货物堆码方法中正反交错式堆存方式。

4. 理货清单制作

理货人员根据每次入库理货的情况,制作理货清单,如表 5-9 所示。

表 5-9　理　货　清　单

品名	规格(cm)	数量(箱)	理货时间	存放位置	备注
海尔微波炉	52×48×35	54	2017.08.15	02-15-2-10	

续表

品名	规格（cm）	数量（箱）	理货时间	存放位置	备注

理货员：***

5. 货位整理和转移

理货人员按照已划分好的区域、货架，将货物存放在 02-15-2-10（货位编码后续章节会讲到），并对已经归类的物品进行定期地整理，检查物品是否摆放整齐，产品的等级是否过期，包装是否需要进行转换等工作，并保证储位变动时，做到账、卡、物相一致。对于发生破损的一箱货物将其存放在暂存区。

课堂实训

1. 工作目标

通过模拟仓库企业真实环境，让学生充当理货员进行实习，使学生学会仓库理货作业流程，懂得仓库理货作业操作，掌握仓库理货单证缮制、审核。

2. 工作准备

（1）了解仓库理货作业采购、物流、仓储等相关知识。

（2）准备理货道具货物 51 箱、规格 1 200cm×1 000cm 的托盘 10 个；相关的理货单证，如残损单、理货单、出库货物交接单等。

（3）将全班学生分成若干组，每组设理货员 5 员。

（4）工作时间：4 学时。

（5）工作环境：仓库实训室，机房等资源配合。

3. 工作任务

现有一批包装规格长宽高 50cm×40cm×30cm 的货物 51 箱要入仓库，其中一个包装有损毁，该包装内装有 5 个货物，需要拆装后，将 5 个货物重新包装后把货物拣选出来，放置在出货区等待出货。要求理货员做如下工作。

（1）在货物入库前，仓库理货员为其办理接收手续。包括核对货物的名称品种、数量、规格、等级、型号以及重量等。

（2）制作残损单。

（3）利用学习过的托盘货物堆积模型，将 50 箱货物堆码在制定区域的托盘上。

（4）制作理货清单。

（5）将破损的包装拆装后，掏出 5 个货物，重新包装后将货物拣选出来，放置在出货区出货。

案例阅读

某制造企业仓储作业流程

某制造企业公司是一家中日合资企业，该公司主要采用日本技术，生产适合超市使用的制冷设备，员工 600 人，年销售额 6 亿元，生产规模每年以 30％的速度递增。该公司从成立之日起，就与一些大客户保持密切联系，像上海华联、沃尔玛、家乐福等，它们每开一家分店都会从该公司订购大量的产品。

每周一该公司采购员通过公司的计算机生产管理系统打印零部件需求订单，然后将订单传递给供应商，供应商按订单安排生产、发货，外地供应商通过铁路、公路、航空将零部件发到当地中转站，再由公司派车提货；本地供应商将零部件直接送到公司的仓库，零部件仓库管人员负责验收零部件、上架，录入计算机仓库管理系统，仓库人员根据生产计划，一般提前两天按计算机计算出的领料单，准备好零部件，提前半天送到生产线，在每周二至周五期间，采购人员处理因生产计划调整而追加的订货或调整交货期，与供应商沟通与协调。

成品从生产线下线后，在包装区域内包装、贴上标签，进入成品库，成品库保管人员验收、入库，并录入计算机管理系统，发货人员根据计划科转来的客户订单，安排发货车辆，按订单的数量、交货日期准备发货。

成品包装人员共 10 人，人均月工资 2 000 元；成品库存约 2 000 万件，成品库面积 6 000 多平方米，保管员 15 人，人均月工资 2 200 元，取暖、空调、照明等费用每年约 25 万元，成品运输费用每年 1 100 万元。

该公司为了保证生产继续进行，储存了约 14 000 个零部件。零部件库房面积约 6 600 平方米，库房高度是 8 米，货架区货架是 3 层，有效高度是 2.5 米，人工上架，散货区使用液压手动叉车摆放和移动托盘，只能放单层托盘，有效高度为 15 米。在零部件仓库拣货时，保管员推着平板车或扛着液压手动叉车，把零部件从货架上搬下来，取出所需数量，再把余下的零部件放回架子上。

零部件库存金额约 4 500 万元，保管员 16 人，每天处理 2 000 个零部件，人均月工资 1 200 元，取暖、空调、照明等费用每年约 30 万元。

资料来源：申纲领.物流案例与实训[M].北京：北京大学出版社，2014：44～45.

复习与思考

1. 简述理货的流程。
2. 简述仓库货物存放的方式。

第三节　仓库储存规划与商品养护管理

学习目标

1. 熟悉仓库保管员岗位职责及保管员工作流程；
2. 熟悉商品性能，掌握在库商品分区分类管理方法，并能够对货物统一编号；
3. 建立健全在库商品保管养护制度；
4. 掌握仓库温湿度控制、防霉腐、防虫害、防锈、安全管理及卫生管理等操作。

技能要求

1. 能够利用仓储物质技术设备对在库商品进行仓库保管作业；
2. 能够根据商品特性，对在库商品进行分类分区管理，并会编制货物编码；
3. 能够对在库商品出现的异常问题实施及时处理；
4. 熟练缮制仓库保管过程中涉及的相关保管单据。

引导案例

　　大连金立仓储中心，拥有平房仓库 2 大间，露天货场 2 个，简易货棚 2 个，4 层楼房仓库 1 栋，每层 10 个仓间，主要提供装潢建筑材料和日用百货的存储服务。结合该公司储存商品的特点，为该公司的储存场所编制货位号，并画出草图。大连金立仓储中心平面图如图 5-4 所示。

　　货物经过入库验收，理货员将货物堆放到指定位置后，货物的入库业务就此结束，仓库的保管作业便开始了。仓库在保管阶段的工作，主要是确保货物安全，商品质量完好和数量准确无误。仓库保管员通过充分利用仓储技术设备，熟悉商品性能，实行在库商品分区分类保管，货位统一编号，建立健全在库商品保管养护制度，对异常问题实施及时处理，采取出库复查等措施，以达到对商品在库保管养护的目的。仓库保管作业流程如

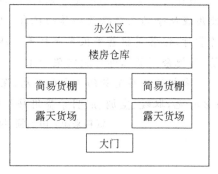

图 5-4　大连金立仓储中心平面图

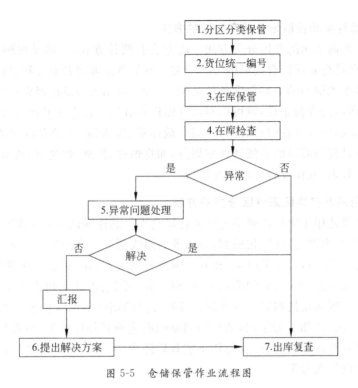

图 5-5　仓储保管作业流程图

图 5-5 所示。

一、仓库分区分类保管

仓库分区分类保管是仓库对储存商品进行科学管理的一种方法。分区分类规划是指按照库存物品的性质划分出类别,根据各类物品储存量的计划任务,结合各种库房、货场、起重运输设备的具体条件,确定出各库房和货场的分类储存方案,使"物得其所,库尽其用",它是进行货位管理的前提条件。

(一)仓库分区分类的方法

仓储商品实行分区分类,要以安全、优质、挖潜、多储、低耗为原则,在"三一致"(商品性能一致、养护一致、消防一致)的前提下进行管理。在规划分区分类之前,要综合考虑经营的品种、数量、每年各季度的大致流向和周转期;商品性能及所需的储存条件;商品收、发方式及所需的设备条件;各类商品所需的仓容和储存、吞吐等条件。综合起来考虑,仓储的分区分类目前有五种方式。

1. 按商品种类和性质划分储存区域的方法

这是仓库普遍采用的分区分类方法。此方法有两种方式，一种是按照业务部门商品经营的分类，来进行仓库储存商品的分区分类。例如某企业经营有冰箱、洗衣机、空调、彩电等产品。考虑到他们的商品保管条件是相一致的，再结合各部门经营产品所需的仓容、周转期、收发所需的设备条件，就可以对该仓库进行分区。该仓库共四层，每层面积2 000平方米，一层是收发区及临时存放区；二层存放冰箱、洗衣机；三层存放空调；四层存放彩电。另外一种是按照商品的自然属性来划分，如将怕热、怕潮、怕光、怕通风等多种不同性质的商品集中起来，安排在合适的储存场所。

2. 按照商品发往地区来分区分类的方法

此方法主要适用于中转流通型仓库或待运仓库。具体做法是：先按照交通工具划分公路、铁路、航空、水路等，然后按照到达站、港的路线划分。这种分区分类方法，虽然不区分商品种类，但应注意，对于危险品、相互影响以及运价不同的商品应分别堆放。

如某企业是经营干线快运的物流公司，旗下有一间仓库在福州作为中转货物用途之用。它的仓库分区就是按照客户发往地区及所经过的路线来设置仓库分区。将仓库划分成18个出货区间，比如1号厦门，从福州到厦门沿途及延伸线的客户（莆田、泉州、漳州）的货物都临时存放在1号库区，等待货车装载后送出；2号上海，3号北京，4号武汉，5号西安等出货区间依次分类。

3. 按商品危险性质分区分类的方法

此方法主要适用于化学危险品仓库。根据危险品本身自有的易燃、易爆、有毒等性质，以及不同的灭火方法等情况来分区分类储存保管。

4. 按照不同客户储存的商品来分区分类

这种方法比较适用于在仓库客户数量较少，而且储存商品比较单一的情况，按照不同客户储存商品来划分仓储区比较好。

5. 按照方便作业和安全作业来分区分类

按照商品周转率考虑，将商品周转率高的商品放置在离通道较近的区域，方便进出货作业；将商品周转率低的商品放置在离通道较远的区域。从商品安全性的角度考虑，将安全保卫级别高的商品如贵重物品放置在封闭的安全性能高的区域。

此外仓库分区分类还要及时摸清商品出库规律，及时调整货区和货位。做好日常统计空仓和商品进出中货位平衡工作，腾出空仓，备足仓位。通常在仓库划分区域时要预留一定面积作为机动保管区，机动货区一般按照库房堆货面积的大小，留出5%~10%的储区。

（二）仓库分区分类规划的原则

（1）存放在统一货区的物品必须具有互容性。也就是说性质互有影响和相互抵触的货物不能同库保存。

（2）保管条件不同的物品不应混存。当物品保管要求的温湿度等条件不同时，不宜把它们存放在一起。因为在一个保管空间同时满足两个或多个保管条件是不经济的，更是不可能的。

（3）作业手段不同的物品不应混存。这是指当存放在同一个场所中的物品体积和重量相差悬殊时，将严重影响该货区所配置设备的利用率，同时还增加了作业组合的复杂性和作业难度，使作业风险增加。

（4）灭火措施不同的物品不能混存。灭火方法不同的物品存放在一起，不仅使安全隐患大大增加，也增加了火灾控制和补救的难度和危险性。

二、货位编号作业

进入仓库中储存的每一批物品在其理化性质、来源、去向、批号、保质期等各方面都有独自的特性，仓库要为这些物品确定一个合理的货位，既要保证达到保管的要求，根据分库、分区、分类的原则，将物品在固定区域与位置存放。还应进一步在定制区域内，依物品材质和型号规格等系列，按一定顺序依次存放，并进行货位编码，这样才能保证"规格不窜、材质不混、先进先出"。

货位编号是商品保管业务不可缺少的管理措施之一。它在商品分区分类储存的基础上，将库房、料棚、货场、货架、货垛按地点、通道等位置顺序统一编列号码，并做出明显标志。

（一）货位编号的要求

1. 标志设置要适宜

货位编号的标志设置，要因地制宜，采取适当方法，选择适当位置。例如仓库标记，可在库门外挂牌；库房的标志，库房编号写在外墙或库门上；货场货位标志，可竖立标牌或写在场地上。

2. 标志制作要规范

货位的标志制作要统一规范。货位在地面的标线保持笔直；标线的宽度，一般以 3cm 为宜；货位画线应刷置在走道、支道或墙壁上，并相应要求货垛不压货位的画线。

3. 编号顺序要一致

编号顺序，是对货位编号的朝向、间隔和编号标记的制作做出统一的要求。仓库范围的房、棚、场以及房内的仓间、走支道、段位的编号，基本上都以进正门方向，左单右双或者自前向后顺序编号。段号间隔的宽窄，主要取决于储存商品批量的大小。编排段号时，可沿着货位画线，通常保持间距1m或2m。标记制作最好统一使用阿拉伯字码作为货位编号标记，避免货物错收、错发等事故。

（二）货位编号的方法

1. 多层库房的编号

对多层库房的编号，需要区别库房的楼层。在同一楼层有两间以上仓间时，楼层仓间的编号，一般以正楼上楼梯的方向，采取左单右双或自左而右的顺序编序编号方法。楼房仓库货位编号采用"三号定位"法，即个位数指仓间编号，十位数指楼层编号，百位数指库房编号。如141，指1号库房第4层楼的第1号仓间，如图5-6所示；142指1号库房第4层楼的第2号仓间。

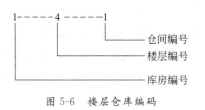

图5-6　楼层仓库编码

2. 平房仓库货位编号

平房仓库利用货架储存货物的货位编号，一般按照仓库进门的方向顺序编成排号，采用"四号定位"法，也称"四位空间定位"法，即库号、货架号、层号、位号，见图5-7。例如某平房仓库货位编号01－15－2－10，表示01仓库，15号货架，第2层，第10号货位。

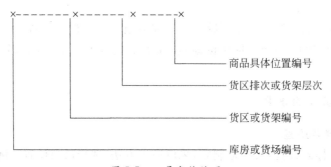

图5-7　四号定位编码

（三）货位编号的原则

（1）简单。货位编号要将复杂的货物信息简单化处理，方便货物的管理。

（2）完整。货物编号要清楚完整地表达货物的基本信息。

（3）唯一。每一货物编号只能代表一种货物。

（4）可扩展。货物编号要留有余地，要为以后的货物预留编号空间。

三、在库保管作业

(一)温湿度控制

要做好仓库温湿度管理工作,首先要学习和掌握空气温湿度的基本概念以及有关的基本知识。

1. 空气温度

空气温度是指空气的冷热程度。一般而言,距地面越近气温越高,距地面越远气温越低。在仓库日常温度管理中,多用摄氏度表示,凡 0℃ 以下度数,在度数前加一个"－",即表示零下多少摄氏度。

2. 空气湿度

空气湿度,是指空气中水蒸气含量的多少或空气干湿的程度。表示空气湿度,主要有以下几种方法:

(1)绝对湿度,是指单位容积的空气里实际所含的水蒸气量,一般以克为单位。温度对绝对湿度有着直接影响。一般情况下,温度越高,水蒸气蒸发得越多,绝对湿度就越大;相反,绝对湿度就越小。

(2)饱和湿度,是表示在一定温度下,单位容积空气中所能容纳的水蒸气量的最大限度。如果超过这个限度,多余的水蒸气就会凝结,变成水滴。此时的空气湿度便称为饱和湿度。空气的饱和湿度不是固定不变的,它随着温度的变化而变化。温度越高,单位容积空气中能容纳的水蒸气就越多,饱和湿度也就越大。

(3)相对湿度,是指空气中实际含有的水蒸气量(绝对湿度)与距离饱和状态(饱和湿度)程度的百分比。即,在一定温度下,绝对湿度占饱和湿度的百分比数。相对湿度用百分率来表示。公式为:

$$相对湿度 = \frac{绝对湿度}{饱和湿度} \times 100\%$$

$$绝对湿度 = 饱和湿度 \times 相对湿度$$

相对湿度越大,表示空气越潮湿;相对湿度越小,表示空气越干燥。空气的绝对湿度、饱和湿度、相对湿度与温度之间有着相应的关系。温度如发生了变化,各种湿度也随之发生变化。

(4)露点,是指含有一定量水蒸气(绝对湿度)的空气,当温度下降到一定程度时所含的水蒸气就会达到饱和状态(饱和湿度)并开始液化成水,这种现象叫作结露。水蒸气开始液化成水时的温度叫作"露点温度",简称"露点"。如果温度继续下降到露点以下,空气中超出饱和的水蒸气,就会在商品或其他物料的表面上凝结成水滴,俗称商品"出汗"。

(5)临界湿度是指使物品发生变化的相对湿度范围。对于金属材料及制品来说,就是引起金属锈蚀的相对湿度范围。一般情况下铁的临界湿度为 65%～70%，钢的临界湿度为 70%～80%，如果空气中含有大量的炭粒、二氧化硫、氨和氯等杂质，则钢和铁的临界湿度范围将缩小到 60% 左右。

3. 温、湿度的测量

仓库的温湿度管理是一项基本工作，仓库保管员要定时观测并记录绝对湿度、相对湿度、温度、风力、风向等。在库房内放置温湿度表时，温湿度表应放置在库房的中央，离地面约 1.4 米处，不可放在门窗附近或墙角。库外测量时应设置百叶箱，内放温湿度计。百叶箱应置于空旷通风的地方，距地面约 1 米，箱门向北。

风向标和风速仪应高于附近建筑物。

（1）温度的测定方法

测量库内外温度时需要使用温度计。经常使用的温度计都是根据水银或酒精热胀冷缩的原理制成的，构造简单。此外还有自记温度计，它是连续测量并自动记录气温变化的仪器，主要由感应部分和自动记录部分组成。感应部分是利用双金属片膨胀系数的不同来测定的，自动记录部分由筒形的自动记录钟构成。

（2）湿度的测定方法

测定湿度主要使用干湿球温度计和自动记录湿度计。干湿球温度计是把两支同样的温度计平行固定在一块板上，其中一只温度计的球用纱布包裹，纱布的一端浸泡在一个水盂里，利用水分蒸发时吸热的原理，两个温度计显示一定的温度差。两支温度计在测温度的同时，可以查对"温湿对照表"，获得此时库内或大气的相对湿度值。

4. 控制和调节仓库温湿度

为了维护仓储商品的质量完好，创造适宜于商品储存的环境，当库内温湿度适宜商品储存时，就要设法防止库外气候对库内的不利影响；当库内温湿度不适宜商品储存时，就要及时采取有效措施调节库内的温湿度。实践证明，采用密封、通风与吸潮相结合的办法，是控制和调节库内温湿度行之有效的办法。

（1）密封

密封，就是把商品尽可能严密封闭起来，减少外界不良气候条件的影响，以达到安全保管的目的。采用密封方法，要和通风、吸潮结合运用，如运用得法，可以收到防潮、防霉、防热、防溶化、防干裂、防冻、防锈蚀、防虫等多方面的效果。密封保管应注意的事项如下。

① 在密封前要检查商品质量、温度和含水量是否正常，如发现生霉、生虫、发热等现象就不能进行密封。发现商品含水量超过安全范围或包装材料过潮，也不宜密封。

② 要根据商品的性能和气候情况来决定密封的时间。怕潮、怕溶化、怕霉的商品，应选择在相对湿度较低的时节进行密封。

③ 密封材料，常用的有塑料薄膜、防潮纸、油毡、芦席等。这些密封材料必须干燥、清

洁、无异味。

④ 密封常用的方法有整库密封、小室密封、按垛密封以及按货架、按件密封等。

（2）通风

通风是利用库内外空气温度不同而形成的气压差，使库内外空气形成对流，来达到调节库内温湿度的目的。当库内外温度差距越大时，空气流动就越快；若库外有风，借风的压力更能加速库内外空气的对流，但风力也不能过大（风力超过 5 级，灰尘较多）。正确地进行通风，不仅可以调节与改善库内的温湿度，还能及时散发商品及包装物的多余水分。按通风的目的不同，可分为利用通风降温（或增温）和利用通风散潮两种。

（3）吸潮

在梅雨季节或阴雨天，当库内湿度过高，不适宜商品保管，而库外湿度也过大，不宜进行通风散潮时，可以在密封库内用吸潮的办法降低库内湿度。随着市场经济的不断发展，现代仓库普遍使用机械吸潮方法，即使用吸湿机把库内的湿空气通过抽风机，吸入吸湿机冷却器内，使它凝结为水而排出。吸湿机一般适宜于储存棉布、针棉织品、贵重百货、医药、仪器、电工器材和烟糖类的仓库吸湿。

（二）防腐、防霉

在仓库中由于保管不当，商品容易出现霉变、腐烂的现象。为了妥善保管好库存物品，保管员需要做如下工作。

1. 认识影响微生物霉腐的外界条件

当空气相对湿度达到 75% 以上时，多数商品含水量才有可能引起霉腐微生物的生长。一般我们把 75% 这个相对湿度叫作商品霉腐临界湿度。如烟叶的相对湿度就要控制在 75% 以下。本身含水量多的水果、蔬菜等，对湿度要求比一般商品高，储存适宜湿度为 85%～90%，但温度不宜过高。在霉变微生物中，大多是中温性微生物，最适合生长温度 25℃～37℃。阴暗的仓库环境也是滋生微生物的有利条件。

2. 控制管理易霉腐商品

常见易霉腐商品，如表 5-10 所示。

表 5-10　常见易腐霉商品

分　　类	商　　品
食品	糖果、饼干、糕点、饮料、罐头、肉类、鱼类和鲜蛋等
日用品	化妆品
药品	以淀粉为载体的片剂、粉剂、丸剂，以糖液为主的各种糖浆，以蜂蜜为主的蜜丸，以动物胶为主的膏药，以葡萄糖等溶液为主的针剂等

续表

分　类	商　品
皮革及其制品	皮鞋、皮包、皮箱和皮衣等
纺织品	棉、毛、麻、丝等天然纤维及其制品
工艺品	竹木制品、草制品、麻织品、绢花、面塑、绒绣等

3. 预防商品霉腐

仓库保管员加强入库环节验收工作，易霉腐商品入库，应先检查包装是否潮湿，含水量是否超过安全范围。加强仓库温湿度管理，根据商品的不同性能，准确地运用密封、吸潮及通风相结合的方法，管好库内温湿度监测工作。选择合理的储存场所，容易霉腐的商品应尽量安排在空气流通、光线较强、比较干燥的库房，并尽量避免与含水量大的商品一起储存。合理堆码，货垛下垫托盘隔潮，堆垛不靠墙。

4. 救治霉腐商品措施

对已经发生霉腐但可以挽救的商品，应立即采取措施，以免霉腐继续发展，造成严重损失。霉腐商品救治应该经历去湿、灭菌及刷霉三个过程。常见的去湿的方法是暴晒、摊晾及烘烤三种。祛除商品上的霉腐还可以从灭菌入手，常用灭菌的方法主要有药剂熏蒸、紫外线及加热灭菌。此外，凡发生霉变的商品，经过上述方法处理后，商品自身水分已降低，霉菌也被杀死，可以用毛刷将商品上的霉迹刷除，从而使商品恢复其本色。

（三）防虫害作业

仓库保管员需要掌握仓库内害虫的来源、特性、种类与危害方式。常见害虫感染途径及预防方法，如表 5-11 所示。

表 5-11　常见害虫感染途径及预防方法

感染途径	途径说明	预防方法	防治方法
货物内潜伏	货物入库前已有害虫潜伏其中	做好入库前的检疫工作，确保入库货物不携带害虫及虫卵	可以使用趋避剂、杀虫剂、熏蒸剂等药物对货物直接进行害虫杀灭；不能直接在货物上使用药剂的采用高、低温杀虫，缺氧以及辐射防治等
包装内隐藏	仓库包装内藏有害虫	对重复利用的包装物进行定期消毒	使用趋避剂、杀虫剂、熏蒸剂等药物对包装进行消毒
运输工具感染	运输工具装运过带有害虫的货物，害虫潜伏其中感染其他商品	注意运输工具的消毒	使用趋避剂、杀虫剂、熏蒸剂等药物对车厢进行消毒

续表

感染途径	途径说明	预防方法	防治方法
仓库内隐藏	害虫常潜伏在仓库建筑的缝隙及其各种器具中	做好库房内、外环境的清洁工作	对库房定期进行消毒
临垛间相互感染	当某一货垛感染了害虫,害虫可能爬到临近的货垛	对已经感染了害虫的货垛及时隔离	对感染害虫的货垛使用趋避剂、杀虫剂、熏蒸剂等药物进行害虫消杀

（四）防锈作业

金属制品在仓库保管过程中由于自身金属材料和大气的因素容易发生腐蚀。作为仓库保管员对金属防锈要做好如下工作。

（1）控制储存环境。控制金属商品的储存环境,杜绝促使金属锈蚀的环境因素是防止金属锈蚀经济有效的方法。金属商品在避开酸、碱、盐等环境下储存。

（2）入库时,进行严格检查,对金属表面进行清理,清除水渍、油污、泥灰等脏物。对已经有锈迹的,要立即除锈。

（3）合理堆码及苫垫,可以有效地减少金属锈蚀发生的概率。

（4）控制好仓库的湿度。相对湿度在60%以下,就可以防止金属制品遭受锈蚀。但由于相对湿度60%以下很难达到,一般仓库可以将湿度控制在65%～70%以内。

（5）对于仓库内已经发生锈蚀的金属,主要采用手工除锈、机械除锈、化学除锈三种方法。

（五）卫生管理

仓库保管员遵守有关卫生的制度,达到如下要求。

（1）仓库保管员保持良好的个人卫生,穿着统一工作服,定期进行工作服、鞋帽的清洗。对于电子类产品仓库,仓库保管员最好要穿鞋套、戴帽。

（2）仓库保管员要坚持每天清理仓库,清洁地面,保持卫生,做到无粉尘、无蜘蛛网。

（3）库房四周实行三包,有专人负责,做到无杂草、无拆下的包装物、无垃圾。

（4）库内库外物资要码放整齐、料卡齐全。收发货物后要及时清理。保持货架及器具上无尘土,定期进行仓库大清扫等清洁整理工作。

（5）仓库办公室要做到窗明几净,办公用具及台账要码放整齐,无与办公用品无关的物品。

（六）安全管理

仓库安全保卫工作主要内容是严防破坏盗窃事故,预防灾害性事故的发生,维护仓库内部的治安秩序，保证仓库及仓库内货物的安全。仓库保管员的主要职责是负责保管物资的安全管理工作，协助仓库安全保卫部门做好仓库安全保卫工作。仓库保管员关于安全工作的内容主要如下。

（1）严格执行仓库安全保卫的各项制度，预防火灾、盗窃、台风、雨汛给仓库货物带来的安全隐患。

（2）库区内配备各种消防器材和工具，不得私自挪用。

（3）非仓库管理相关人员未经允许一律不得进入库房。

（4）各种生活用危险品，以及车辆、油料、易燃品严禁进入库区。

（5）库区内严禁烟火和明火作业，确因工作需要使用明火的，应按安全保卫的有关规定执行。

（6）仓库保管员下班前要关闭水、暖、电源的开关，锁好门窗，消除一切隐患。

四、异常问题处理

仓库管理员碰到异常问题，如仓库入库验收过程发现货物质量异常；仓库内由于相对湿度过高，库内货物出现"汗水"现象；库内货物出现霉腐现象；库内货物超过保质期等异常情况，在权限范围内，能够处理的及时处理，填写仓库异常情况报告表，并及时向有关部门及主管领导汇报处理的结果。

对于出现的异常不能解决的，如上班后发现仓库内货物被盗窃，巡查过程发现消防安全隐患等问题及时汇报有关领导，请有关领导组织力量提出解决方案，尽快解决异常问题。仓库保管员在巡查中发现仓库安全管理的异常情况需及时处理，如不能解决要及时向仓储部主管汇报，由仓储部主管提出处理方案，必要时可寻求公安、消防等部门协助解决。

五、在库检查

仓库保管员每天对仓库各项工作进行巡查，填写巡查记录。

六、出库复查

保管员对待出库的物资应仔细进行复查，填写出库复查表，确保出库物资的质量。

任务实施

1. 为整个仓库进行编号

把整个仓库（包括库房、货棚、货场）按各储存场所的地面位置的排列顺序编号。同时应有明显的区别。比如，可在编号的末尾加注"棚"或"场"的字样，无"棚"或"场"字样的，即为库房的编号。

（1）货场编号

货场编号的方法有两种，一是以进入仓库正门的方向，按左面单号右面双号的顺序排列；二是以进入仓库正门的方向，按货场远近，自左向右的顺序排列。

（2）货棚编号

货棚编号的方法与货场编号的方法基本相同。

（3）库房编号

库房编号的基本方法与货场、货棚编号相同。

（4）多层库房的楼层、仓间编号

对多层库房的编号，必须区别库房的楼层。在同一楼层有两间以上仓间时，楼层仓间的编号，一般以正楼梯上楼的方向，采取左单右双或自左向右的顺序编号方法。

现假定1号库房是多层库房，有单梯平列仓间、多梯排列仓间等不同构造的类型，那么其楼层、仓间的编号方法，分别为：一号库房是四个楼层，正楼梯的左右各有两间平列仓间，正楼梯向上，四层楼左面仓间编号为141和143，右面仓间编号为142和144。同时标明：个位数指仓间编号，十位数指楼层编号，百位数指库房编号。如143编号，就是1号库房第4层楼4号仓间；112编号，就是1号库房底层楼2号仓间。

2．为货场货位编号

货场的货位编号，目前有两种方法，一是按照货位的排列编成排号，再在排号内按照顺序编号；二是不编排号，采取自左向右和自前向后的方法顺序编号。

3．为货架货位编号

在整件商品进出的仓库里，货架的作用主要是提供库房高度利用率，货架的货位编号一般都从属段位编号，只需在段号末尾加注"上"或"架"字样，即可按位找货。

4．作业要求

根据该公司储存商品的特点及方便储存作业等要求，选择适当方法，为该公司的货位进行编号，然后画出草图。

课堂实训

1．工作目标

通过模拟仓库企业真实环境，让学生充当保管员进行实习，使学生学会仓库保管作业流程，懂得仓库保管作业操作，掌握仓库保管作业相关单证的填制。

2．工作准备

（1）了解仓库保管作业流程等相关知识。

(2) 准备一间空教室作为仓库库房,粉笔若干,纸和彩笔;仓库的器具货架、规格 1 200cm×1 000cm托盘 10 个和规格 50cm×40cm×30cm 的货物 50 箱;温湿度计 1 台;制作气相防锈纸和塑料袋包装若干;相关的保管单证,如温湿度检测记录表,在库巡查记录表、出库复查表等。

(3) 将全班学生分成若干组,每组设保管员 5 人(分区分类、储位管理、温湿度控制、防锈防虫害及出库复查等五个环节)。

(4) 工作时间安排 4 学时。

(5) 工作环境模拟,需要学院的仓库实训教室,仓储器具等资源配合。

3. 工作任务

现有一批包装规格长宽高 50cm×40cm×30cm 的货物 50 箱分别堆码在 10 个托盘上,将 10 个托盘模拟两种存放方式:一种存放在货架上;另一种堆码在画好的地面保管区域。要求理货员做如下工作。

(1) 模拟仓库储存环境,将空教室,按照仓库的特点,进行分区分类划分保管区域,利用粉笔画出仓库保管区域,并进行相应的编号,要求编号的标志悬挂明显清楚。

(2) 将货架上的储位和地面堆码的空间进行编号,要求编号的标志悬挂明显清楚。

(3) 准确读出仓库内的温湿度计,填写温湿度记录表,并针对仓库内的温湿度,结合储存货物的温湿度要求进行相应的温湿度控制。

(4) 制作仓库平面布局图、温湿度检测记录表、在库巡查记录表、出库复查表等相关单证。

(5) 入库物资,采用气相防锈纸包装后,外层使用塑料袋进行保管。

(6) 做好仓库防虫害、防霉腐、防锈、安全、卫生等工作。

📚 **案例阅读**

在库新车存储安全不可小视

2015 年 8 月 12 日晚,天津港瑞海公司所属危险品仓库发生爆炸,偌大的进口新车露天存放仓库,成为一片"钢铁坟场"。数据显示,此番被损毁的新车有近万辆,损失金额或将超过 30 亿元,涉及雷诺、大众等多个品牌。

这给广大车企和汽车物流企业敲响了警钟,提醒其对在库新车安全存储给予足够重视。而类似的在库新车受损事故,发生的频率实际上并不低。

2015 年 5 月中旬,长春市的一场暴雨,导致长春一汽的大众奥迪临时停车场严重积水,致使停放其中的 283 辆奥迪 A6L 新车不同程度浸泡受损。此前,类似的大雨引发泡车的事件,也曾经让日产和本田损失惨重。而经销商新车仓库被淹的新闻,更是时常见诸媒体报端。可见,当前的新车存储安全现状,并不那么乐观。

值得注意的是,这些造成不小损失的事故,并不能完全归咎于客观的、不可控的因素。实际上,如果车企和相关的汽车物流企业,能够在事前对这一问题有所重视,并做好规划和防范。这些事故要么可以避免,要么可以将损失控制在较小的范围。

就以此次天津爆炸事故为例。爆炸中大部分受损新车所停放的场地,属于天津贵隆汽车物流有限公司。这家公司就在事发的瑞海物流的隔壁。而其新车存储集散地,距离爆炸的瑞海物流的危化品仓库仅有 400 多米。显然,贵隆物流对于一墙之隔的瑞海物流从事有毒易燃易爆危化品存储的具体情况是完全知情的。

如果是被瑞海物流所"蒙蔽"尚且情有可原;如果在明知其从事易燃易爆危险品经营的情况下,仍然将新车仓储集散地设置于此,那就难逃管理失当之嫌了。

同样地,据说在发生泡水事故的长春一汽的大众奥迪停车场,地势低洼,而且已经存在很长的时间。那么,企业为何要选择这样一个风险高的积水场地作为新车的长期停放地呢?说到底,还是观念和意识上的不够重视。因为不重视,所以在选址时缺乏严谨地实地勘察和规划;因为不重视,所以也并未就可能出现的风险制定相应的应急预案。

车企和汽车物流企业,务必从这些频发的在库新车受损事件中得到教训,提高对这一问题的重视程度,并将这种重视真正落实到仓库选址、日常管理、风险防范、应急处理等各个环节,将安全风险扼杀在摇篮里。

资料来源:李卫卫. 在库新车存储安全不可小视[N]. 现代物流报,2015-08-21,B1 版.

复习与思考

1. 简述仓库分区分类规划的原则。
2. 简述在库保管作业的主要内容。

第四节　仓库盘点作业操作

学习目标

1. 熟悉仓库盘点员工作流程及储存商品基本知识;
2. 掌握商品盘点作业的基本技能;
3. 熟悉盘点单据,如盘点单、盘点表、盘点汇总盈亏表等。

技能要求

1. 能够熟练掌握盘点的工作流程;
2. 掌握盘点作业的基本技能,如人员的安排、盘点前的准备工作、现场盘点和盘点结果处理等。

引导案例

小严刚刚担任某电子产品仓库主管三个月，他对每个月末的仓库盘点工作最头痛。每当月末盘点时，盘点现场乱糟糟的像菜市场，盘点人员盘点出来的结果总是不准确，不是账面数量多了，就是盘点实际数量出现误差。这个事情让他在领导面前很尴尬，他想让盘点工作做得规范、准确、完善些。又快到月末盘点的时间了，他陷入了沉思中……

仓库的损益多寡与货物库存数量有密切的关系。盘点是为确定仓储内或其他场所内的库存材料、半成品或成品的实际数量，而对其库存量加以清点。这一工作能够帮助管理人员掌握实际库存量，明确损耗并加以改善，加强库存管理和物料控制。盘点作业流程如图 5-8 所示。

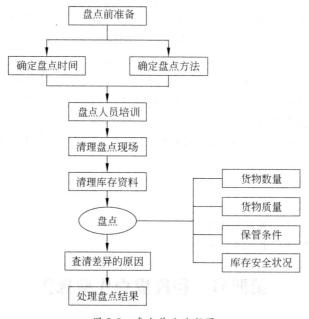

图 5-8 盘点作业流程图

一、盘点准备

（一）盘点人员编组

盘点工作之前，根据盘点类别、盘点范围确定盘点人员。盘点类别从时间上分为定期盘点和临时盘点；从工作需要上划分为全面盘点和部分盘点。仓库盘点范围主要是指存货，包括原材料、半成品、在制品、产成品、包装物、低值易耗品等清查盘点。

仓库盘点人员的确定是选定总盘人、主盘人、会点人、协点人以及监点人。总盘人负责盘点工作的总指挥,督导盘点工作的进行及异常事项的裁决。主盘人负责实际盘点工作实施。会点人由财务部门指派专人担任,负责数量点计。协点人由经营部门人员担任,负责盘点材料物品的搬运及整理工作。监点人由单位负责人派人担任,负责盘点过程的抽查监督。选定人员后编制盘点人员编组表,报领导审批后实施。

（二）盘点工具准备

盘点时如果采用盘点机盘点,需检查盘点机是否正常运行;如果采用人工方式盘点,需要准备盘存单、盘点表、红色和蓝色圆珠笔等工具。

二、盘点程序和方法

由盘点负责人确定盘点程序,盘点程序主要有仓库盘点的准备、仓库物资的清理、仓库盘点作业实施、盘点差异分析以及盘点事后处理等工作程序。盘点方法大致有两类:定期盘点和循环盘点法。

（一）定期盘点法

定期盘点是选择固定时间,将所有物资加以全面盘点。定期盘点根据企业的情况不同来确定,一般是每半年或一年进行一次。定期盘点因采用的盘点工具不同而有三种:一是盘点单盘点法;二是盘点签盘点法;三是货架签盘点法。盘点单盘点法是以货物盘点单汇总记录盘点结果的方法。盘点签盘点法是特别设计一种盘点签,盘点后贴在实物上,经复盘人复核后撕下。货架签盘点法是以原有货架的标签作为盘点记录工具,不必设计专门盘点标签,盘点计数人员盘点完毕后将盘点数量写在货卡上。

（二）循环盘点法

循环盘点法是将物资逐区、逐类、分批、分期、分库连续盘点。循环盘点法可细分为三种类型:一是分区轮盘法;二是分批分堆盘点法;三是最低存量盘点法。分区轮盘法是由盘点专业人员将仓库分为若干区,依序盘点货物存量,一定日期后周而复始。分批分堆盘点是准备一张发料记录放置于透明塑料袋内,拴在某批收料包装上。一旦发料,立即在记录签上记录并将领料单副本存在透明塑料袋内。

盘点时对未动用的包装件不做盘点,承认其存量毫无差误。将动用的存量进行盘点。最低存量盘点法,是指当库存货物达到最低存量或订购点,即通知盘点专业人员清点仓库。盘点后开出对账单,以便核查误差。

三、培训盘点人员

为保证盘点工作的顺利进行，在盘点工作开始前，要对相关人员进行盘点知识的培训，尤其是加强对货物认识不足的复盘人与监盘人的培训。

培训内容主要从盘点货物的相关知识、盘点方法与技术两方面进行，具体见表5-12。

表 5-12　盘点培训内容表

培 训 项 目		培 训 内 容
盘点货物相关知识		1. 盘点现场基本情况 2. 盘点商品的基本知识
盘点技术	盘点表使用	1. 盘点表的使用 2. 盘点表的领取与回收 3. 盘点表记录与书写规范 4. 签字确认 5. 其他
	盘点操作	1. 盘点过程注意事项 2. 盘点范围 3. 盘点点数技巧 4. 初盘、复盘、抽盘的相关规定 5. 其他

四、清理盘点现场

盘点之前仓库物资的清理工作主要包括对所保管的物资进行整理，最好按照5S活动中的整理、整顿来进行，做到货垛、货架整齐有序，对尚未办理入库手续、不在盘点之列的货物予以标明。对已经办理出库手续的物资要全部搬出；对损失变质的物资加以标记以示区别；对已认定为呆滞物资的要单独设库，单独保管，单独盘点。

五、盘点作业实施

仓库盘点作业实施首先从实物盘点开始。盘点实物可分库、分区、分类、分组进行，责任到个人。常见的方法是对实物进行点数、过磅或检尺，以确定实际储存的数量。对实物盘点后，将初盘的结果填入盘存单，并由初盘人签字确认；复盘人对实物进行核对盘点后，将实际盘点数量填入盘存单，在表上签字确认后结束点数作业。仓库盘点作业实施的流程如下。

（1）设置盘点工作办公室。盘点工作办公室一般由总盘人负责，具体的工作由主盘人执行。办公室主要负责盘点表发放，盘点工具准备，核实盘点表是否符合规定以及协调盘点相关事宜。

（2）人员报到明确任务，领取盘点单。参加盘点人员前往办公室签字报到，明确本次盘点的任务和完成时间，领取盘点资料和工具。

（3）盘点进行。发完盘点资料和工具，盘点人对仓库商品按照盘点方法和程序进行实物点数，并做记录。

（4）监盘人抽点。监盘人对盘点的品项进行检查，检查有问题的必须重新盘点。

（5）回收盘点单。所有完成的盘点单，经过盘点人员审核，完成所有手续后，汇总到盘点办公室。

六、填写盘点表

盘点人填写盘点表时，应注意如下事项。

（1）填表人员拿起盘点表后，应注意是否重复。

（2）填表人员和盘点人员分别在表上签字。

（3）盘点时，应先核对货架编号。

（4）填表人员应复诵盘点人员所念的各项物资名称及数量。

（5）对于预先填表中的错误更正，重新写在下一行即可，同样应在审核栏写"更正第×行"。

（6）对于写错需更正的行次，必须用直尺划去，并在审核栏写"更正第×行"，然后请监盘人在更正的行次签名即可。

七、盘点差异分析

实际盘点结果与账面结果相核对，若发现账物不一致，则积极查明账物差异的原因。差异的原因追查可从以下事项着手。

（1）是否因记账员素质不高，致使货品数目不正确。

（2）是否因料账处理制度的不完善，致使货品数目不正确。

（3）是否因盘点制度的不完善导致货账不符。

（4）盘点所得的数据与账簿的资料，差异是否在容许误差内。

（5）盘点人员是否尽责，或盘点人员事先培训工作不充分造成错误的现象。

（6）是否产生漏盘、重盘、错盘等情况。

（7）盘点的差异是否可事先预防，是否可以降低料账差异的程度。

八、盘点盈亏汇总表

盘点表全部收回，并加以汇总，计算盘点结果做出盘点盈亏汇总表，报表中应计算出盘亏、盘盈数量，找出差异原因，并提出改善建议。

九、调整库存盈亏

经盘点后,发现账载错误,如漏记、记错、算错、未结账或账记不清,有关人员要按照财务规章进行处理。盘点盈亏汇总表报相关领导审批后的意见,财务和仓储部门根据审批意见进行库存盈亏调整。

任务实施

根据上述盘点业务操作流程,对引导案例的解决步骤如下。

1. 根据盘点物品的特征和盘点工作量的大小,进行人员的组织与安排,并制定相应的《盘点计划安排表》,报主管经核定后实施。

2. 盘点前的准备工作。

(1)告知

盘点前以电话、发函或其他方式告知供应商,避免供应商在盘点时间段送货。

(2)清理仓库

在进行盘点之前,仓管人员要对现有货物的场地进行清洁整理。物品清洁整理的要点如下所述。

① 供应商所交来的物资尚未办完验收手续的,不属于本企业的物资,所有权应为供应商所有,必须与企业的物资分开,以免盘入企业物资当中。

② 验收完毕的物资应及时整理归仓,若来不及入仓,可暂存于场内,并登记临时账。

③ 仓库关闭之前,必须通知各用料部门预领关闭期间所需的物资。

④ 清理、清洁仓库,使仓库井然有序,便于计数与盘点。

⑤ 将呆滞物资、不良物资和废旧物资预先鉴定,与一般物资划定界限,以便正式盘点时进行最后的鉴定。

⑥ 将所有单据、文件、账卡整理就绪,未登账、销账的单据均应结清。

⑦ 仓库管理人员应于正式盘点前进行自行盘点,若发现问题应进行必要且适当的处理,以利于正式盘点工作的进行。

(3)现场盘点

① 划分盘点区域

将仓库或盘点区域划分为几个区域,确保各区域之间不重合、没有空白。

② 人员分配

在实地进行盘点时,根据编制的《盘点计划安排表》展开盘点,一般由仓储部相关人员或经管部门人员负责初盘,财务等相关部门主要负责复查、抽盘及监督等工作。

③ 盘点工作实施

盘点人员按照盘点时间表的安排完成仓库内存货盘点,并在盘点单上记录品种规格、代码、数量等内容,盘点责任人进行账目和支持文件的核对。

④ 填写盘点单

盘点单一般一式两联,盘点人员应根据清点后的数量,填写盘点单的第一联,另一联供复查人员填写。盘点单中的盘点单号为预先印刷的连续号码,应按顺序填写。填写错误时不得撕毁,应保留并上交。

⑤ 复查

在初盘人员清点完货物,并填写盘点单后,复查人员要对清点结果进行检查,据实填写盘点表的第二联。若复查数量与初盘数量不一致,则应由初盘人员对其进行再次清点,以确定最终的数量。

（4）盘点结果

① 盘点结果汇总

盘点后应将盘点单按编号收回,并根据盘点单上的最终货物数量,统计货物的总量。

盘点单是盘点实际库存的原始记录,收回后应妥善保存,以备与账、卡核对。

② 盘点结果核对

将盘点所得的库存货物的实际数量与库存账目进行核对。

（5）盘点结果的处理

盘点工作结束后,将实际库存与账面库存相核对,若发现账物不一致,则应查明原因并进行分析。

（6）上报盘点结果

通过盘点工作,查清实际库存后,仓库管理人员及其他相关人员应向上级部门及时报告盘点结果。

根据盘点后的结果及领导的批示,仓库管理人员办理库存账目、货物明细卡的更改手续,以保证账、物、卡相符。

课堂实训

1. 工作目标

前往校内超市或校外实训基地,让学生担任盘点员进行实训,使学生学会仓库盘点作业流程,懂得仓库盘点作业操作,掌握仓库盘点作业相关单证的填制。

2. 工作准备

（1）了解超市或仓库盘点流程、基础知识。

（2）准备盘点单、盘点工具、红色和蓝色笔等。

（3）人员分组，将全班学生分成若干组，每组设盘点员5人。

（4）工作时间安排4学时。

3. 工作任务

到指定超市或实训仓库进行实物盘点。要求完成以下任务。

（1）盘点工作编组，进行任务分工。

（2）盘点前准备工作。主要进行盘点方法和程序的确定，盘点资料的准备及盘点人员的培训。

（3）进行盘点现场的清理工作。

（4）仓库盘点作业的实施。

（5）盘点单的填写。

（6）盘点单汇总统计分析工作。

案例阅读

家乐福的仓储作业

目前，在我国制造业的物料管理中，尚存在许多有待解决的问题。但同时大型流通零售企业在近年的发展中都积累了很好的物流经验，特别是沃尔玛、家乐福等国际零售企业在发展中形成了良好的存货控制、仓储管理、信息管理的系统。这些经验为我国制造业物料管理提供了良好的借鉴。

家乐福的做法是将仓库、财务、管理、营业部门的功能和供应商的数据整合在一起。从统一的视角来考虑订货、收货、销售过程中的各种影响因素。因此，看家乐福仓储作业的管理就必须联系它的仓储、财务、营业部门来看，这是一个严密的有机体。仓库在每日的收货、发货之外会根据每日存货异动的资料，将存量资料的数据传输给仓储部门，仓储部门则根据累计和新传输的资料生成各类分析报表。同时，家乐福已逐步以周期盘点代替传统一年两次的"实地盘点"。在实行了周期盘点后，家乐福发现，最大的功效是节省一定的人力、物力、财力，没有必要在两次实地盘点的时候兴师动众了；同时，盘点的效率得到了提高。

资料来源：李联卫.物流管理案例及解析[M].化学工业出版社，2015：111～112.

复习与思考

1. 简述盘点作业的基本流程。

2. 结合实例缮制盘点单、盘点表、盘点汇总盈亏表。

第五节　仓库出库作业操作

学习目标

1. 熟悉仓库出库作业流程，掌握出库环节控制要点；
2. 掌握仓库出库环节的单证缮制、审核。

技能要求

1. 准确、及时地办理货物的出库验收及交接手续；
2. 熟练的缮制和审核仓库出库的单证。

引导案例

国内某知名家电制造商是一家以家电业为主，涉足房产、物流等领域的大型综合性现代化企业集团，2016 年销售金额为 750 亿元。集团将物流的仓库业务整体外包给旗下的专业化物流公司进行运营。当集团接到客户的销售订单时，经过审核确认后，销售部门将发货通知单发给仓库，仓库马上就进行备货作业。

客户拿着提货单到仓库去提货，仓库管理人员核对后，在信息系统中进行换单操作，然后把备好的货物出库交接后，提交给客户。我们下面介绍的内容将以此作为学习情境。

一、仓库出库作业的概述

商品出库业务，它是商品存储阶段的终止，也是仓库作业管理的最后一个环节，是仓库根据使用单位或业务部门开出的商品出库凭证（提货单、领料单、调拨单），按其所列的商品名称、规格、数量和时间、地点等项目，组织商品出库，登账、配货、复核、点交清理、送货等一系列工作的总称。

出库过程管理是指仓库按照货主的调拨出库凭证或发货凭证（提货单、调拨单）所注明的货物名称、型号、规格、数量、收货单位、接货方式等条件，进行的核对凭证、备料、复核、点交、发放等一系列作业和业务管理活动。

出库业务是保管工作的结束，既涉及仓库同货主或收货企业以及承运部门的经济联系，也涉及仓库各有关业务部门的作业活动。为了能以合理的物流成本保证出库物品按质、按量、及时、安全地发给用户，满足其生产经营的需要，仓库应主动向货主联系，由货主提供出库计划，这是仓库出库作业的依据，特别是供应异地的和大批量出库的物品更应提前发出通知，以便仓库及时办理流量和流向的运输计划，完成出库任务。

仓库必须建立严格的出库和发运程序，严格遵循"先进先出，推陈储新"的原则，尽量一次完成,防止差错。需托运物品的包装还要符合运输部门的要求。

二、商品出库的依据及要求

(一)商品出库的依据

商品出库必须由货主的出库通知或请求驱动。不论在任何情况下,仓库都不得擅自动用、变相动用或者外借货主的库存。

货主的出库通知或出库请求的格式不尽相同,不论采用何种形式,都必须是符合财务制度要求的有法律效力的凭证,要坚决杜绝凭信誉或无正式手续的发货。

(二)物品出库的要求

物品出库要求做到"三不、三核、五检查"。"三不",即未接单据不翻账,未经审单不备库,未经复核不出库;"三核",即在发货时,要核实凭证、核对账卡、核对实物;"五检查",即对单据和实物要进行品名检查、规格检查、包装检查、件数检查、重量检查。商品出库要求严格执行各项规章制度,提高服务质量,使用户满意,包括对品种规格要求,积极与货主联系,为用户提货创造各种方便条件,杜绝差错事故。

三、物品出库方式

出库方式是指仓库用什么样的方式将货物交付用户。选用哪种方式出库,要根据具体条件,由供需双方事先商定。

(一)送货

仓库根据货主单位的出库通知或出库请求,通过发货作业把应发物品交由运输部门送达收货单位或使用仓库自有车辆把物品运送到收货地点的发货形式,就是通常所称的送货制。仓库实行送货具有多方面的好处:仓库可预先安排作业,缩短发货时间;收货单位可避免因人力、车辆等不便而发生的取货困难;在运输上可合理使用运输工具,减少运费。

(二)收货人自提

这种发货形式是由收货人或其代理人持取货凭证直接到库取货,仓库凭单发货。仓库发货人与提货人可以在仓库现场划清交接责任,当面交接并办理签收手续。

(三)过户

过户是一种就地划拨的形式,物品实物并未出库,但是所有权已从原货主转移到新货主的账户中。仓库必须根据原货主开出的正式过户凭证,才予办理过户手续。

(四)取样

货主由于商检或样品陈列等需要,到仓库提取货样(通常要开箱拆包、分割抽取样本)。仓库必须根据正式取样凭证发出样品,并做好账务记载。

(五)转仓

转仓是指货主为了业务方便或改变储存条件,将某批库存自甲库转移到乙库。仓库也必须根据货主单位开出的正式转仓单,办理转仓手续。

四、出库业务程序

(一)出库前的准备工作

出库前的准备工作可分为两个方面:一方面是计划工作,即根据货主提出的出库计划或出库请求,预先做好物品出库的各项安排,包括货位、机械设备、工具和工作人员,提高人、财、物的利用率;另一方面是要做好出库物品的包装和标志标记。发往异地的货物,需经过长途运输,包装必须符合运输部门的规定,如捆扎包装、容器包装等,成套机械、器材发往异地,事先必须做好货物的清理、装箱和编号工作。在包装上挂签(贴签)、书写编号和发运标记(去向),以免错发和混发。

(二)出库程序

出库必须遵循"先进先出,推陈储新"的原则,使仓储活动的管理实现良性循环。

1. 接收出库指令

销售部门接收到客户订单,要求出货。销售人员对客户发送的订货单的时间、证章和签名是否完整、正确性进行审核,审核通过后签发货单。销售部门制作发货通知单给仓库,仓库部门收到发货通知单后对其准确性、签名进行复核,复核通过后,准备客户的货物出库。

2. 签发出库单

客户拿着销售部门签发给客户的发货单(俗称提货单)到仓库提货。仓库部门将审核提货单的准确性、完整性及真实性。审核通过后,收回提货单,签发出库单。

3. 备货

出库凭证经复核无误后,出库管理人员按其所列的项目内容和凭证批注,与编号货位进行核对,核实后核销"物资明细卡"上的存量,按规定的批次备货。如属自提物品,首先要审核提货凭证的合法性和真实性;其次核对品名、型号、规格、单价、数量、收货单位、有效期等。

出库物品应附有质量证明书或副本、磅码单、装箱单等,机电设备、电子产品等物品,其说明书及合格证应随货同付。备料时应本着"先进先出、推陈储新"的原则,易霉易坏的先出,接近失效期的先出。

备货过程中,凡计重货物,一般以入库验收时标明的重量为准,不再重新计重。需分割或拆捆的应根据情况进行。

(1)拣货。按照出库单所列货物的储位,找到该货位,按规定要求和先进先出的原则将货物拣选出来。

(2)销卡。在物资出库时,应先销卡后再出货。

(3)核对。按照货位找到相应的货物后,出库管理人员要"以表对卡,以卡对货",进行账、卡、物的核对。

(4)点数。出库管理人员要仔细清点出库物资的数量,防止出现差错。

(5)搬运。将要出库的货物预先搬运到指定的备运区,以便能及时装运。

4. 货物包装标志

出库物品的包装必须完整、牢固,标记必须正确清楚,如有破损、潮湿、捆扎松散等不能保障运输中安全的,应加固整理,破包破箱不得出库。各类包装容器上若有水渍、油迹、污损,也均不能出库。

出库物品如需托运,包装必须符合运输部门的要求,选用适宜包装材料,其重量和尺寸,便于装卸和搬运,以保证货物在途的安全。

包装是仓库生产过程的一个组成部分。包装时,严禁互相影响或性能互相抵触的物品混合包装。包装后,要写明收货单位、到站、发货号、本批总件数、发货单位等。仓库理货人员要清理原包装、清除积尘、沾物。对原包装已残损的,要更换包装。为方便收货方的收转,理货员要在应发物资的外包装注明收货方的简称。置唛在物资外包装的两侧,字迹清楚,不错不漏。注意粘贴标签,必须牢固,便于物流的周转。

5. 货物复核

为了保证出库物品不出差错,备货后应进行复核。出库的复核形式主要有专职复核、交叉复核和环环复核三种。除此之外,在发货作业的各道环节上,都贯穿着复核工作。例如,理货员核对单货,守护员(门卫)凭票放行,账务员(保管会计)核对账单(票)等。这些分散的复核形式,起到分头把关的作用,都十分有助于提高仓库发货业务的工作质量。

复核的内容包括:品名、型号、规格、数量是否同出库单一致;配套是否齐全;技术证件是否齐全;外观质量和包装是否完好。只有加强出库的复核工作,才能防止错发、漏发和重发等事故的发生,出库复核人员按照出库凭证上所列的项目,对在备运区待出库的货物品名、规格、数量进行再次核对,以保证物资出库的准确性。复核查对的具体内容有如下项目。

（1）对备运区分堆的物资进行单货核对,核对工作必须逐车、逐批次地进行,以确保单货数量、流向等完全相符。

（2）检查待运区货物的包装是否符合运输及客户的要求。

（3）怕震怕潮的物资,衬垫是否稳妥,密封是否严密。

6. 货物出库

（1）提货人到仓库提货。提货人到仓库提货,仓库管理人员会同提货人共同验货,逐件清点,经复核无误后,将物资交给提货人。提货人清点无误后,提货人和仓库管理人员共同在出库单上签字完成出库的工作。

（2）仓库负责送货。仓库负责给客户送货,装车的工作由仓库部门负责,装车前仓库管理人员应对车厢进行清扫和必要的铺垫,督促装车人员妥善装车。装车完毕,会同提货人签署出库单证、送货单,交付随货单证和资料,办理货物交接。

7. 货物登账

货物全部出库完毕,仓库应及时将货物从仓储保管账上核销,以便仓库做到账、卡、物相一致。将留存的提货单证、送货单、记录、文件等汇总整理归档。

8. 现场和档案的清理

经过出库的一系列工作程序之后,实物、账目和库存档案等都发生了变化。应按下列几项工作彻底清理,使保管工作重新趋于账、物、资金相符的状态。

（1）按出库单,核对结存数。

（2）如果该批货物全部出库,应查实损耗数量,在规定损耗范围内的进行核销,超过损耗范围的查明原因,进行处理。

（3）一批货物全部出库后,可根据该批货物入出库的情况,采用的保管方法和损耗数量,总结保管经验。

（4）清理现场,收集苫垫材料,妥善保管,以待再用。

（5）代运货物发出后,收货单位提出数量不符时,属于重量短少而包装完好且件数不缺的,应由仓库保管机构负责处理;属于件数短少的,应由运输机构负责处理。若发出的货物品种、规格、型号不符,由保管机构负责处理。若发出货物损坏,应根据承运人出具的证明,分别由保管及运输机构处理。

在整个出库业务程序过程中,复核和点交是两个最为关键的环节。复核是防止差错的重要和必不可少的措施,而点交则是划清仓库和提货方两者责任的必要手段。

（6）由于提货单位任务变更或其他原因要求退货时,可经有关方同意,办理退货。退回的货物必须符合原发的数量和质量,要严格验收,重新办理入库手续。当然,未移交的货物则不必检验。

五、出库中发生问题的处理

出库过程中出现的问题是多方面的,应分别对待处理。

(一)出库凭证(提货单)上的问题

(1)凡出库凭证超过提货期限,用户前来提货,必须先办理手续,按规定缴足逾期仓储保管费。然后方可发货。任何非正式凭证都不能作为发货凭证。提货时,用户发现规格开错,保管员不得自行调换规格发货。

(2)凡发现出库凭证有疑点,以及出库凭证发现有假冒、复制、涂改等情况时,应及时与仓库保卫部门以及出具出库单的单位或部门联系,妥善处理。

(3)商品进库未验收,或者期货未进库的出库凭证,一般暂缓发货,并通知货主,待货到并验收后再发货,提货期顺延。

(4)如客户因各种原因将出库凭证遗失,客户应及时与仓库发货员和账务人员联系挂失;如果挂失时货已被提走,保管人员不承担责任,但要协助货主单位找回商品;如果货还没有提走,经保管人员和账务人员查实后,做好挂失登记,将原凭证作废,缓期发货。

(二)提货数与实存数不符

若出现提货数量与商品实存数不符的情况,一般是实存数小于提货数。造成这种问题主要有以下4个原因。

(1)商品入库时,由于验收问题,增大了实收商品的签收数量,从而造成账面数大于实存数。

(2)仓库保管人员和发货人员在以前的发货过程中因错发、串发等差错而形成实际商品库存量小于账面数。

(3)货主单位没有及时核减开出的提货数,造成库存账面数大于实际储存数,从而开出的提货单提货数量过大。

(4)仓储过程中造成了货物的毁损。

当遇到提货数量大于实际商品库存数量时,无论是何种原因造成的,都需要和仓库主管部门以及货主单位及时取得联系后再做处理。

(三)串发货和错发货

所谓串发货和错发货,主要是指发货人员由于对物品种类规格不很熟悉,或者由于工作中的疏漏把错误规格、数量的物品发出库的情况。

如果物品尚未离库,应立即组织人力,重新发货。如果物品已经离开仓库,保管人员应及时向主管部门和货主通报串发和错发货的品名、规格、数量、提货单位等情况,会同货主单位和运输单位共同协商解决。一般在无直接经济损失的情况下由货主单位重新按实际发货数冲单(票)解决。如果形成直接经济损失,应按赔偿损失单据冲转调整保管账。

(四)包装破漏

包装破漏是指在发货过程中,因物品外包装破损引起的渗漏等问题。这类问题主要是在储存过程中因堆垛挤压,发货装卸操作不慎等情况引起的,发货时都应经过整理或更换包装,方可出库,否则造成的损失应由仓储部门承担。

(五)漏记和错记账

漏记账是指在出库作业中,由于没有及时核销明细账而造成账面数量大于或少于实存数的现象。错记账是指在商品出库后核销明细账时没有按实际发货出库的商品名称、数量等登记,从而造成账实不相符的情况。

无论是漏记账还是错记账,一经发现,除及时向有关领导如实汇报情况外,同时还应根据原出库凭证查明原因调整保管账。使之与实际库存保持一致。如果由于漏记和错记账给货主单位、运输单位和仓储部门造成了损失,应予赔偿,同时应追究相关人员的责任。

任务实施

1. 物资出库作业管理

坚持"先进先出"原则。认真执行"三不、三核、五检查",安全作业。

(1)出库前准备。

(2)出库制单。

(3)核对出库凭证。

(4)备料。

(5)复核。

(6)交接清点,办理清点交接手续。用户自提方式,当面点清,办理交接手续;代运方式,则与运输方点清交接,由运输方签章;配送方式,仓库管理人员与配送人员交接清点,再由企业配送人员与客户点清交接,由客户签章。

(7)保管部门登账。

2. 物资出库中发生问题的处理

审查凭证,检查有无问题。若有问题,分情况处理。

(1)出库凭证超过提货期限,用户须先办理手续,按规定缴足逾期仓储保管费,然后方可发货。

（2）任何白条不能作为发货凭证。

（3）品种、规格、数量开错,制票员重新制票。

（4）发现出库凭证假冒、涂改、复制及疑点,及时与制单部门和保卫部门联系,妥善处理。

（5）客户将出库凭证遗失,未与仓库联系挂失,货已被提走,保管方不承担责任;货未被提走,原凭证作废,做好挂失登记,重开票发货。

（6）提货数量大于商品实存数量,需与仓库主管部门及货主单位及时联系后再进行处理。

（7）串发货和错发货。若货尚未离库,应重新发货;若货已离库,应会同货主单位和运输单位协商解决。

课堂实训

1. 工作目标

通过模拟真实的仓库出库作业环境,使学生学会仓库出库作业流程,懂得仓库出库作业操作,掌握仓库出库的单证缮制、审核。

2. 工作准备

（1）了解仓库出库作业相关知识。

（2）电脑 10 台、托盘 10 架、包装箱 10 个、胶水、纸,准备相关的出库单证,如送货单、出库单、货卡等。

（3）将全班学生分成若干组,每组按照岗位设职 5 员(提货人 1 名、物流企业代表 1 名、理货员 1 名、制单员 1 名、出库专员 1 名)。

（4）工作时间安排 4 学时。

（5）工作环境模拟,需要学院的仓库实训室、机房等资源配合。

3. 工作任务

国内某知名电脑制造企业在东莞设有加工厂,它的成品仓库外包给深圳一家物流公司。要求深圳这家物流公司为工厂设计合理的出库流程,让学生充当物流公司的职员对电脑的出库过程进行模拟操作。在仓库内共有 10 台电脑,型号 S2000i,规格 48cm×46cm×52cm,存放在指定的保管区,现接到客户的订单,要出库 5 台,要求出库专员完成以下工作任务。

（1）针对电脑产品特点,制定合理出库流程。

（2）出库前准备工作,做好出库指令收集传递、安排好出库货物的堆放场所,妥善安排设备和人力等工作。

（3）备货，理货员按出库单所列的项目内容和凭证批注要求，按先进先出的原则进行备货。

（4）出库包装，按照储运的要求，在包装两侧置唛，包含客户收发信息。

（5）出库复核，按照出库凭证上所列的项目，对在备运区待出库的货物品名、规格、数量进行核对。

（6）出库交接与登记，出库专员制作出库单、货卡及物资库存日报表。

📖 案例阅读

大连恒新零部件公司配件出库管理

大连恒新零部件制造公司在总结多年实践经验的基础上，制定出下述的出库管理制度，取得了很好的效果。

为保证配件出库的及时性、准确性，应使出库工作尽量一次完成。同时，要认真实行"先进先出"的原则，减少物资的储存时间，严格按照出库程序进行。出库程序是：配件出库前的准备→核对出库凭证→备料→复核→发料和清理。

1. 配件出库前的准备

仓库要深入实际，掌握用料规律，并根据出库任务量安排好所需的设备、人员及场地等。

2. 核对出库凭证

仓库发出的配件，主要是车间所领用，有少部分对外销售、委托外单位加工或为基建工程所领用。为了确定出库配件的用途，计算新产品成本，防止配件被盗，出库时必须有一定的凭证手续。严禁无单或白条发料。配件出库凭证主要有：领料单、外加工发料单等。保管员接到发料通知单，必须仔细核对，无误后才能备料。

3. 备料

按照出库凭证进行备料。同时变动料卡的余存数量，填写实发数量和日期等。

4. 复核

为防止差错，备料后必须进行复核。复核的主要内容：出库凭证与配件的名称、规格、质量、数量是否相符。

5. 发料和清理

复核无误后即可发料。发料完毕，当日登、销料账，清理单据、证件，并清理现场。

仓库出、入库工作的好坏直接影响企业的秩序，影响配件的盈亏、损耗和周转速度，因此，仓库应努力做好出、入库工作。

资料来源：沈默.现代物流案例分析[M].南京：东南大学出版社，2015：73～74.

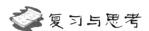 复习与思考

1. 商品出库的依据是什么？
2. 出库的方式有哪些？
3. 出库计划数与实有数不符，应如何处理？

本章小结

本章阐述了仓储业务管理、货源组织、入库业务、理货业务、货物堆存、盘点、出库业务等内容。其中重点对商品入库的流程、仓库理货流程、盘点作业流程、商品出库流程进行了详细讲解，以培养学生仓储业务管理和操作能力。

第六章

仓库货物配送组织能力

第一节　配送需求计划制定

学习目标

1. 了解配送系统的构成；

2. 掌握配送服务要点；

3. 掌握配送作业基本流程。

技能要求

1. 熟悉配送作业基本流程，能够协作完成一项配送任务；

2. 能够制定配送需求计划。

引导案例

现 L 物流中心有商品 A 库存 1 000 单位，安全库存为 400 单位，每周需求量在 160～240 单位。如表 6-1 所示。

表 6-1　DRP 需求与库存处理逻辑表

时间	期前	第1周	第2周	第3周	第4周	第5周	第6周	第7周	第8周
需求主计划		200	240	180	220	240	200	160	240
计划库存	1 000	800	560	380	160	−80	−280	−440	−680
到货库存									
订货进货计划									
送货计划									

注：商品 A，订货批量 600，送货提前期 1 周，进货提前期 2 周，安全库存 400。

请结合下面所学内容为 L 物流中心指定配送需求计划。

一、配送及其特点

（一）配送的概念

配送是适应了现代市场经济需要的"多品种、小批量""需求多样化""消费多样化"而形成的特殊的运送方式。所谓配送是指在经济合理区域范围内，根据用户的要求，对物品进行拣选、加工、包装、分割、组配等作业，并按时送达指定地点的物流活动。

配送作为一种特殊的物流活动方式，几乎涵盖了物流中所有的要素和功能，是物流的一个缩影或某一范围内物流全部活动的体现。一般来说，配送是在整个物流过程中的一种既包含集货、储存、拣货、配货、装货等一系列狭义的物流活动，也包括输送、送达、验货等以送货上门为目的的商业活动，它是商流与物流紧密结合的一种综合的、特殊的供应链环节，也是物流过程的关键环节。

由于配送直接面对消费者，最直观地反映了供应链的服务水平，所以，配送"在恰当的时间、地点，将恰当的商品提供给恰当的消费者"的同时，也应将优质的服务传递给客户，配送作为供应链的末端环节和市场营销的辅助手段，日益受到重视。

（二）配送的特点

1. 配送是一种末端物流活动

配送的对象是零售商或客户（包括单位客户、消费者），因此配送处于供应链的末端，是一种末端物流活动。

2. 配送是"配"和"送"的有机结合

配送的主要功能是送货，科学、经济的送货以合理配货为前提。即送货达到一定的规模，可以更有效地利用运输资源，才产生了配送。少量、偶尔的送货不能说是配送。

3. 配送是以客户的需求为出发点

配送是从客户利益出发，按客户的需求进行的一种活动，体现了配送服务性的特征。配送的时间、数量、各种规格都必须按照客户的需求进行，以客户满意为最高目标。

4. 配送是物流活动和商流活动的结合

配送作业的起点是集货，必然包括订货、交易等商流活动。在买方市场占优势的现代社会，由于商流组织相对容易，故配送被视作一种以物流活动为主的业务形式。

5. 配送是一种综合性物流活动

配送过程包含了采购、运输、储存、流通加工、信息处理等多项物流活动，是一种综合性很强的物流活动。

二、车辆配送服务要点

车辆配送是物流中心作业最终及最具体直接的服务体现，其服务要点有下列各项。

（一）时效性

时效性是流通业客户最重视的因素，也就是要确保能在指定的时间内交货。由于配送是从客户订货至交货各阶段中的最后一阶段，也是最容易无计划性延误交货时间的阶段（配送中心内部作业的延迟较易掌握，可随时与客户调整），一旦延误便无法弥补。即使配送中心内部作业阶段稍稍延迟，若能规划一个良好的配送计划则仍可能补救延迟的时间，因而配送作业可说是掌控时效的关键点。

一般未能掌握输配送时效性的原因，除司机本身问题外，不外乎所选择的配送路径路况不良、中途客户点卸货不易以及客户未能及时配合等问题，因此要合理选择运输车辆和配送路径，或加派助理辅助卸货，这样才能让每位客户都能在其所期望时间收到货物。

（二）可靠性

可靠性指将货品完好无缺地送达目的地，这一点与配送人员的素质有很大关系。以配送而言，影响可靠性目标的关键因素在于：装卸货时的细心程度；运送过程对货品的保护；对客户地点及作业环境的了解；配送人员的职业道德。如果配送人员能随时注意这几项原则，货品必能以最好的品质送到客户手中。

（三）沟通性

配送人员是将货物交到客户手中的负责人，也是客户最能直接接触的人员，因而其服务态度会给客户深刻的印象，无形中便成为公司形象的体现，因而配送人员应能以良好的服务态度与顾客做好沟通，如此必能维护公司的形象，并巩固客户的忠诚度。

（四）便利性

配送最主要的是要让顾客觉得方便，因而对于客户点的送货计划，应有较弹性的配送系统，才能够随时提供便利的服务。例如紧急送货、信息传送、顺路退货、辅助资源回收等。

（五）经济性

实现一定的经济利益是企业运作的基本目标，因此，对合作双方来说，以较低的费用，完成配送作业是企业建立双赢机制加强合作的基础。所以客户的要求不仅是高质量、及时方便的配送服务，还必须提高配送运输的效率，加强成本控制与管理，为客户提供优质、经济的配送服务。

三、配送的基本作业流程

配送运输的一般作业流程，如图 6-1 所示。

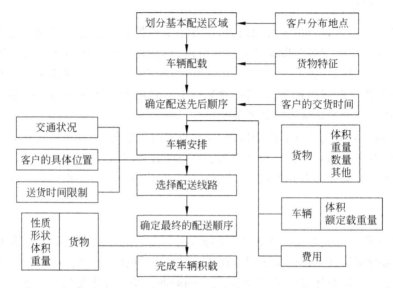

图 6-1　配送运输基本作业流程

（一）划分基本配送区域

为使整个配送有一个可循的基本依据，应首先将客户所在地的具体位置作系统的统计，并将其作区域上的整体划分，将每一客户囊括在不同的基本配送区域之中，以作为下一步决策的基本参考。如按行政区域或依交通条件划分不同的配送区域，在这一区域划分的基础上再作弹性调整来安排配送。

（二）车辆配载

由于配送货物品种、特性各异，为提高配送效率，确保货物质量，必须首先对特性差异大的货物进行分类。在接到订单后，将货物依特性进行分类，分别采取合理的配送方式和运输工具，如按冷冻食品、速食品、散装货物、箱装货物等分类配载；其次，配送货物也有轻重缓急之分，必须初步确定哪些货物可配于同一辆车，哪些货物不能配于同一辆车，以做好车辆的初步配装工作。

（三）确定配送先后顺序

在考虑其他影响因素、做出确定的配送方案前，应先根据客户订单要求的送货时间将配送的先后作业次序作一总体的预定，为后面车辆限载量做好准备工作。计划工作的目的是保证达到既定的目标，所以，预先确定基本配送顺序可以既有效地保证送货时间，又可以尽可能提高运作效率。

（四）车辆安排

车辆安排要解决的问题是安排什么类型、吨位的配送车辆进行最后的送货。一般企业拥有的车型有限，车辆数量亦有限，当本公司车辆无法满足要求时，可使用外雇车辆。在保证配送运输质量的前提下，是组建自营车队，还是以外雇车辆为主，则须视经营成本而定，具体如图6-2所示。

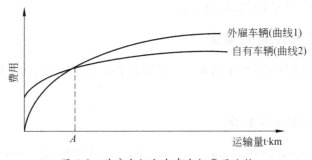

图 6-2　外雇车辆和自有车辆费用比较

曲线1表示外雇车辆的配送费用随运输量的变化情况，曲线2表示自有车辆的配送费用随运输量的变化情况。当运输量小于 A 时，外雇车辆费用小于自有车辆费用，所以应选用外雇车辆；当运输量大于 A 时，外雇车辆费用大于自有车辆费用，所以应选用自有车辆。

但无论自有车辆还是外雇车辆，都必须事先掌握有哪些符合要求的车辆可供调派，即这些车辆的容量和额定载重是否满足要求；其次，安排车辆之前，还必须分析订单上货物的信息，如：体积、重量、数量等对于装卸的特别要求等，综合考虑各方面因素的影响，作出最合适的车辆安排。

（五）选择配送线路

知道了每辆车负责配送的具体客户后，如何以最快的速度完成对这些货物的配送，即如何选择配送距离短、配送时间短、配送成本低的线路，这须根据客户的具体位置、沿途的交通情况等作出优先选择和判断。

除此之外,还必须考虑有些客户所在地点环境对送货时间、车型等方面的特殊要求,如有些客户不在中午或晚上收货,有些道路在某高峰期实行特别的交通管制等。

(六)确定最终的配送顺序

作好车辆安排及选择好最佳的配送线路后,依据各车负责配送的具体客户的先后,确定客户的最终配送顺序。

(七)完成车辆积载

明确了客户的配送顺序后,接下来就是如何将货物装车,以什么次序装车的问题,即车辆的积载问题。原则上,知道了客户的配送顺序之后,只要将货物依"后送达先装载"的顺序装车即可。但有时为了有效利用空间,可能还要考虑货物的性质(怕震、怕压、怕撞、怕湿)、形状、体积及重量等作出适当调整。此外,对于货物的装卸方法也必须依照货物的性质、形状、重量、体积等来作具体决定。

四、配送需求计划的制定

配送需求计划的制定主要根据客户的货物需求量、需求时间、送货提前期和车辆运输能力决定。

(一)配送需求计划的概念

配送需求计划(distribution requirement planning,DRP),是一种既保证有效地满足市场需要,又可以使物流资源配置费用最少的计划方法,是 MRP 原理与方法在物品配送中的应用。它是流通领域中的一种物流技术,是 MRP 在流通领域应用的直接结果。它主要解决分销物资的供应计划和调度问题,达到保证有效地满足市场需要又使得配置费用最省的目的。

(二)配送需求计划的优缺点

1. 优点

(1) 营销上的好处

① 提升了服务水准,保证了准时递送和减少了顾客的抱怨。

② 更有效地改善了促销计划和新产品引入计划。

③ 提高了预计短缺的能力,使营销努力不花费在低储备的产品上。

④ 改善了与其他企业功能的协调,因为 DRP 有助于共用一套计划数字。

⑤ 提高了向顾客提供协调存货管理服务的能力。

（2）物流上的好处

① 由于协调装运，降低了配送中心的运输费用。

② 因为 DRP 能够准确地确定何时需要何种产品，降低了存货水平。

③ 因存货减少，使仓库的空间需求也减少了。

④ 由于延交订货现象的减少，降低了顾客的运输成本。

⑤ 改善了物流与制造之间的存货可视性和协调性。

⑥ 提高了预算能力，因为 DRP 能够在多计划愿景下有效地模拟存货和运输需求。

2. 缺点

（1）存货计划系统需要每一个配送中心精确的、经过协调的预测数。该预测数对于指导货物在整个配送渠道的流动是必需的。在任何情况下，使用预测数去指导存货计划系统时，预测误差就有可能成为一个重大问题。

（2）存货计划要求配送设施之间的运输具有固定而又可靠的完成周期，而完成周期的不确定因素则会降低系统的效力。

（3）由于生产故障或递送延迟，综合计划常易遭受系统紧张的影响或频繁改动时间表的影响。

（三）实现 DRP 的关键成功因素

1. 高层领导的支持

这个高层领导一般是营销副总或总经理，他是项目的支持者，其主要作用体现在三个方面。首先，他为 DRP 设定明确的目标。其次，他是一个推动者，向 DRP 项目提供为达到设定目标所需的时间、资金和其他资源。最后，他确保企业上下认识到这样一个工程对企业的重要性。

在项目运行过程中出现重大分歧和阻力时，方向性的决策能力是项目成功的必要条件，实际情况往往是这样，新系统上马，短时间内，各级人员都很难适应，轻者，会有很多抱怨摆在项目组面前，重者，新系统不仅短时间内没有起到提升管理水平的作用，反而由于不适应、不熟悉等原因降低了管理效率，并引发绩效指标下降。这时，如果没有高层领导高瞻远瞩，从大局和长久发展出发，没有充分的决心和魄力，系统将会面临搁浅的命运。

2. 要专注于流程

成功的项目小组应该把注意力放在流程上，而不是过分关注于技术。技术只是促进因素，本身不是解决方案。因此，好的项目小组开展工作后的第一件事就是花费时间去研究现有的营销、销售和服务策略，并找出改进方法。

3. 技术的灵活运用

在那些成功的 DRP 项目中，他们的技术的选择总是与要改善的特定问题紧密相关。

如果销售管理部门想减少新销售员熟悉业务所需的时间,这个企业应该选择营销百科全书功能。选择的标准应该是,根据业务流程中存在的问题来选择合适的技术,而不是调整流程来适应技术要求。

4. 组织良好的团队

DRP 的实施队伍应该在四个方面有较强的能力。首先,业务流程重组的能力。其次,对系统进行客户化和集成化的能力,特别对那些打算支持移动用户的企业更是如此。再次,对 IT 部门的要求,如网络大小的合理设计、对用户桌面工具的提供和支持、数据同步化策略等。最后,实施小组具有改变管理方式的技能,并提供桌面帮助。这两点对于帮助用户适应和接受新的业务流程是很重要的。

5. 极大地重视人的因素

很多情况下,企业并不是没有认识到人的重要性,而是对如何做不甚明了。可以尝试如下几个简单易行的方法。方法之一是,请企业未来的 DRP 用户参观实实在在的分销管理系统,了解这个系统到底能为 DRP 用户带来什么。方法之二是,在 DRP 项目的各个阶段(需求调查、解决方案的选择、目标流程的设计等),都争取最终用户的参与,使这个项目成为用户负责的项目。方法之三是,在实施的过程中,千方百计地从用户的角度出发,为用户创造方便。

6. 分步实现

欲速则不达。通过流程分析,可以识别业务流程重组的一些可以着手的领域,但要确定实施优先级,每次只解决几个最重要的问题,而不是毕其功于一役。

7. 系统的整合

系统各个部分的集成对 DRP 的成功很重要。DRP 的效率和有效性的获得要有一个过程,它们依次是:终端用户效率的提高、终端用户有效性的提高、团队有效性的提高、企业有效性的提高、企业间有效性的提高。

(四)DRP 的实施过程

DRP 是流通领域进行物资资源配置的技术。我们以物流中心为代表研究 DRP 原理。DRP 原理如图 6-3 所示。

1. DRP 输入的 3 个文件

(1)市场需求文件,是指所有的用户订货单、提货单或供货合同,也包括下属各子公司、下属各地区物流中心的订货单。将这些按品种、需求日期进行统计构成一个文件,制定出市场需求文件。如果市场需求没有这些预先的订货单、供货合同等,那么市场需求量就需要靠预测来确定。市场需求文件是进行 DRP 处理的依据,是 DRP 处理的最重要的

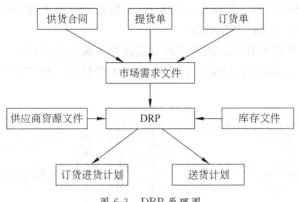

图 6-3　DRP 原理图

文件,没有这个文件就不可能进行 DRP 处理。

（2）库存文件,是物流中心的仓库里所有库存物品量的列表。物流中心需要它确定什么物品可以从仓库里提货送货、送多少,什么物品需要订货进货。仓库里有的物品可以提货送货,但是送货的量不能超过现有的库存量;仓库里没有的,可以订货,但是订货量不要超过仓库里对该物品的容量。

（3）供应商资源文件,这是物资供应商的可供资源文件。该文件包括可供物品品种,也包括供应商的地理位置等情况。此文件主要是为 DRP 制定订货计划用的。

2．DRP 输出的 2 个计划

（1）送货计划

对于客户需求的物品,如果仓库里有,就由仓库提货送货。由于仓库与客户、下属子公司、子物流中心（统称需求者）有一定距离,所以提货送货需要一个提前时间,才可以保证货物能按需求时间及时送达。送货分直送和配送。对于大批量需求的需求者实行直送;对于小批量的需求者实行配送。所谓配送,是对小批量用户的依次循环送货,配送方式在保证客户需求的同时,又可减少车次,节省费用。

（2）订货进货计划

对于客户需求的物品,如仓库库存量不够,则需要供应商订货进货。因为订货进货也需要花时间,所以也需要设定订货提前期。要根据具体的供应商来设定提前期,这由供应商资源文件提供。

假如没有在途商品,这里计算的日期是仓库缺货的日期（如果考虑安全库存则是低于安全库存的日期）。如考虑在途商品,必须将在途商品加入库存以决定库存能够维持的时间,这样库存商品与购进在途商品数量之和所需的日期,就是订货进货到达的最佳日期。

商品到达物流中心的日期与中央供应点的装运配送日期可能不一致,这就需要计算供应点的订货进货提前期。这段时间包括:本物流中心将订货信息传输到中央供应点的时间,加上由中央供应点到本物流中心的装运、运输时间以及本物流中心的验货收货时间等。进货批量应当是规定的订货批量。

对物流中心送货的处理也应该参考送货提前期来确定送货日期。即由用户的需求日期倒推送货提前期,以确定本物流中心向用户的送货日期。物流中心 DRP 运作流程如图 6-4 所示。

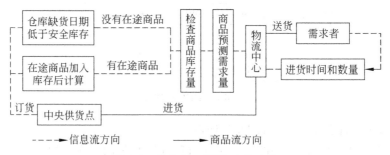

图 6-4　物流中心 DRP 运作流程

这样,既确定了本物流中心向供货方的订货进货日期和数量,又确定了本物流中心向需求方送货的日期和数量,如此物流中心的工作计划就可以确定了。这个过程就是 DRP 在物流中心的运作过程。

任务实施

根据引导案例,具体实施步骤如下。

1. 不考虑在途商品的情况

从表 6-1 中可以看出,计算逻辑是现在库存减去每周的预测需求量(需求主计划),不考虑在途商品时,物流中心可能在第 5 周出现缺货。如果不从中央供货点运送商品到 L 物流中心,L 物流中心在第 3 周必须得到更多的补货,否则库存将低于安全库存水平。

在本例中进货提前期是 2 周,而正常的进货批量是 600 单位。2 周时间是从中央供应点到物流中心的进货时间。600 单位正好是两个满负荷运输台班。因此,应把批量 600 单位的商品在第 3 周运抵物流中心,这批商品则必须在第 1 周从中央订货点装运出发,如表 6-2 所示。

由表 6-2 知,当第 3 周货物到达后,需重新计算计划库存,发现第 6 周的计划库存 320 又低于安全库存。所以物流中心要求第 6 周必须有一批商品到货,同样这批商品必须在第 4 周从中央订货点装运发出。

表 6-2　DRP 订货进货与库存处理逻辑表

时间	期前	第 1 周	第 2 周	第 3 周	第 4 周	第 5 周	第 6 周	第 7 周	第 8 周
需求主计划		200	240	180	220	240	200	160	240
计划库存	1 000	800	560	380	160	−80	−280	−440	−680
到货库存				600			600		
订货进货计划		600			600				
送货计划		240	180	220	240		200	160	240

注：商品 A,订货批量 600,送货提前期 1 周,进货提前期 2 周,安全库存 400。

　　另外,可以用同样的方法,求出送货计划,即由用户的需求日期提前一个送货提前期就可以确定送货日期。送货量就等于用户的需求量(这里假设用户需求量要求全部配送。如果不是全部配送,则送货量就不等于需求量,可以进行临时调整)。本中心该产品的送货提前期是 1 周,所以把每周的需求量提前 1 周就得到送货日期和送货量。

2. 考虑在途商品的情况

　　上面的例子没有考虑在途商品,如果考虑在途商品的情况,该如何确定送货计划和订货进货计划呢？如下表 6-3 所示。

表 6-3　DRP 在途商品的处理逻辑表

时间	期前	第 1 周	第 2 周	第 3 周	第 4 周	第 5 周	第 6 周	第 7 周	第 8 周
需求主计划		200	240	180	220	240	200	160	240
送货在途到货		100							
计划库存	1 000	100	1 360	1 180	960	720	520	960	920
进货在途到货			600						
到货库存								600	
订货进货计划						600			
送货计划		240	180	220	240	200	160	240	

　　假设本中心产品 A 这个计划期的期前送货在途量为 200,预计在计划第 1 周到达用户,而期前订货进货在途量为 600,预计在第 2 周到达物流中心。因为送货在途将冲减用户需求,从而提高本中心该期库存量,而在途商品将增加本中心库存,减少订货进货次数,这样计算就可以得到上表的结果。在这个例子中,计划期假设为 8 周,而实际的 DRP 系统中,计划期可以延长到 1 年或更长。

　　以上是 L 物流中心一个产品 A 的 DRP 计划操作方法。DRP 计算的最终成果有两个,一是 A 的送货计划；一是 A 的订货进货计划，如表 6-4 和表 6-5 所示。注意送货计划都是跟特定产品和特定用户群相联系的，而订货进货计划都是与特定供货单位、特定产品相联系。

表 6-4　L 物流中心产品 A 送货计划

时间	第1周	第2周	第3周	第4周	第5周	第6周	第7周	第8周
A 送货计划	240	180	220	240	200	160	240	

表 6-5　L 物流中心产品 A 订货进货计划

时间	第1周	第2周	第3周	第4周	第5周	第6周	第7周	第8周
A 订货进货计划					600			

一个物流中心通常有很多种商品，每种商品都可以通过运行 DRP 得到类似的送货计划和订货进货计划。这样，把各个品种的送货计划汇总起来，就得到了物流中心总的送货计划表，把各个品种的订货进货计划汇总起来，就得到了物流中心总的订货进货计划表，如表 6-6 和表 6-7 所示。

表 6-6　L 物流中心送货总计划

时间	第1周	第2周	第3周	第4周	第5周	第6周	第7周	第8周
A 送货计划	240	180	220	240	200	160	240	
B 送货计划	200	140	220	300	200	140	200	
C 送货计划	40	100	200	200	200	160	240	
D 送货计划	20	180	240	260	200	180	300	
E 送货计划	240	200	220	240	200	160	240	
合计	740	800	1 100	1 240	1 000	800	1 220	

表 6-7　L 物流中心订货进货总计划

时间	第1周	第2周	第3周	第4周	第5周	第6周	第7周	第8周
A 订货进货计划					600			
B 订货进货计划			1 000			1 000		
C 订货进货计划					600			
D 订货进货计划		400					400	
E 订货进货计划					600			
合计		400	1 000		1 800	1 000	400	

物流中心经过运行 DRP,制定 DRP 计划的全过程,最后得到了每种商品送货计划、订货进货计划和物流中心总的送货计划和总的订货进货计划。

随着互联网快速发展,供应商与经销商更紧密地联系在一起,DRP 使物流中心进行合理分销物资、优化资源配置,为物流中心的业务发展及与贸易伙伴的合作提供了广阔前景。

课堂实训

1. 工作目标

通过模拟仓库作业环境,使学生了解仓库配送的一般作业流程,懂得配送操作程序,掌握仓库送货计划的制定与审核。

2. 工作准备

(1)了解仓库作业相关知识。

(2)准备仓库相关的作业单证,如客户订单、送货单、送货计划表等。

(3)将全班学生分成若干组,每组选组长 1 人。

(4)工作时间安排 2 学时。

(5)工作环境模拟,需要学院的仓库实训室、机房等资源配合。

3. 工作任务

假设某物流中心 A 有某种商品的库存 500 单位,安全库存 200 单位,每周的需求量在 80～120 单位,如表 6-8 所示。请为该物流中心制定配送需求计划。

表 6-8　物流中心 A 与库存逻辑表

品种 AOI	物流中心 A		供货单位:中央供应点						
安全库存 200,订货数量 300,进货提前期 2 周,送货提前期 1 周	提期期	周							
		1	2	3	4	5	6	7	8
需求主计划		100	120	90	110	120	100	80	120
送货在途到货									
计划库存	500	400	280	190	80	−40	−140	−220	−340
进货在途到货									
进货计划									
订货进货计划									
送货计划									

案例阅读

海尔的配送服务

海尔物流是海尔集团为了发展配送服务而建立的一套完备齐全、现代化的物流配送体系,海尔物流服务主要对象分为两类:海尔集团内部的事业部和集团外部的第三方客户。

1. 订单聚集

海尔采用 SAPLES 物流执行系统,将配送管理、仓库管理以及订单管理系统高度一体化整合,使海尔能够将顾客订单转换成可装运的品项,从而有机会去优化运输系统。海尔可以集运和拆分订单去满足客户低成本配送的需要。这种订单的聚集和客户的订单观念直接联系在一起,使海尔能够更加准确、有效、简单、直观地管理客户的运输和相关物流活动。

2. 承运人管理和路径优化

海尔物流提供持续的、一致的程序去管理费用和与承运团队的关系,依靠对运输的优化而持续地更新海尔的运输费用折扣。海尔的流程和软件系统可以使其能够不断去改进其审计和付款、装运招标和运输追踪。海尔的运输管理系统可以允许海尔的运输工程师去设计和执行复杂的最佳运输路径,这有可能包括了多重停留、直拨与合并运输。所有这些都可以在路径设计、运输方法选择时被考虑。由于海尔的仓库管理系统和运输管理系统是高度集成的,在多地点停留的货车可以将装卸的信息直接与仓库的系统通信,确保货车在正确的路径上准点到达。

3. 可视化管理

海尔物流的动态客户出货追踪系统可以对多点和多承运人进行监控,相关的客户可以从系统上直观地查询到订单的执行状况甚至每个品种的信息。每次的出货,不论是在海尔集团系统内,还是在海尔的全国网络内,所有的承运活动都被电子监控,所有的运输信息都可以在 Web 上查询。海尔的信息系统和以海尔文化为基础的管理确保所有承运人和整个网络都能及时、准确和完整地获得所有可视化的数据。

4. 运输线合并

海尔物流将不同来源的发货品项,在靠近交付地的中心进行合并,组合成完整的订单,最终作为一个单元来送交到收货人手中。

5. 车队、集装箱和场地管理

许多客户都拥有自己的专有货车、集装箱和设施场地供自己的车队使用。海尔物流可以管理这些资源从而将其纳入海尔物流整体运输解决方案中。海尔的先进系统可以提供完整的车辆可视化管理,不论周转箱或集装箱在现场还是在高速公路上,海尔物流都为这些独特的运输需要服务,这包括了散货、冷冻冷藏、周转箱的回转以及危险品等需要特殊处理和相关条例管理的运输。

资料来源:申纲领.物流案例与实训[M].北京:北京大学出版社,2014:40～41.

复习与思考

1. 简述配送服务的要点。
2. 简述配送需求计划的含义。

第二节　配送车辆调度操作

学习目标

1. 掌握车辆调度的原则、方法;
2. 能够进行车辆的合理调度。

技能要求

1. 能够运用图上作业法进行运输车辆调度;
2. 能够运用表上作业法进行运输车辆调度。

引导案例

某市有三个造纸厂 A_1, A_2 和 A_3,其纸的产量分别为8,5和9个单位,有4个集中用户 B_1, B_2, B_3 和 B_4,其销量及各造纸厂到用户的单位运价如表6-9所示,请确定总运费最少的调运方案。

表6-9　供需平衡表

产地＼销地	B_1	B_2	B_3	B_4	产量
A_1	3	12	3	4	8
A_2	11	2	5	9	5
A_3	6	7	1	5	9
销量	4	3	5	6	

一、车辆调度工作的作用及特点

(一)车辆调度的作用

(1)保证运输任务按期完成。

(2)能及时了解运输任务的执行情况。

(3)促进运输及相关工作的有序进行。

(4)实现最小的运力投入。

(二)车辆调度工作的特点

(1)计划性。以合同运输为主,临时运输为辅制定运输工作计划,按运输任务认真编制、执行及检查车辆运行作业计划。

(2)预防性。在车辆运行组织中,经常进行一系列预防性检查,发现问题,及时采取解决措施,避免中断运输。

(3)机动性。加强信息沟通,机动灵活地处理有关部门的问题,及时准确地发布调度命令,保证生产的连续性。

二、车辆调度工作的原则

(一)车辆调度工作的基本原则

(1)坚持统一领导和指挥,分级管理,分工负责的原则。

(2)坚持从全局出发,局部服从全局的原则。

(3)坚持以均衡和超额完成生产计划任务为出发点的原则。

(4)最低资源(运力)投入和获得最大效益的原则。

(二)车辆调度工作的具体原则

(1)宁打乱少数计划,不打乱多数计划。

(2)宁打乱局部计划,不打乱整体计划。

(3)宁打乱次要环节,不打乱主要环节。

(4)宁打乱当日计划,不打乱以后计划。

(5)宁打乱可缓运物资的计划,不打乱急需物资运输计划。

(6)宁打乱整批货物运输计划,不打乱配装货物运输计划。

(7)宁使企业内部工作受影响,不使客户受影响。

三、车辆调度方法

车辆调度的方法有多种,可根据客户所需货物、配送中心站点及交通线路的布局不同而选用不同的方法。简单的运输可采用定向专车运行调度法、循环调度法、交叉调度法等。如果运输任务较重,交通网络较复杂,为合理调度车辆的运行,可运用运筹学中线性规划的方法,如最短路径法、表上作业法、图上作业法等。这里介绍图上作业法、表上作业法。

(一)空车调运数学模型

设:i——空车收点(即装货点)标号,$i=1,2,\cdots,m$;

j——空车发点(即卸货点)标号,$j=1,2,\cdots,n$;

Q_{ij}——由第 j 点发到第 i 点的空车数(辆)或吨位数(吨位);

q_i——第 i 点所需车数(辆)或吨位数(吨位);

Q_j——第 j 点空车发出数量(辆)或吨位数(吨位);

L_{ij}——第 j 点至第 i 点的距离(km)。

则空车调运最佳行驶线路选择问题可转化为如下的数学模型问题。

1. 约束条件的数学模型

(1)某空车发点向各空车收点调出空车的总数,等于该点空车发量,即

$$\sum_{i=1}^{m} Q_{ij} = Q_j, i = 1,2,\cdots,m$$

(2)某空车收点调入各空车发点空车的总数,等于该点空车收量,即

$$\sum_{i=1}^{m} Q_i = q_j, j = 1,2,\cdots,n$$

(3)上述各式中各个变量 Q_{ij} 必须不是负数,即 $Q_{ij} \geqslant 0$。

(4)各空车发点调出空车的总数,等于各空车收点调入空车总数,即

$$\sum_{j=1}^{n} Q_i = \sum_{i=1}^{m} q_j$$

2. 目标函数的数学模型

确定以全部空车调运里程 $\sum L_k$ 最小为求解目标。即

$$\sum L_k = \sum Q_{ij} \cdot L_{ij} = \min$$

(二)图上作业法

这是一种借助于"货物流向—流量图"来进行车辆合理规划的简便线性规划方法,它

能消除环状交通网上物资运输中车辆的对流运输(包括隐蔽对流运输)和迂回运输问题,得出空车调运总吨千米最小的方案。

所谓对流,就是在一段路线上有车辆往返空驶。所谓迂回,就是成圈(构成回路)的道路上,从一点到另一点有两条路可以选择,一条是小半圈,另一条是大半圈,如果选择的路线的距离大于全回路总路程的一半,则就是迂回运输。运用线型规划理论可以证明,一个运输方案,如果没有对流和迂回,它就是一个运力最省的最优方案。

1. 图上作业法的基本知识

(1)图上作业法的常用符号

为了表达方便,交通网络使用下列符号:

"○"表示货物装车点,即空车接受点;

"×"表示货物卸车点,即空车发出点;

"⊕"表示货物装卸点,即空车收发点;

" →"表示重车流向线,"--▶"表示空车流向线;

"(××)"表示某段流向线的公里数;

"△"表示车场位置。

(2)线形分类

图上作业法根据交通图的点和线的关系,把各种线形归纳为道路不成圈(无圈)和道路成圈两类。

道路不成圈,就是没有回路的"树"形路线,包括直线(实际上是曲线)、丁字线、交叉线、分支线等。直线为图上作业法的基本路线,不论何种线形,都要采取一定的办法,把它化为一条直线的运输形式,以便做出流向线。无圈的流向图,只要消灭对流,就是最优流向图。

道路成圈,就是形成闭合回路的"环"状路线,包括一个圈(有三角形、四边形、多边形)和多个圈。成圈的流向图要达到既没有对流,又没有迂回的要求,才是最优流向图。

2. 交通图不含圈的图上作业法

任何一张交通网络图,其线路分布形状可分为成圈和不成圈两类,对于不成圈的交通网络图,根据线性规划原理,物资调拨或空车调运线路的确定可依据"就近调空"原则进行。此网络只要使方案中不出现对流情况,即是最优方案。如根据图6-5所示要求,就可得到图6-6的调运方案,其运力消耗最少,即吨位千米数最小。

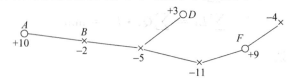

图6-5 物流调运示意图

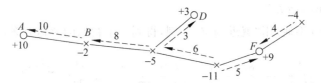

图 6-6 空车调运示意图

3. 交通图含圈的图上作业法

（1）假设某两点间线路"不通"，将成圈问题简化为不成圈问题考虑，得到一个初始的调运方案。

（2）检查初始调运方案是否可行。里、外圈的流向线之和是否超过其周长的一半，如均小于周长一半，则初始方案为最优方案。如外圈流向线总长超过全圈周长的一半，则缩短外圈流向；反之，就应缩短里圈流向。

（3）调整超长圈，具体方法是选该圈流向线中流量最小的进行调整，在超长圈各段流向线上减去最小的运量，然后再在相反方向的圈流向线和原来没有流向线的各段，加上同样数目的运量，就可得到一个新的调拨方案。然后再用上述方法处理，直到内、外圈空车流向线之和均小于周长之一半，此时，得到的调运方案为最优方案。对于有几个圈的交通网络，则应逐圈检查并调整，直到每一圈都能符合要求，此时才能得到空车调拨的最优方案。

【例 6-1】 在给定交通图上，要求完成表 6-10 所列的货物运输任务，根据上述方法求解空车最优调运方案。物资调运示意图如图 6-7 所示。

表 6-10 物资调运表

装货点	卸货点	运量（吨）	装货点	卸货点	运量（吨）
A	C	20	F	G	50
D	B	20	H	B	10
F	E	20	H	C	30
F	I	30	H	G	20

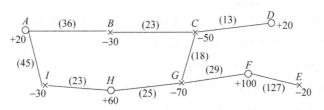

图 6-7 物资调运示意图

第一步，做出初始方案。

先假设 A→B 不通，用"就近调空"原则，得到一个初始的调运方案，如图 6-8 所示。

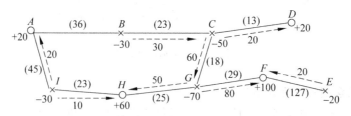

图 6-8　初始方案

第二步，检查初始方案。

求全圈周长的一半＝（45＋23＋25＋18＋23＋36）/2＝85（km）

内圈流向线总长＝45＋23＋18＋25＝111（km）

外圈流向线总长＝23（km）

内圈流向线总长超过全圈周长的一半，方案不是最优，要调整。

第三步，调整流向。

在超长圈（内圈）各段流向线上减去最小的运量 20，然后再在相反方向的圈流向线和原来没有流向线的各段，加上同样数目的运量 20，可得到一个新的空车调运方案，如图 6-9 所示。

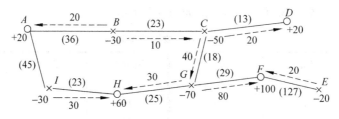

图 6-9　调整后的方案

第四步，检验新方案是否最优。

求全圈周长的一半＝（45＋23＋25＋18＋23＋36）/2＝85（km）

内圈流向线总长＝25＋18＋23＝66（km）

外圈流向线总长＝23＋36＝59（km）

内、外圈流向线总长均小于全圈周长的一半，方案最优。

第五步，写出空车调运方案（见表 6-11）。

表 6-11　空车调运方案

空车发出点	空车接收点	数量/t	空车发出点	空车接收点	数量/t
B	A	20	I	H	30
B	F	10	E	F	20
C	D	20	G	F	70
C	H	30			

说明：经计算，第 1 方案和第 2 方案的空车公里数分别是 9 270t·km 和 8 230t·km。

（三）表上作业法

表上作业法是用列表的方法求解线性规划问题中运输模型的计算方法。当某些线性规划问题采用图上作业法难以进行直观求解时，就可以将各元素列成相关表，作为初始方案，然后采用检验数来验证这个方案，否则就要采用闭回路法、位势法或矩形法等方法进行调整，直至得到满意的结果。运输问题是一类常见而且极其典型的线性规划问题。

从理论上讲，运输问题可以用单纯形法来求解。但由于运输问题数学模型具有特殊的结构，存在一种比单纯形法更简便的计算方法——表上作业法。用表上作业法来求解运输问题比单纯形法节约计算时间与计算费用，但表上作业法实质上仍是单纯形法。

表上作业法的基本程序如下。

（1）列出供需平衡表。

（2）在表上做出初始方案。

（3）检查初始方案是否最优。

（4）调整初始方案求得最优解。

【例 6-2】 某企业有 3 个生产同类产品的工厂（装货点），生产的产品由 4 个销售点（卸货点）出售，各工厂的生产量、各销售点的销售量（假定单位均为 t）以及各工厂到各销售点的单位运费（元/t），如表 6-12 所示，左上角标注的是两点间的距离或费用（一般称为元素）。试研究如何调运才能使空车总的费用最小？

解： 第一步，列出空车供需平衡表，并求得初始方案。空车调拨的初始方案，可用最小元素法求。具体步骤如下。

（1）先找出表中的最小元素，本例为 60。

（2）把这个最小元素所在行列的发量和收量尽量分配给它，填入该空格成为有数格。本例填 50。

（3）已得到分配数的有数格，它所在行、列的发量和收量必然有一个被分配完，就把被分配完的这行或列用粗线划去,另一行(列)的发(收)量应减去其分配量,列出剩余量,如行和列的发收量同时被分配完,也只划去其中之一。

(4) 从剩余行列中再找出最小元素,以同样的方法进行分配,直到全部分配完为止。

表 6-12　产销地运费运量表

装货点 ＼ 卸货点	B	D	E	收货量
A	70	230	80	40
C	140	100	230	30
F	60	190	80	50
G	160	90	180	80
发货量	80	90	30	200

本例完成的初始方案如表 6-13 所示。

表 6-13　空车供需平衡表

空车发出点 ＼ 空车接收点	B		D		E		空车发量
A	70	㉚	230		80	⑩	40
C	140		100	⑩	230	⑳	30
F	60	㊿	190		80		50
G	160		90	⑧⓪	180		80
空车收量	80		90		30		200

第二步,检验初始方案。

检验初始方案是否最优,常用的方法有闭回路法和位势法。现介绍位势法,其步骤为:

(1) 先根据供需平衡表画出相同的表,作为检验用表。

(2) 在初始方案的有数格标上"0"。

(3) 在表的右方增加一列"行位势"(u_i),在表的下方增加一行"列位势"(v_j),并在行位势、列位势的方格中,填上新的数值,这些数值应该使表中有"0"的方格内的元素(距离或费用),恰好等于它所在的行、列所填两个数字之和。

即 $u_i + v_j = c_{ij}$,c_{ij}——方格内的元素

(4)将各空格的元素减去该格所对应的行位势和列位势,便得到该空格的检验数。即检验数 $\lambda_{ij} = c_{ij} - (u_i + v_j)$,如果检验数全部非负,方案最优,否则要进行调整。本例检验数求解过程如下:

设:$u_i = 0$

$v_1 = c_{11} - u_1 = 70 - 0 = 70$

$v_3 = c_{13} - u_1 = 80 - 0 = 80$

$u_2 = c_{23} - v_3 = 230 - 80 = 150$

$v_2 = c_{22} - u_2 = 100 - 150 = -50$

$u_3 = c_{31} - v_1 = 60 - 70 = -10$

$u_4 = c_{24} - v_2 = 90 - (-50) = 140$

位势求出后,即可按检验数公式计算出检验数。表 6-14 是检验数求得结果。

表 6-14　初次检验结果表

空车发出点＼空车接收点	B		D		E		空车发量	行位势 u_i
A	70	㉚	230		80	⑩	40	0
	0		280		0			
C	140		100	⑩	230	⑳	30	150
	-80		0		0			
F	60	㊿	190		80		50	-10
	0		250		10			
G	160		90	⑧⓪	180		80	140
	-50		0		-40			
空车收量	80		90		30		200	
列位势 v_j	70		-50		80			

第三步,调整初始的调运方案。

当检验数有负数时,方案不是最优,应调整,调整方法如下。

(1)选取检验数负的绝对值最大的空格,用闭回路法找出该空格的闭回路,本例闭合回路见表 6-15。

闭回路法:以空格为起点,沿水平或垂直方向移动,遇到有数格才作直角转弯,如在该有数格转弯后,不能形成闭回路,则暂不转弯,可跨越该有数格继续前进,再遇有数格才转弯,如此行进,最后又回到起点的空格构成一个闭合回路。

表 6-15　闭合回路表

空车发出点 ＼ 空车接收点	B		D		E		空车发量	行位势 u_i
A	70	㉚	230		80	⑩	40	0
	0		280		0			
C	140		100	⑩	230	⑳	30	150
	−80		0		0			
F	60	㊿	190		80		50	−10
	0		250		10			
G	160		90	⑧⓪	180		80	140
	−50		0		−40			
空车收量	80		90		30		200	
列位势 v_j	70		−50		80			

（2）在闭回路的奇数角中,找出最小流量 X_{min}。本例为 20。

奇、偶数角的确定方法为从空格起点移动(空格为 0),顺着一个方向数,凡 1、3、5…为奇数角;凡 2、4、6…为偶数角。

（3）每一个奇数角所在的格都减去最小流量 X_{min},每一个偶数角所在的格都加上最小流量 X_{min},得一新方案。

（4）对新方案进行检验,看检验数是否全部非负。

第四步,检验新方案。

检验过程、方法同上,见表 6-16,表 6-17 是计算结果。

表 6-16　检 验 数 表

空车发出点 ＼ 空车接收点	B		D		E		空车发量	行位势 u_i
A	70	⑩	230		80	㉚	40	0
	0		200		0			
C	140	⑩	100	⑩	230		30	70
	0		0		130			
F	60	㊿	190		80		50	−10
	0		170		10			
G	160		90	㊿	180		80	60
	30		0		40			
空车收量	80		90		30		200	
列位势 v_j	70		30		80			

最优空车调运方案：

A→B 10t, C→B 20 t, F→B 50 t, C→D 10 t, G→D 80 t, A→E 30 t。

任务实施

根据引导案例的已知条件，总产量是 22，总销量是 18。可增加一个假想的销地 B_5，构造新的产销平衡表，如表 6-17 所示。由于实际上它并不存在，因此，由产地 $A_i (i=1, 2, 3)$ 调运到这个销地的物品数量 $x_{i5} (i=1, 2, 3)$（i 相当于松弛变量），实际上是存储在 A_i 的物品数量。就地存储的物品不经运输，故可令其单价 $c_{i5}=0 (i=1, 2, 3)$，先用 Vogel 法求初始调运方案：

表 6-17　供需平衡表

产地＼销地	B_1	B_2	B_3	B_4	B_5	产量	行罚款				
A_1	3 (4)	12	3 (2)	4 (2)	0	8	3	3	3	3	1
A_2	11 (3)	2	5	9 (2)	0	5	2	0			
A_3	6	7 (5)	1 (4)	5	0	9	1	1	1	1	0
销量	4	3	5	6	4	22					
列罚款	3	6	2	1	0						
	3		2	1	0						
	2		2	1	0						
			2	1	0						
			2	1							

从而得到初始调运方案，如表 6-18 所示。

表 6-18　初始调运方案

产地＼销地	B_1	B_2	B_3	B_4	B_5	产量
A_1	3 (4)	12	3 (2)	4	0 (2)	8
A_2	11 (3)	2	5	9	0 (2)	5
A_3	6	7 (5)	1 (4)	5	0	9
销量	4	3	5	6	4	22

以下用位势法进行最优检验,如表 6-19 所示。

表 6-19 最优检验表

产地 ＼ 销地	B_1	B_2	B_3	B_4	B_5	产量	u_i
A_1	3 4	12 0	3 0	4 2	0 2	8	$u_1(0)$
A_2	11 0	2 3	 0	9 0	0 2	5	$u_2(0)$
A_3	6 0	7 5	1 4	5 	0 	9	$u_3(1)$
销量	4	3	5	6	4	22	
v_j	$v_1(3)$	$v_2(2)$	$v_3(0)$	$v_4(4)$	$v_5(0)$		

调整并再检验,如表 6-20 所示。

表 6-20 二次检验表

产地 ＼ 销地	B_1	B_2	B_3	B_4	B_5	产量	u_i
A_1	3 4	12 0	3 0	4 4	0 0	8	$u_1(0)$
A_2	11 0	2 3	5 0	9 0	0 2	5	$u_2(1)$
A_3	6 0	7 0	1 5	5 2	0 2	9	$u_3(1)$
销量	4	3	5	6	4	22	
v_j	$v_1(3)$	$v_2(1)$	$v_3(0)$	$v_4(4)$	$v_5(-1)$		

至此,所有检验数≥0,当前解为最优解。

$X=(4,0,0,4;0,3,0,0;0,0,5,2)T$;

所对应的运费 $z=4×3+4×4+3×2+5×1+2×5=49$(元)

课堂实训

1. 工作目标

通过实训练习,能够根据不同的产品、不同的客户、不同的流通环境进行空车合理调度。同时能够进行紧急情况下的车辆合理调度。

2．工作准备

（1）学会空车合理调度方法。

（2）掌握紧急情况下的车辆合理调度要求。

（3）将全班学生分成若干组，每组选组长 1 人。

（4）作业时间安排 4 学时。

（5）工作环境模拟，需要学院的仓库实训室、机房等资源配合。

3．工作任务

（1）在给定交通图（见图 6-10）上，要求完成表 6-21 所列的货物运输任务，根据上述方法求解空车最优调运方案。

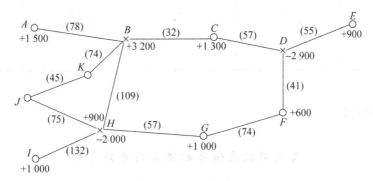

图 6-10　物资调运交通示意图

表 6-21　物资调运表

装货点	卸货点	运量/t	装货点	卸货点	运量/t
G	B	900	A	B	500
G	H	100	K	B	900
I	H	1 000	F	D	600
J	H	900	E	B	900
A	D	1 000	C	D	1 300

（2）在上题中，B→G 新修了一条 98km 的道路，此时应如何安排空车调运？

（3）求解下面资料（见表 6-22）、（见表 6-23）中的最优空车调运方案。

表 6-22　货运任务表

发货点	卸收货点	运距/km	运量/t
A	D	70	40

续表

发货点	卸收货点	运距/km	运量/t
C	F	18	100
B	E	47	35
B	F	23	10
B	G	60	14

表 6-23 里 程 表

装卸点	D	E	F	G
A	70	23	41	44
B	46	47	23	60
C	77	48	18	19

案例阅读

易流科技在城市配送上的管理实践

首先,物流透明1.0阶段:物流透明,利用智能终端采集车辆、货物、司机等信息。

其次,物流透明2.0阶段:逻辑信息透明,智能终端采集的数据,结合业务订单(TMS)和地理位置信息(GIS)实现业务流程透明。其可自动计划、在线协同、自动判断、电子签收等,也可完成在途监控、运输任务在线调度、数据统计、地址库解析、运输路线优化、在途监控及报警,移动终端的运单跟踪等。

其中,关于在途监控,则包括车辆监控、温度监控、运单监控和轨迹回放。具体来看,车辆监控包括在线实时监控行驶车辆状态,如行驶速度、位置、线路等;温度监控包括实时监控在途车辆温度变化情况,对超温车辆进行报警提示;运单监控包括提供订单监控功能,对订单各类节点状态进行跟踪反馈;轨迹回放包括对车辆历史运行轨迹进行回放,实现有源头、可追溯的事故责任机制。而在数据统计方面,其可结合城市配送管理实际需求定制,由系统自动获取、加工基础数据,形成各类统计报表或分析图,为运营管理决策作分析支撑。如运输商及时到仓率、按时到店率、温度合格率统计等。

最后,物流透明3.0阶段:以运力资源优化、客户资源优化、大数据＋供应链金融服务等为主要内容。如运力众包、共同配送及物流数据贷款及支付等。

资料来源:尹书喜.易流科技在城市配送上的管理实践[N].现代物流报,2016-04-01,A4版.

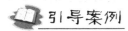复习与思考

1. 简述车辆调度工作的具体原则。

2. 某种商品要由 A_1、A_2、A_3 三个产地运往 B_1、B_2、B_3、B_4 四个销地，各产地的产量、各销地的销量与销地之间的单位运价如表 6-24 所示。怎样安排调运才能使得运费最少？

表 6-24　供需平衡表

单位运价　销地 产地	B_1	B_2	B_3	B_4	产量
A_1	3	11	3	10	7
A_2	1	9	2	8	4
A_3	7	4	10	5	9
销量	3	6	5	6	20

第三节　配送车辆积载

学习目标

1. 掌握车辆亏载的原因；

2. 学会车辆装载量的计算。

技能要求

能够进行车辆的合理装载。

引导案例

某建材配送中心，某日须运送水泥 580 吨、盘条 400 吨和不定量的平板玻璃。该中心有大型车 20 辆、中型车 20 辆、小型车 30 辆。各种车每日只运送一种货物，运输定额如表 6-25 所示。

表 6-25　运输定额表

车辆种类	运送水泥	运送盘条	运送玻璃
大型车	20	17	14

车辆种类	运送水泥	运送盘条	运送玻璃
中型车	18	15	12
小型车	16	13	10

一、影响配送车辆积载因素

（1）货物特性因素。如轻泡货物，由于车辆容积的限制和运行限制（主要是超高），而无法满足吨位，造成吨位利用率降低。

（2）货物包装情况。如车厢尺寸不与货物包装容器的尺寸成整倍数关系，则无法装满车厢。如货物宽度 80cm，车厢宽度 220cm，将会剩余 60cm。

（3）不能拼装运输。应尽量选派核定吨位与所配送的货物数量接近的车辆进行运输，或按有关规定必须减载运行，如有些危险品必须减载运送才能保证安全。

（4）装载技术因素。由于装载技术的原因，造成不能装足吨位。

二、车辆积载的原则

（1）轻重搭配的原则。车辆装货时，必须将重货置于底部，轻货置于上部，避免重货压坏轻货，并使货物重心下移，从而保证运输安全。

（2）大小搭配的原则。货物包装的尺寸有大有小，为了充分利用车厢的内容积，可在同一层或上下层合理搭配不同尺寸的货物，以减少车厢内的空隙。

（3）货物性质搭配原则。拼装在一个车厢内的货物，其化学性质、物理属性不能互相抵触。如不能将散发臭味的货物与具有吸臭性的食品混装；不将散发粉尘的货物与清洁货物混装。

（4）到达同一地点的适合配装的货物应尽可能一次积载。

（5）确定合理的堆码层次及方法。可根据车厢的尺寸、容积，货物外包装的尺寸来确定。

（6）装载时不允许超过车辆所允许的最大载重量。

（7）装载易滚动的卷状、桶状货物，要垂直摆放。

（8）货与货之间，货与车辆之间应留有空隙并适当衬垫，防止货损。

（9）装货完毕，应在门端处采取适当的稳固措施，以防开门卸货时，货物倾倒造成货损。

（10）尽量做到"后送先装"。

三、提高车辆装载效率的具体办法

（1）研究各类车厢的装载标准，根据不同货物和不同包装体积的要求，合理安排装载顺序,努力提高装载技术和操作水平,力求装足车辆核定吨位。

（2）根据客户所需要的货物品种和数量,调派适宜的车型承运,这就要求配送中心根据经营商品的特性,配备合适的车型结构。

（3）凡是可以拼装运输的,尽可能拼装运输,但要注意防止差错。

箱式车有确定的车箱容积,敞篷车也因高度所限,使车辆的载货容积为确定值。设车箱容积为 V,车辆载重量为 W。现要装载单位质量体积为 R_a,R_b 的两种货物,使车辆的载重量和车箱容积均被充分利用。

设：两种货物的配装重量 W_a,W_b,则有：

$$\begin{cases} W_a + W_b = W \\ W_a \cdot R_a + W_b \cdot R_b = V \end{cases}$$

$$W_a = \frac{V - W \cdot R_b}{R_a - R_b}$$

$$W_b = \frac{V - W \cdot R_a}{R_b - R_a}$$

【例 6-3】 某仓库某次需运输水泥和玻璃两种货物,水泥质量体积为 $0.9\text{m}^3/\text{t}$,玻璃是 $1.6\text{m}^3/\text{t}$,计划使用的车辆的载重量为 11t,车箱容积为 15m^3。试问如何装载使车辆的载重能力和车箱容积都被充分利用?

设：水泥的装载量为 W_a,玻璃的装载量为 W_b。

其中：$V=15\text{m}^3$,$W=11\text{t}$,$R_a=0.9\text{m}^3/\text{t}$,$R_b=1.6\text{m}^3/\text{t}$

$$W_a = \frac{V - W \times R_b}{R_a - R_b} = \frac{15 - 11 \times 1.6}{0.9 - 1.6} = 3.71t$$

$$W_b = \frac{V - W \times R_a}{R_b - R_a} = \frac{15 - 11 \times 0.9}{1.6 - 0.9} = 7.29t$$

该车装载水泥 3.71t,玻璃 7.29t 时车辆达到满载。

通过以上计算可以得出两种货物的搭配使车辆的载重能力和车厢容积都得到充分的利用。但是其前提条件是：车厢的容积系数介于所要配载货物的容重比之间。如所需要装载的货物的质量体积都大于或小于车厢容积系数,则只能是车厢容积不满或者不能满足载重量。当存在多种货物时,可以将货物比重与车辆容积系数相近的货物先配装,剩下两种最重和最轻的货物进行搭配配装。或者对需要保证数量的货物先足量配装,再对不定量配送的货物进行配装。

四、配送车辆装载与卸载

（一）装卸的基本要求

装载卸载总的要求是"省力、节能、减少损失、快速、低成本"。

(1) 装车前应对车厢进行检查和清扫。因货物性质不同,装车前需对车辆进行清洗、消毒,必须达到规定要求。

(2) 确定最恰当的装卸方式。在装卸过程中,应尽量减少或根本不消耗装卸的动力,利用货物本身的重量进行装卸。如利用滑板、滑槽等。同时应考虑货物的性质及包装,选择最适当的装卸方法,以保证货物的完好。

(3) 合理配置和使用装卸机具。根据工艺方案科学地选择,并将装卸机具按一定的流程合理地布局,以实现搬运装卸的路径最短。

(4) 力求减少装卸次数。物流过程中,发生货损货差的主要环节是装卸,而在整个物流过程中,装卸作业又是反复进行的,从发生的频数来看,超过其他环节。装卸作业环节不仅不增加货物的价值和使用价值,反而有可能增加货物破损的概率和延缓整个物流作业速度,从而增加物流成本。

(5) 防止货物装卸时的混杂、散落、漏损、砸撞,特别要注意有毒货物不得与食品类货物混装,性质相抵触的货物不能混装。

(6) 装车的货物应数量准确,捆扎牢靠,做好防丢措施;卸货时应清点准确,码放、堆放整齐,标志向外,箭头向上。

(7) 提高货物集装化或散装化作业水平,成件货物集装化、粉粒状货物散装化是提高作业效率的重要手段。所以,成件货物应尽可能集装成托盘系列,集装箱、货捆、货架、网袋等货物单元再进行装卸作业。各种粉粒状货物尽可能采用散装化作业,直接装入专用车、船、库。不宜大量化装卸的粉粒状也可装入专用托盘、集装箱、集装袋内,提高货物活性指数,便于采用机械设备进行装卸作业。

(8) 做好装卸现场组织工作。装卸现场的作业场地、进出口通道、作业流程、人机配置等布局设计应合理,使现有的和潜在的装卸能力充分发挥或将其发掘出来。避免由于组织管理工作不当造成装卸现场拥挤、紊乱现象,以确保装卸工作安全顺利完成。

(二)装卸的工作组织

货物配送运输工作的目的在于不断提高装卸工作质量及效率、加速车辆周转、确保物流效率。因此,除了强化硬件之外,在装卸工作组织方面也要给予充分重视,做好装卸组织工作。

(1) 制定合理的装卸工艺方案。可以采用"就近装卸"方法或用"作业量最小"法。在进行装卸工艺方案设计时应该综合考虑,尽量减少"二次搬运"和"临时放置",使搬运装卸工作更合理。

(2) 提高装卸作业的连续性。装卸作业应按流水作业原则进行,工序间应合理衔接,必须进行换装作业的,应尽可能采用直接换装方式。

(3) 装卸地点相对集中或固定。装载、卸载地点相对集中,便于装卸作业的机械化、自动化,可以提高装卸效率。

（4）力求装卸设施、工艺的标准化。为了促进物流各环节的协调,就要求装卸作业各工艺阶段间的工艺装备、设施与组织管理工作相互配合,尽可能减少因装卸环节造成的货损货差。

（三）装车堆积

装车堆积是在具体装车时,为充分利用车厢载重量、容积而采用的方法。一般是根据所配送货物的性质和包装来确定堆积的行、列、层数及码放的规律。

1. 堆积的方式

堆积的方式有行列式堆积方式和直立式堆积方式。

2. 堆积应注意的事项

（1）堆积方式要有规律、整齐。

（2）堆积高度不能太高。车辆堆装高度一是受限于道路高度限制;二是要符合道路运输法规规定,如大型货车的高度从地面起不得超过 4m;载重量 1 000kg 以上的小型货车不得超过 2.5m;载重量 1 000kg 以下的小型货车不得超过 2m。

（3）货物在横向上不得超出车厢宽度,前端不得超出车身,后端不得超出车厢的长度规定为：大货车不超过 2m;载重量 1 000kg 以上的小型货车不得超过 1m;载重量 1 000kg 以下的小型货车不得超过 50cm。

（4）堆积时应重货在下,轻货在上;包装强度差的应放在包装强度好的上面。

（5）货物应大小搭配,以利于充分利用车厢的载容积及核定载重量。

（6）按顺序堆码,先卸车的货物后码放。

（四）绑扎

绑扎是配送发车前的最后一个环节,也是非常重要的环节。是在配送货物按客户订单全部装车完毕后,为了保证货物在配送运输过程中的完好,以及为避免车辆到达各客户点时卸货开箱发生货物倾倒,而必须进行的一道工序。

1. 绑扎时主要考虑的因素

（1）绑扎端点要易于固定而且牢靠。

（2）可根据具体情况选择绑扎形式。

（3）应注意绑扎的松紧度,避免货物或其外包装损坏。

2. 绑扎的形式

绑扎的形式有单件捆绑,单元化、成组化捆绑,分层捆绑,分行捆绑,分列捆绑。

3. 绑扎的方法

绑扎的方法有平行绑扎、垂直绑扎和相互交错绑扎。

任务实施

结合引导案例，根据经验派车法确定，车辆安排的顺序为大型车、中型车、小型车。货载安排的顺序为：水泥、盘条、玻璃。得出派车方案如表 6-26 所示，共完成货运量 1 080t。

表 6-26　派 车 方 案

车辆种类	运送水泥车辆数	运送盘条车辆数	运送玻璃车辆数	车辆总数
大型车	20			20
中型车	10	10		20
小型车		20	10	30
货运量/t	580	400	100	

课堂实训

1. 工作目标

通过实训，能够把不同的客户的不同的产品合理地装上车辆，同时避免车辆亏载，保证物品配送质量。

2. 工作准备

（1）厢式车 1 辆（或 20 英尺的标准集装箱 1 个）、不同尺寸的物品 20 箱，并能通过组合装满一车（或一集装箱）。

（2）将全班学生分成若干组，每组选组长 1 人。

（3）调查时间安排 4～6 学时，工作环境模拟，需要学院的仓库实训室、机房等资源配合。

3. 工作任务

（1）三种箱装货物：A. 包装尺寸 80cm×40cm×50cm，每箱重 80kg；B. 包装尺寸 40cm×30cm×30cm，每箱重 30kg；C. 包装尺寸 50cm×40cm×30cm，每箱重 40kg。要把三种货物装在一个 20ft 的集装箱中，试设计装箱方法，并计算最大装箱量。

（2）以 20 英尺标准集装箱为例，模拟进行装箱实战。

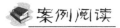案例阅读

圆通速递首批"有牌"快递电动车上路

2015 年 12 月,圆通速递一辆辆崭新且带有"身份证"的快递电动车穿梭在杭州市萧山区街头巷尾,它不但为送货的快递小哥带来方便,提高了派件时效,而且电动车清新的颜值、灵活的身躯成为一道靓丽的风景线。

此次投入运营的 50 辆萧 A 牌照快递电动车,是国务院《关于促进快递业发展的若干意见》颁布以来首批有牌照快递专用电动车。根据该文件要求,到 2020 年,我国将基本实现乡乡有网点、村村通快递,快递年业务量达到 500 亿件,年业务收入达到 8 000 亿元。意见还明确提出,将研究出台快递专用电动三轮车国家标准以及生产、使用、管理规定。

据圆通速递相关负责人介绍,在萧山区快递行业协会向有关部门提出快递专运电动车上路营运的申请后,得到了当地公安、城管、工商等部门的合力支持。在符合交通道路法规的前提下,杭州市萧山区公安、交警部门为圆通速递定制了首批快递营运电动车上路牌照。

随着快递业迅猛发展,快递车辆"进城难"、电动车禁行规定制约快递"最后一公里"等行业老大难问题,已经引起越来越多的专家及有关部门的关注。此次有牌电动车的上路运营,将是一个新的起点。接下来,各地将结合实际,制定快递专用电动三轮车用于城市收投服务的管理办法,为解决"最后一公里"通行难问题提供新的动力。

资料来源:http://www.xd56b.com/zhuzhan/wlzx/20151225/36928.html.

复习与思考

1. 某仓库某次需运输 A 和 B 两种货物,A 类货物容重为 $10kg/m^3$,A 类货物单件体积为 $2m^3$/件,B 类货物容重为 $7 kg/m^3$,B 类货物单件体积为 $3m^3$/件;车辆载重量为 103 公斤,车最大容积为 $13m^3$,计算最佳配装方案,各装多少件?

2. 某辆车长、宽、高分别为 1 343cm、265cm、243cm,所装载货物为长方体,长、宽、高分别为 80cm、65cm、30cm,试问该车辆最大装载量。

第四节　配送中心车辆配送线路选择

学习目标

1. 能够进行直送式配送线路选择;

2. 能够进行分送式配送线路选择;

3. 掌握节约里程法。

技能要求

1. 能够应用节约里程法解决实际运输问题；
2. 能够运用合理的方法进行配送路线选择。

引导案例

宝洁公司是广州配送中心最大的服务商，为其配送的客户和货量如表 6-27 所示，我们以广州配送中心为例，来说明有装载限制的车辆调度的优化方法。公司客户分布在全国各地，这里主要以广东省内 7 家客户及省外 1 家特殊客户的一次配送为例。

表 6-27　城市和货运量

客户（i）	东莞	江门	惠州	阳江	汕尾	揭阳	汕头	漳州
货运量（q_i）	4.3	1.8	0.7	2.2	3.6	3.6	1.6	2

广州配送中心为这次配送提供了三种车型，载重量分别为 2t、5t 和 8t，不同车型的运输单价不一样，具体见运输单价表（见表 6-28）。配送中心的配送是由外协商提供车辆，因此汽车的数量没有限制。请结合以下所学内容，指定运输计划。

表 6-28　运输单价表

车辆载重	2t	5t	8t
运价（元/公里）	2.4	2.7	3.65

由于配送方法的不同，其运输过程也不尽相同，影响配送的因素很多，如车流量的变化、道路状况、客户的分布状况和配送中心的选址、道路交通网、车辆额定载重量以及车辆运行限制等。配送线路设计就是整合影响配送运输的各因素，适时适当地利用现有的运输工具和道路状况，及时、安全、方便、经济地将客户所需的不同物资准确送达客户手中，以便提供优良的物流配送服务。

在配送运输线路设计中，需根据不同客户群的特点和要求，选择不同的线路设计方法，最终达到节省运行时间、运行距离和运行费用的目的。

一、直送式配送线路选择

在配送线路设计中，当由一个配送中心向一个特定的客户进行专门送货时，从物流角度看，客户的需求量接近或大于可用车辆的定额载重量，需专门派一辆或多辆车一次或多次送货，配送线路设计时，追求的是最短配送距离，以节省时间、多装快跑，提高送货的效率。目前解决最短线路问题的方法有很多，如位势法、"帚"型法、动态法等。

现以位势法为例,介绍如何解决物流网络中的最短线路问题。已知物流网络,各结点分别表示为 A、B、C、D、E、F、G、H、I、J、K,各结点之间的距离如图 6-11 所示,试确定各结点间的最短线路。寻找最短线路的方法步骤如下。

第一步:选择货物供应点为初始结点,并取其位势值为"零"即 $V_i=0$。

第二步:考虑与 i 点直接相连的所有线路结点。设其初始结点的位势值为 V_i,则其终止结点 j 的位势值可按下式确定:

$$V_j=V_i+L_{ij}$$

式中:L_{ij}——i 点与 j 点之间的距离。

第三步:从所得到的所有位势值中选出最小者,此值即为从初始结点到该点的最短距离,将其标在该结点旁的方框内,并用箭头标出该连线 $i \rightarrow j$,以此表示从 i 点到 j 点的最短线路走法。

第四步:重复以上步骤,直到物流网络中所有的结点的位势值均达到最小为止。最终,各结点的位势值表示从初始结点到该点的最短距离。带箭头的各条联线则组成了从初始结点到其余结点的最短线路。分别以各点为初始结点,重复上述步骤,即可得各结点之间的最短距离。

【例 6-4】 在物流网络图 6-11 中,试寻找从供应点 A 到客户 K 的最短线路。

解:根据以上步骤,计算如下:

(1) 取 $V_A=0$;

(2) 确定与 A 点直接相连的所有结点的位势值:

$$V_B=V_A+L_{AB}=0+6=6$$
$$V_E=V_A+L_{AE}=0+5=5$$
$$V_F=V_A+L_{AF}=0+11=11$$
$$V_H=V_A+L_{AH}=0+8=8$$

(3) 从所得的所有位势值中选择最小值值 $V_E=5$,并标注在对应结点 E 旁边的方框内,用箭头标出联线 AE。即

$$\min\{V_B,V_E,V_F,V_H\}=\min\{6,5,11,8\}=V_E=5$$

(4) 以 E 为初始结点,计算与之直接相连的 D,G,F 点的位势值(如果同一结点有多个位势值,则只保留最小者)。

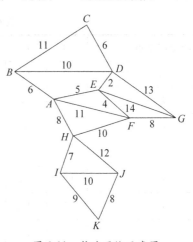

图 6-11 物流网络示意图

$$V_D=V_E+L_{ED}=5+2=7$$
$$V_G=V_E+L_{EG}=5+14=19$$
$$V_F=V_E+L_{EF}=5+4=9$$

（5）从所得的所有剩余位势值中选出最小者 6,并标注在对应的结点 F 旁,同时用箭头标出连线 AB,即: $\min\{V_B,V_H,V_D,V_G,V_F\}=\min\{6,8,7,19,9,\}=V_B=6$。

（6）以 B 点为初始结点,与之直接相连的结点有 D、C,它们的位势值分别为 16 和 17。从所得的所有剩余位势值中取最小,即 $\min\{8,7,19,9,17\}=V_D=7$。

将最小位势值 7 标注在与之相应的 D 旁边的方框内,并用箭头标出其联线 ED,如此继续计算,可得最优路线如图 6-12 所示,由供应点 A 到客户 K 的最短距离为 24。

依照上述方法,将物流网络中的每一结点当作初始结点,并使其位势值等于"零",然后进行计算,可得所有结点之间的最短距离,如表 6-29 所示。

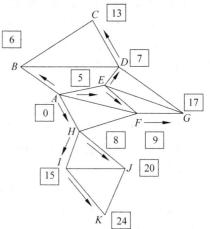

图 6-12　最优线路图

表 6-29　结点之间的最短距离

物流网结点	A	B	C	D	E	F	G	H	I	J	K
A	0	6	13	7	5	9	17	8	15	20	24
B	6	0	11	10	11	15	23	14	21	26	30
C	13	11	0	6	8	12	19	21	28	33	37
D	7	10	6	0	2	6	13	15	22	27	31
E	5	11	8	2	0	4	12	13	20	25	29
F	9	15	12	6	4	0	8	10	17	22	26
G	17	23	19	13	12	8	0	15	22	27	31
H	8	14	21	15	13	10	15	0	7	12	16
I	15	21	28	22	20	17	22	7	0	10	9
J	20	26	33	27	25	22	27	12	10	0	8
K	24	30	37	31	29	26	31	16	9	8	0

二、分送式配送线路选择

分送式配送是指由一个供应点对多个客户的共同送货。其基本条件是同一条线路上所有客户的需求量总和不大于一辆车的额定载重量。送货时,由这一辆车装着所有客户的货物,沿着一条精心选择的最佳线路依次将货物送到各个客户手中,这样既保证按时按量将用户需要的货物送到,又节约了车辆,节省了费用,缓解了交通紧张的压力,并减少了运输对环境造成的污染。

(一)路径选择的原则

在对物流配送进行物流路径优化之前,首先应该明确路径选择的原则。

(1)安排车辆负责相互距离最接近的站点的货物运输。货车的行车路线围绕相互靠近的站点群进行计划,以使站点之间的行车时间最短。

(2)从距仓库最远的站点开始设计路线。要设计出有效的路线,首先要划分出距仓库最远的站点周围的站点群,然后逐步找出仓库附近的站点群。一旦确定了最远的站点,就应该选定距该核心站点最近的一些站点形成站点群,分派载货能力可以满足该站点群需要的货车。然后,从还没有分派车辆的其他站点中找出距仓库最远的站点,分派另一车辆。如此往复,直到所有站点都分派有车辆。

(3)安排行车路线时各条路线之间应该没有交叉。应该注意的是时间窗口和送货之后才能取货的限制可能会造成线路交叉。

(4)尽可能使用最大的车辆进行运送,这样设计出的路线是最有效的。理想状况是用一辆足够大的货车运送所有站点的货物,这样将使总的行车距离或时间最短。因此,在车辆可以实现较高的利用率时,应该首先安排车队中载重量最大的车辆。

(5)取货送货应该混合安排,不应该在完成全部送货任务之后再取货。应该尽可能在送货过程中安排取货以减少线路交叉的次数(如果在完成所有任务之后再取货,就会出现线路交叉的情况)。线路交叉的程度取决于车辆的结构、取货数量和货物堆放对车辆装卸出口的影响程度。

(6)对过于遥远而无法归入群落的站点,可以采用其他配送方式。那些孤立于其他站点群的站点,为其提供服务所需的运送时间较长,运送费用较高。考虑到这些站点的偏僻程度和货运量,采用小型车单独为其进行服务可能更经济。此外,利用外包的运输服务也是一个很好的选择。

(7)避免时间窗口过短。各站点的时间窗口过短会使行车路线偏离理想模式,所以如果某个站点或某些站点的时间窗口限制导致整个路线偏离期望的模式,就应该重新进行时间窗口的限制,或重新优化配送路线。

这些原则较为简单,而且按照这些原则在物流配送中可以较快的找到比较合理的方案。但是,随着配送限制条件的增加,如时间窗口限制、车辆的载重量和容积限制、司机途中总驾驶时间的上限要求、不同线路对于行车速度的限制等使得最优路线的设计越来越复杂。

(二)制定配送路线

制定配送路线,主要有扫描法和节约里程法两个方法。本书只介绍节约里程法。

1. 节约里程法的基本规定

利用节约里程法确定配送线路的主要出发点是,根据配送方的运输能力及其到客户之间的距离和各客户之间的相对距离来制定配送路线,使配送车辆总的周转量达到或接近最小的配送方案。

为方便介绍,假设:

(1)配送的是同一种或相类似的货物。

(2)各用户的位置及需求量已知。

(3)配送方有足够的运输能力。

(4)方案能满足所有用户的到货时间要求。

(5)车辆不能超载。

(6)每辆车每天的总运行时间及里程满足规定的要求。

2. 节约里程法的基本思想

节约里程法的目标是使所有车辆行驶的总里程最短,并使为所有站点提供服务的车辆数最少。首先,假设每一个站点都有一辆虚拟的货车提供服务,随后返回仓库(如图 6-13 所示,由配送中心 P 向用户 A,B 配货),这时的路线里程是最长的;然后,将两个站点合并到同一条线路上,减少一辆运输车,相应地缩短路线里程。在图 6-14 中,合并线路之前的总里程为 2PA+2PB,合并后的路线总里程为 PA+AB+PB,缩短的线路里程为 PA+PB−AB。

图 6-13　节约里程法原理示意图

图 6-14　某配送中心网络图

继续上述的合并过程。如果是多站点(3 个及以上)配送,除了将两个单独的站点合并在一起外,还可以将某站点并入已经包含多个站点的线路上,同样可以达到节省配送费用,缩短线路里程的作用,缩短的里程同样可以计算出来。

应该注意的是,每次合并都要计算所缩短的距离,节约距离最多的站点就应该纳入现有线路;如果由于某些约束条件(如线路过长、无法满足时间窗口的限制或车辆超载等),节约距离最多的站点不能并入该线路,则考虑节约距离次多的站点,直至该线路不能加入新的站点为止。然后重复上述整个过程至所有站点的路线设计完成。

节约里程法在按照最大节约值原则将站点归入某条路线之前,预先考察加入该站点后路线的情况,而且还要考虑一系列关于路线规划的问题,如行车时间、时间窗口限制、车辆载重等。这种方法能够处理有众多约束条件的实际问题,而且可以同时确定路线和经过各站点的顺序,有较为强大的处理能力。但是,随着约束条件的增加,扩展问题难度加大,节约法不能保证得到最优解,但是可以获得合理解。

【例 6-5】 下面举例说明节约里程法的求解过程,如图 6-15 所示为某配送中心的配送网络。

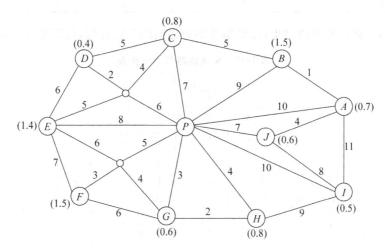

图 6-15　某配送中心的配送网络图

图中 P 点为配送中心 A～J 为配送客户,共 10 位客户,括号内为配送货物吨数,线路上的数字为道路距离,单位为 km。现配送中心有额定载重量分别为 2t 和 4t 两种厢式货车可供送货,试用节约里程法设计最佳送货路线。

解:第一步,首先计算网络结点之间的最短距离(可采用最短路求解)。计算结果如表 6-30 所示。

表 6-30　最短配送线路表

	P								
A	10	A							
B	9	4	B						
C	7	9	5	C					
D	8	14	10	5	D				
E	8	18	14	9	6	E			
F	8	18	17	15	13	7	F		
G	3	13	12	10	11	10	6	G	
H	4	14	13	11	12	12	8	2	H
I	10	11	15	17	18	18	17	11	9	I
J	7	4	8	13	15	15	15	10	11	8

第二步，根据最短距离结果，计算出各客户之间的节约行程，结果见表 6-31。

表 6-31　配送线路节约行程表

	A							
B	15	B						
C	8	11	C					
D	4	7	10	D				
E	0	3	3	10	E			
F	0	0	0	3	9	F		
G	0	0	0	0	1	5	G	
H	0	0	0	0	0	4	5	H
I	9	4	0	0	0	1	2	5	I
J	13	8	1	0	0	0	0	0	9

计算举例，A→B 的节约行程：

P→A 距离：$a=10$；P→B 距离：$b=9$；A→B 距离：$c=4$

则 P→A 的节约行程为 $a+b-c=15$

第三步，对节约行程按大小顺序进行排列，如表 6-32 所示。

第四步，按节约行程排列顺序表，组合成配送路线图，如图 6-16 所示。

（1）初始方案

如图 6-16 所示，从配送中心 P 分别向各个客户进行配送，共有 10 条配送路线，总行程为 148km，需 2t 货车 10 辆（每一客户的货量均小于 2t）。

表 6-32　节约行程排序表

序号	连接点	节约里程	序号	连接点	节约里程
1	A→B	15	13	F→G	5
2	A→J	13	14	G→H	5
3	B→C	11	15	H→I	5
4	C→D	10	16	A→D	4
5	D→E	10	17	B→I	4
6	A→I	9	18	F→H	4
7	E→F	9	19	B→E	3
8	I→J	9	20	D→F	3
9	A→C	8	21	G→I	2
10	B→J	8	22	C→J	1
11	B→D	7	23	E→G	1
12	C→E	6	24	F→I	1

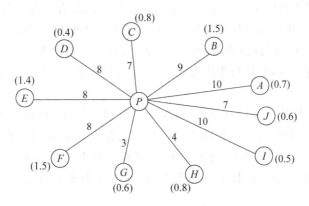

图 6-16　初始方案图

（2）二次解

按照节约行程的大小顺序连接 A→B，A→J，B→C，同时取消 P→A，P→B 路线，形成巡回路线 P→J→A→B→C→P 的配送线路 I，如图 6-17 所示，装载货物 3.6t，运行距离为 27km，需 4t 货车 1 辆。这时配送路线总运行距离为 109km，需 2t 货车 6 辆，4t 货车 1 辆。

（3）三次解

按节约里程大小顺序，应该是 C→D 和 D→E，C→D 和 D→E 都有可能并到线路 I

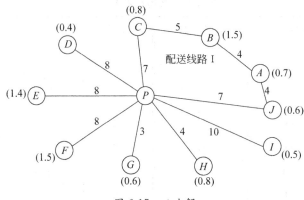

图 6-17 二次解

中,但考虑到单车载重量和线路均衡(如规定每次运行距离为 30km 以内),配送线路 I 不再增加配送客户,为此连接 D→E,形成 P→D→E→P 初始配送线路 II,其装载重量为 1.8t,运行距离 22km,需 2t 货车 1 辆。此时,共有配送线路 6 条,总行程 99km,需 2t 货车 5 辆,4t 货车 1 辆。

(4)四次解

接下来节约里程顺序是 A→I、E→F,由于客户 A 已组合到配送线路 I 中,且该线路不再扩充客户,故不连接 A→I;连接 E→F 并入配送线路 II 中,并取消 P→D、P→E 线路,形成 P→D→E→F→P 配送线路 II,装载量为 3.3t,运行距离为 29km,需 4t 货车 1 辆。此时配送线路共有 5 条,总运行距离为 90km,需 2t 货车 3 辆,4t 车 2 辆。

(5)五次解

按节约行程顺序接下来应该是 I→J、A→C、B→D、C→E,但这些连接已包含在配送线路 I 或 II 中,故不能再组合成新的线路。接下来是 F→G,可组合在配送线路 II 中,形成 P→D→E→F→G→P 满车的配送线路 II,此时线路 II 的装载量为 3.9t,运行距离为 30km,还是 4t 货车 1 辆。这样共有 4 条线路,总行程 85km,需 2t 货车 2 辆,4t 货车 2 辆。

(6)最终解

接下来节约里程顺序为 G→H,由于受装载量限制,不再组合到线路 II 中,故连接 H→I 组成配送线路 III,如图 6-18 所示,其装载量为 1.3t,运行距离为 23km,此时共有三条配送线路,总行程为 80km,需 2t 货车 1 辆,4t 货车 2 辆。配送线路为:

线路一:P→J→A→B→C→P,需 1 辆 4t 货车。

线路二:P→D→E→F→G→P,需 1 辆 4t 货车。

线路三:P→H→I→P,需 1 辆 2t 货车。

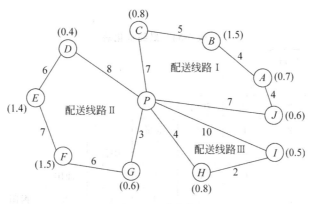

图 6-18　最终解

3. 节约里程法的注意事项

（1）适用于有稳定客户群的配送中心。

（2）各配送线路的负荷要尽量均衡。

（3）实际选择线路时还要考虑道路状况。

（4）要考虑驾驶员的作息时间及客户要求的交货时间。

（5）可利用计算机软件进行运算，直接生成结果。

任务实施

结合引入案例与案例中各城市间的距离表，如表 6-33 所示，确定最终方案，如表 6-34与表 6-35 所示。

表 6-33　各城市间的距离表

	广州								
东莞	50	东莞							
江门	53	84	江门						
惠州	116	64	152	惠州					
阳江	173	214	136	278	阳江					
汕尾	221	165	231	107	351	汕尾				
揭阳	333	265	338	278	478	126	揭阳			
汕头	344	295	370	235	491	144	35	汕头		
漳州	478	418	492	355	629	289	165	158	漳州	

表 6-34 最终优化表

货运量		广州	东莞	江门	惠州	阳江	汕尾	揭阳	汕头	漳州
4.3	东莞	2	东莞							
1.8	江门	2	0	江门						
0.7	惠州	2	1	0	惠州					
2.2	阳江	2	0	1	0	阳江				
3.6	汕尾	2	0	0	0	0	汕尾			
7.2	揭阳	2	0	0	1	0	0	揭阳		
7.2	汕头	2	0	0	0	0	0	1	汕头	
7.2	漳州	2	0	0	0	0	0	1	1	漳州

注：0表示不连接，1表示网点之间连接，2表示和配送中心连接。

表 6-35 最终修改后的车辆调度结果

运输路线	车型	距离(km)	单价(元)	运费(元)
广东—东莞	5t	50	2.7	135
广东—江门—阳江	5t	189	2.7	510.3
广州—汕尾	5t	221	2.7	596.7
广东—惠州—揭阳—汕头—漳州	8t	587	3.65	2 142.55
合计		1047		3 384.55

通过对比初始方案与最终方案可知，通过优化可节约里程＝721公里(1 768－1 047)，节约成本1 091.75元(4 476.3－3 384.55)，仅8家客户的一次配送就节约了物流配送成本1 091.75元。

课堂实训

1. 工作目标

(1)通过实训，能够进行直送式、分送式配送线路选择，同时保证物品配送质量。

(2)能够利用节约里程法进行配送线路选择。

2. 工作准备

(1) 学会直送、分送式配送线路选择方法,掌握节约里程法。

(2) 将全班学生分成若干组,每组选组长 1 人。每组制定交通图 1 张、客户点若干个。

(3) 学习时间安排 2～4 学时。

(4) 工作环境模拟,需要学院的仓库实训室、机房等资源配合。

3. 工作任务

(1) 求图 6-19 中 V_1～V_7 的最短路线和里程。

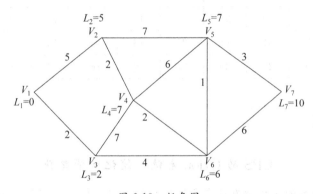

图 6-19　任务图

(2) 配送中心 P_0 向 12 个客户 $P_j(j=1,2,\cdots,12)$ 配送货物。各个客户的需求量为 q_j,从配送中心到客户的距离为 $d_{0j}(j=1,2,\cdots,12)$,各个客户之间的距离为 d_{ij},具体数值见表 6-36 和表 6-37,配送中心有 $4t$,$5t$ 和 $6t$ 三种车辆可供调配,试制定最优配送方案。

表 6-36　配送中心与客户参数表

P_j	1	2	3	4	5	6	7	8	9	10	11	12
q_j	1.2	1.7	1.5	1.4	1.7	1.4	1.2	1.9	1.8	1.6	1.7	1.1
d_{0j}	9	14	21	23	22	25	32	36	38	42	50	52

表 6-37　12 个客户之间的距离表

P_1											
5	P_2										
12	7	P_3									
22	17	10	P_4								
21	16	21	19	P_5							
24	23	30	28	9	P_6						
31	26	27	25	10	7	P_7					
35	30	37	33	16	11	10	P_8				
37	36	43	41	22	13	16	6	P_9			
41	36	31	29	20	17	10	6	12	P_{10}		
49	44	37	31	28	25	18	14	12	8	P_{11}	
51	46	39	29	30	27	20	16	20	10	10	P_{12}

案例阅读

UPS 的 Orion 系统，优化送货路线

任何一天,UPS 的司机都有许多条快递路线可以选择。这家快递公司的司机一般每天要送 120～175 次货。在任何两个目的地之间都可以选择多条路线。显然,司机和 UPS 都想要找到其中最有效率的那条路线。不过如此一来,事情就变得复杂了。

UPS 利用组合数学的算法得出,以上所述的情景中所有可能的线路的总数,是一个 199 位的数字。不过面对挑战,UPS 有强大的动力去实现路线最优化:因为每位司机每天少开一英里,公司便能省下 5 000 万美元。

UPS 是如何做的? 他们研发了一个名为 Orion 的系统,这是道路优化与导航集成系统(On-Road Integrated Optimization and Navigation)的缩写,也是希腊神话中猎户座的名字。如果说现在有什么大数据分析学上的成就的话,那就是它了。Orion 的算法诞生于 21 世纪初,并于 2009 年开始试运行。该系统的代码长达 1 000 页,可以分析每种实时路线的 20 万种可能性,并能在大约 3s 内找出最佳路线。

UPS 计划在 2017 年年底,在公司全部的 5.5 万条北美快递线路上装配这一系统。2013 年年底,Orion 已经在大约 1 万条线路上得到使用,这让公司节省了 150 万加仑燃料,少排放了 1.4 万 t 的二氧化碳。

导致这种转变的不仅仅是大数据技术,移动设备和云计算在其中也扮演了重要角色。在收集信息、给司机实时提供数据上,移动性起到了重要作用。这不仅是指移动设备,还包括卡车、飞机和轮船上的感应器。

UPS 在 20 世纪 90 年代为司机配备了手持设备。2008 年,公司在运货卡车上安装了 GPS 追踪系统。而 Orion 系统是建立在上述技术基础的发展上的。

资料来源:沈默.现代物流案例分析[M].南京:东南大学出版社,2015:230~232.

复习与思考

1. 简述分送式配送及其基本条件。
2. 简述节约里程法的基本规定。

本章小结

本章阐述了配送系统的构成及服务要点,配送业务工作流程以及配送方案的设计等内容。其中重点对配送方案设计中配送路线选择和车辆配载进行了讲解,强调如何制定配送的最优路线的方法,车辆合理配载的方法,以培养学生配送组织能力。

第七章

仓储与配送成本管理与绩效评估

第一节　仓储与配送成本管理

学习目标

1. 识别仓储与配送成本的构成；
2. 懂得仓储与配送成本的控制方法；
3. 掌握仓储成本的计算。

技能要求

1. 能够根据仓储的不同库存状况选择相适宜的成本控制策略；
2. 能够运用仓储配送成本控制策略对成本水平进行监督与评价。

引导案例

某一家传统的制造企业，随着市场的发展，公司目前业务在不断的扩大。虽然公司的规模不断地扩大，但是公司的物流业务还是自己操作的。由于受传统观念的影响，公司基本上还是按照传统制造模式进行大规模生产，所以经常会造成大量的库存积压，资金的占用率很大。为了更好的进行仓储管理，公司安排小王对仓储成本进行分析和计算，使公司的人能转变对仓储的认识。那小王该如何分析计算呢？

一、仓储与配送成本构成

（一）仓储成本的构成

仓储成本是发生在货物储存期间的各种费用支出。其中，一部分是用于仓储的设施设备投资和维护货物本身的自然消耗，另一部分则适用于仓储作业所消耗的物化劳动和活劳动，还有一部分是货物存量增加所消耗的资金成本和风险成本。这些在货物存储过程中的劳动消耗是商品生产在流通领域中的继续,是实现商品价值的重要组成部分。

由于不同仓储商品的服务范围和运作模式不同,其内容和组成也各不相同。同时控制仓储成本的方法也多种多样。本书将成本分为以下两大部分:一是仓储运作成本;二是仓储存货成本。

仓储成本分为以上两类的原因是:在组织管理中,仓储与存货控制是两个不同的部门。仓储运作成本发生在仓储部门,并且由仓储部门来控制,而货品存货成本发生在存货控制部门,其成本由存货控制部门来控制。仓储管理与存货控制是紧密相关的,要联系起来分析和控制。

1. 仓储运作成本

(1)仓储运作成本的构成(见表 7-1)

仓储运作成本是发生在仓储过程中,为保证商品合理储存,正常出入库而发生的与储存商品运作有关的费用,仓储运作成本包括房屋、设备折旧,库房租金,水、电、气费用,设备修理费用,人工费用等一切发生在库房中的费用。仓储运作成本可以分为固定成本和变动成本两部分。

(2)仓储运作成本的计算

① 固定成本的计算

仓库固定成本在每月的成本计算时相对固定,与日常发生的运作、消耗没有直接的关系,在一定范围内与库存数量也没有直接关系。固定成本中的库房折旧、设备折旧、外租库房租金和固定人员工资从财务部可以直接得到。库房中的固定费用可以根据不同的作业模式而有不同的内容,包括固定取暖费、固定设备维修费、固定照明费用等。

② 变动成本计算

库房运作变动成本的统计和计算根据实际发生的运作费用进行的。包括按月统计的实际运作中发生的水、电、气消耗,设备维修费用,由于货量增加而发生的工人加班费和货品损坏成本等。

表 7-1　仓储成本的构成

构成	含　义	包括的范围
固定成本	一定仓储存量范围内,不随出入库量变化的成本	库房折旧;设备折旧;库房租金;库房固定人工工资等
变动成本	仓库运作过程中与进出入库货物量有关成本	水电气费用;设备维修费用;工人加班费;物品损坏成本等

2. 仓储存货成本

仓储存货成本是由于存货而发生的除运作成本以外的各种成本,包括:订货成本、资金占用成本、存货风险成本、缺货成本等。

（1）订货成本

订货成本是指企业为了实现一次订货而进行的各种活动费用,包括处理订货的差旅费、办公费等支出。订货成本中有一部分与订货次数无关,如常设机构的基本支出等,称为订货的固定成本;另一部分与订货次数有关,如差旅费、通信费等,称为订货的变动成本。

具体来讲,订货成本包括与下列活动相关的费用。

① 检查存货费用;

② 编制并提出订货申请费用;

③ 对多个供应商进行调查比较,选择合适的供应商的费用;

④ 填写并发出订单;

⑤ 填写并核对收货单;

⑥ 验收货物费用;

⑦ 筹集资金和付款过程中产生的各种费用。

（2）资金占用成本

资金占用成本是购买货品和保证存货而使用的资金的成本。资金成本可以用公司资金的机会成本或投资期望来衡量,也可以用资金实际来源的发生成本来计算。为了简化和方便,一般资金成本用银行贷款利息来计算。

（3）存货风险成本

存货风险成本是发生在货品持有期间,由于市场变化、价格变化、货品质量变化所造成的企业无法控制的商品贬值、损坏、丢失、变质等成本。

（4）缺货成本

缺货成本不是仓库存货发生的成本支出项目,而是作为一项平衡库存大小,从而进行库存决策的一种成本比较办法。缺货成本是指由于库存供应中断而造成的损失,包括原材料供应中断造成的停工损失、产成品库存缺货造成的延迟发货损失和丧失销售机会的损失(还应包括商誉损失)。

如果生产企业以紧急采购代用材料来解决库存材料的中断之急,那么缺货成本表现为紧急额外购入成本(紧急采购成本与正常采购成本之差)。当一种产品缺货时,客户就会购买该企业的竞争对手的产品,这就会使该企业产生直接利润损失,如果失去客户,还可能为企业造成间接或长期成本。另外,原材料、半成品或零配件的缺货,意味着机器空闲,甚至停产。

① 安全库存的存货成本

为了防止因市场变化或供应不及时而发生存货短缺的现象,企业会考虑保持一定数量的安全库存及缓冲库存,以防在需求方面的不确定性。但是,困难在于确定在何时需要保持多少安全库存,安全库存太多意味着多余的库存,而安全库存不足则意味着缺货或失销。增加安全库存,会减少货品短缺的可能性,同时会增加仓储安全库存,决策就是需求一个使缺货成本和安全库存成本两者的综合成本最小化的办法。

② 缺货成本

缺货成本是由于外部和内部中断供应所产生的。当企业的客户得不到全部订货时,叫作外部缺货;而当企业内部某个部门得不到全部订货时,叫作内部缺货。

如果发生外部缺货,将导致以下三种情况发生。

第一种情况是延期交货。延期交货可以有两种形式:一是缺货商品可以在下次订货时得到补充;二是利用快递延期交货。如果客户愿意等到下次订货,那么企业实际上没什么损失。但如果经常缺货,客户可能就会转向其他供应商。

商品延期交货会产生特殊订单处理和运输费用。延期交货的特殊订单处理费用要比普通处理费用高。由于延期交货运输是小规模装运,运输费率相对较高,而且,延期交货的商品可能需要从一个地区的一个工厂的仓库供货,进行长距离的运输。另外,可能需要利用速度快、收费较高的运输方式运送延期交货的商品。因此,延期交货成本可根据额外订单处理费用的额外运费来计算。

第二种情况是失销。由于缺货,可能造成一些用户会转向其他供应商,也就是说,许多公司都有生产替代产品的竞争者,当一个供应商没有客户的商品时,客户就会从其他供应商那里订货,在这种情况下,缺货导致失销,对于企业来说,直接损失就是这种商品的利润损失。因此,可以通过计算这批商品的利润来确定直接损失。

除了利润的损失,失销还包括当初负责相关销售业务的销售人员所付出的努力损失。这就是机会损失。需要指出的是,很难确定在一些情况下失销的总损失。比如,许多客户习惯用电话订货,在这种情况下,客户只是询问是否有货,而未指明订货多少。如果这种产品没货,那么客户就不会说明需要多少,企业也不会知道损失的总成本。此外,很难估计一次缺货对未来销售的影响。

第三种情况是失去客户。该情况是由于缺货而失去客户,也就是说,客户永远转向另一个供应商。如果失去了客户,企业也就失去了未来的一系列收入,这种缺货造成的损失很难估计,需要用管理科学的技术以及市场销售的研究方法来分析和计算。除了利润损失,还有由于缺货造成的商誉损失。

(5) 在途存货成本

前面学习的主要是仓库中货品的运作和存货成本,但另一项成本也必须加以考虑,这就是在途成本。它与选择的运输方式有关。如果企业以目的地交货价销售商品,这意味着企业要负责将商品运达客户,当客户收到订货商品时,商品的所有权才转移。从财务的角度来看,商品仍是销售方的库存。因为这种在途商品在交给客户的过程之间仍然属于企业所有,运货方式及所需的时间是储存成本的一部分,企业应该对运输成本与在途存货持有成本进行分析。

在途库存的资金占用成本一般等于仓库中库存资金的占用成本。仓储运作成本一般与在途库存不相关,但要考虑在途货物的保险费用。选择快速运输方式时,一般货物过时或变质的风险要小一些,因此,仓储风险成本较小。

一般来说,在途存货成本要比仓库中存货成本小,在实际中,需要对每一项成本进行计算才能准确得出实际成本。

(二)配送成本的构成

配送成本是指在配送活动的备货、储存、分拣及配货、配装、送货、送达服务及配送加工等环节所发生的各项费用的总和,是配送过程中所消耗的各种活劳动和物化劳动的货币表现。

配送费用诸如人工费用、作业消耗、物品消耗、利息支出、管理费用等,将其按一定对象进行汇集就构成了配送成本。配送成本的高低直接关系到配送中心的利润,进而影响企业利润的高低。因此,如何以最少的配送成本"在适当的时间将适当的产品送达适当的地方",是摆在企业面前的一个重要问题,对配送成本进行控制变得十分重要。其成本应由以下费用构成:

1. 配送运输费用

运费是由运输成本、税金和利润构成的,其具体数量一般都有法律法规约束。配送费用占物流费用比重大,而运费又在配送成本中占据主要地位,是影响物流费用的主要因素。

2. 储存保管费用构成

储存保管费用是指物资在储存、保管过程中所发生的费用。因为储存活动是生产过程在流通领域的继续,故储存保管费用的性质属于生产性流通费用。

(1)储运业务费用

储存业务费用是指货物在经济活动过程中所消耗的物化劳动和活劳动的货币表现。因为配送中心主要经营业务是组织物品的配送,其中必然要包括储存和保管,这是生产过程在流通领域内继续所消耗的劳动,由此所发生的储运业务费用是社会必要劳动的追加费用。

虽然这种劳动不会提高和增加物资的使用价值,但参加物资价值的创造,增加物资的价值。储运业务费用主要由仓储费、进出库费、代运费、机修费、验收费、代办费、装卸费、管理费组成。

(2)仓储费

仓储费专指物资存储、保管业务发生的费用。仓储费主要包括:仓库管理人员的工资,物资在保管保养过程中的苫垫、防腐、堆垛等维护保养费,固定资产折旧费,以及低值易耗品的摊销,修理费,劳动保护费,动力照明费等。

（3）进出库费

进出库费是指物资进出库过程中所发生的费用。进出库费用主要包括：进出库过程中装卸搬运和验收等所开支的工人工资、劳动保护费等,固定资产折旧费,以及修理费、照明费、材料费、燃料费、管理费等。

（4）服务费用

配送中心在对外保管过程中所消耗的物化劳动和活劳动的货币表现。

3. 包装费用构成

包装起着保护产品、方便储运、促进销售的作用。它是生产过程中的一个重要组成部分,绝大多数商品只有经过包装,才能进入流通领域。据统计,包装费用占全部流通费用的 10％左右,有些商品（特别是生活消费品）包装费用高达 50％。而配送成本中的包装费用,一般是指为了销售或配送的方便所进行的再包装的费用。

（1）包装材料费

常见的包装材料有木材、纸、金属、自然纤维和合成纤维、玻璃、塑料等。这些包装材料功能不同,成本相差也很大。物资包装花费在材料上的费用称为包装材料费用。

（2）包装机械费用

现代包装发展的重要标志之一是包装机械的广泛运用。包装机械不仅可以极大地提高包装的劳动生产率,也大幅度地提高了包装的水平。然而,包装机械的广泛使用,也使得包装费用明显提高。

（3）包装技术费用

由于物资在物流过程中可能受到外界不良因素的影响,因此,物资包装时要采取一定的措施,如缓冲包装技术、防震包装技术、防潮包装技术、防锈包装技术等。这些技术的设计、实施所支出的费用,合称为包装技术费用。

（4）包装辅助费用

除上述包装费用外,还有一些辅助性费用,如包装标记、标志的印刷,拴挂物费用等的支出等。

（5）包装人工费用

从事包装工作的工人以及相关人员的工资、奖金、补贴的费用总和即包装人工费用。

4. 流通加工费用构成

为了提高配送效率,便于销售,在物资进入配送中心后,配送必须按照用户的要求进行一定的加工活动,这便是流通加工。由此而支付的费用称为流通加工费用。

（1）流通加工设备费用

流通加工设备因流通加工的形式不同而不同。如剪板加工需要剪板机、木材加工需要电锯等，购置这些设备所支出的费用，以流通加工的形式转移到被加工的产品中去。

（2）流通加工材料费用

在流通加工过程中，投入加工过程的一些材料（如包装加工要投入的包装材料、天然气的液化加工所需要的容器等）消耗所需要的费用，即流通加工费用。

（3）流通加工劳务费用

在流通加工过程中从事加工活动的管理人员、工人以及有关的人员工资、奖金等费用的总和，即流通加工劳务费用。应当说明，流通加工劳务费用的大小与加工的机械化程度和加工形式存在密切关系。一般来说，加工机械化程度越高，则劳务费用越低，反之则劳务费用越高。

（4）流通加工其他费用

除上述费用之外，在流通加工中耗用的电力、燃料、油料等费用，也应加到流通加工费用之中去。

二、仓储与配送成本控制

（一）仓储成本的控制

1. 仓储成本控制的原则

（1）政策性原则

① 处理好质量和成本的关系。不能因片面追求降低储存成本，而忽视存储货物的保管要求和保管质量。

② 处理好国家利益、企业利益和消费者利益关系。降低仓储成本从根本上说对国家、企业、消费者都是有利的，但是如果在仓储成本控制过程中，采用不适当的手段损害国家和消费者的利益，就是错误的，应予避免。

（2）全面性的原则。仓储成本涉及企业管理的方方面面，因此，控制仓储成本要全员、全过程和全方位控制。

（3）经济性原则

经济性原则主要强调，推行仓储成本控制而发生的成本费用支用，不应超过因缺少控制而丧失的收益，同销售、生产、财务活动一样，任何仓储管理工作都要讲求经济效益，为了建立某项严格的仓储成本控制制度，需要发生一定的人力或物力支出，但这种支出要控制在一定的范围之内，不应超过建立这项控制所能节约的成本。

经济性原则在很大程度上，使企业只在仓储活动的重要领域和环节上对关键的因素加以控制，而不是对所有成本项目都进行同样周密的控制。

经济性原则要求仓储成本控制要能起到降低成本、纠正偏差的作用，并具有实用、方便、易于操作的特点。经济性原则还要求管理活动遵循重要性原则，将注意力集于重要事项，对一些无关大局的成本项目可以忽略。

2. 降低仓储成本的措施

仓储成本管理是仓储企业管理的基础，对提高整体管理水平，提高经济效益有重大影响，但是由于仓储成本与物流成本中存在的其他构成要素，如运输成本、配送成本，以及服务质量和水平之间存在二律背反的现象。因此，降低仓储成本要在保证物流总成本最低和不降低企业的总体服务质量和目标水平的前提下进行，常见的措施如下。

（1）采用"先进先出"方式，减少仓储物的保管风险

"先进先出"是储存管理的准则之一，它能保证每个被储物的储存期不至于过长，减少仓储物的保管风险。

（2）提高储存密度，提高仓容利用率

这样做的主要目的是减少储存设施的投资，提高单位存储面积的利用率，以降低成本、减少土地占用。

（3）采用有效的储存定位系统，提高仓储作业效率

储存定位的含义是被储存物位置的确定。如果定位系统有效，能大大节约寻找、存放、取出的时间，节约不少物化劳动及活劳动，而且能防止差错，便于清点及实行订货点等的管理方式。储存定位系统可采取先进的计算机管理，也可采取一般人工管理。

（4）采用有效的监测清点方式，提高仓储作业的准确程度

对储存物资数量和质量的监测有利于掌握仓储的基本情况，也有利于科学控制库存。在实际工作中稍有差错，就会使账物不符，所以，必须及时且准确地掌握实际储存情况，经常与账卡核对，确保仓储物资的完好无损，这是人工管理或计算机管理时必不可少的。此外，经常的监测也是掌握被存物资数量状况的重要工作。

（5）加速周转，提高单位仓容产出

储存现代化的重要课题是将静态储存变为动态储存，周转速度一快，会带来一系列的好处：资金周转快、资本效益高、货损误差小、仓库吞吐能力增加、成本下降等。具体做法诸如采用单元集装存储，建立快速分拣系统，都有利于实现快进快出、大进大出。

（6）采取多种经营，盘活资产

仓储设施和设备的巨大投入，只有在充分利用的情况下才能获得收益，如果不能投入使用或者只是低效率使用，只会造成成本的加大。仓储企业应及时决策，采取出租、借用、出售等多种经营方式盘活这些资产，提高资产设备的利用率。

（7）加强劳动管理

工资是仓储成本的重要组成部分，劳动力的合理使用，是控制人员工作的基本原则。我国是具有劳动力优势的国家，工资较为低廉，较多使用劳动力是合理的选择。但是对劳

动进行有效管理,避免人浮于事、出工不出力或者效率低下,也是成本管理的重要方面。

(8)降低经营管理成本

经营管理成本是企业经营活动和管理活动的费用和成本支出,包括管理费、业务费、交易成本等。加强该类成本管理,减少不必要支出,也能实现成本降低。当然,经营管理成本费用的支出往往不能产生直接的收益和回报,但也不能完全取消,因而加强管理是很有必要的。

(二)配送成本的控制

1. 影响配送成本的因素

(1)与产品有关的因素

① 配送物的数量和重量。数量和重量增加虽然说会使配送作业量增大,但大批量的作业往往使配送效率提高。配送的数量和重量是委托人获得活动折扣的理由。

② 货物种类及作业过程。不同种类的货物配送难度不同,对配送作业的要求不同,承担的责任也不一样,因而对成本会产生较大幅度的影响。采用原包装配送的成本支出显然要比配装配送要低,因而不同的配送作业过程,直接影响到成本。

③ 外部成本。配送经营时或许要使用到配送企业以外的资源,比如当地的起吊设备租赁市场具有垄断性,则配送企业就需要租用起吊设备从而增加成本支出。若当地的路桥普遍收费且无管制,则必然使配送成本高居不下。

(2)与市场有关的因素

① 时间。配送时间持续的后果是占用了配送中心,耗用仓储中心的固定成本。而这种成本往往表现为机会成本,使得配送中心不能提供其他配送服务获得收入或者在其他配送服务上增加成本。

② 距离。距离是构成配送成本的主要内容。距离越远,也就意味着运输成本增高。同时造成运输设备增加,送货员工增加。

2. 配送成本的控制

配送成本的控制,应从以下四个方面进行。

(1)加强配送的计划性

在配送活动中,临时配送、紧急配送或无计划的随时配送都会大幅度增加配送成本。临时配送由于事先计划不善,未能考虑正确的装配方式和恰当的运输路线,到了临近配送截止时期时,不得不安排专车,单线进行配送,造成车辆不满载,里程多。

紧急配送往往只要求按时送货,来不及认真安排车辆配装及配送路线,从而造成载重和里程的浪费。而为了保持服务水平,又不能拒绝紧急配送。但是如果认真核查并有调剂准备的余地,紧急配送也可纳入计划。

随时配送对订货要求不作计划安排,有一笔送一次。这样虽然能保证服务质量,但是不能保证配装与路线的合理性，也会造成很大浪费。

为了加强配送的计划性，需要制定配送申报制度。所谓配送申报制度，就是零售商店订货申请制度。解决这个问题的基本原则是：在尽量减少零售店存货、尽量减少缺货损失的前提下，相对集中各零售店的订货。应针对商品的特性制定相应的配送申报制度。

（2）确定合理的配送路线

配送路线合理与否对配送速度、成本、效益影响很大，因此，采用科学方法确定合理的配送路线是配送的一项重要工作。确定配送路线可以采用各种数学方法和在数学方法基础上发展和演变出来的经验方法。无论采用何种方法都必须满足一定的约束条件。一般配送的约束条件有：

① 满足所有零售店对商品品种、规格、数量的要求；

② 满足零售店对货物到达时间范围的要求；

③ 在交通管理部门允许通行的时间内进行配送；

④ 各配送路线的商品量不超过车辆容积及载重量的限制；

⑤ 要在配送中心现有的运力允许的范围之内配送。

（3）进行合理的车辆配载

各分店的销售情况不同，订货也就不大一致，一次配送的货物可能有多个品种。这些商品不仅包装形态、出运性质不一，而且密度差别较大。密度大的商品往往达到了车辆的载重量，但体积空余很大；密度小的商品虽然达到车辆的最大体积，但达不到载重量。实行轻重配装，既能使车辆满载，又能充分利用车辆的有效体积，会大大降低运输费用。

（4）量力而行建立计算机管理系统

在物流作业中，分拣、配货要占全部劳动的60％，而且容易发生差错。如果在拣货、配货中运用计算机管理系统，应用条形码，就可使拣货快速、准确，配货简单、高效，从而提高生产效率，节省劳动力，降低物流成本。

3．降低配送成本的五种策略

（1）混合策略

混合策略是指配送业务一部分由企业自身完成。这种策略的基本思想是，尽管采用纯策略（即配送活动要么全部由企业自身完成，要么完全外包给第三方物流完成）易形成一定的规模经济，并使管理简化，但由于产品品种多变、规格不一、销量不等情况，采用纯策略的配送方式超出一定程度不仅不能取得规模效益，反而会造成规模不经济。而采用混合策略，合理安排企业自身完成的配送和外包给第三方物流完成的配送，能使配送成本最低。

（2）差异化策略

差异化策略的指导思想是：产品特征不同，顾客服务水平也不同。当企业拥有多种产品线时，不能对所有产品都按同一标准的顾客服务水平来配送，而应按产品的特点、销售水平,来设置不同的库存、不同的运输方式以及不同的储存地点,忽视产品的差异性会增加不必要的配送成本。

（3）合并策略

合并策略包含两个层次,一个是配送方法上的合并;另一个则是共同配送。

配送方法上的合并是指企业在安排车辆完成配送任务时,充分利用车辆的容积和载重量,做到满载满装,是降低成本的重要途径。由于产品品种繁多,不仅包装形态、储运性能不一,在容重方面,也往往相差甚远。一车上如果只装容重大的货物,往往是达到了载重量,但容积空余很多;只装容重小的货物则相反,看起来车装得满,实际上并未达到车辆载重量。这两种情况实际上都造成了浪费。实行合理的轻重配装,容积大小不同的货物搭配装车,就可以不但在载重方面达到满载,而且也充分利用车辆的有效容积,取得最优效果。最好是借助电脑计算货物配车的最优解。

共同配送是一种产权层次上的共享,也称集中协作配送。它是几个企业联合集小量为大量,共同利用同一配送设施的配送方式,其标准运作形式是:在中心机构的统一指挥和调度下,各配送主体以经营活动(或以资产为纽带)联合行动,在较大的地域内协调运作,共同对某一个或某几个客户提供系列化的配送服务。

这种配送有两种情况:第一种是中小生产、零售企业之间分工合作实行共同配送,即同一行业或在同一地区的中小型生产、零售企业在单独进行配送的运输量少、效率低的情况下进行联合配送,不仅可减少企业的配送费用,配送能力得到互补,而且有利于缓和城市交通拥挤,提高配送车辆的利用率;第二种是几个中小型配送中心之间的联合,针对某一地区的用户,由于各配送中心所配物资数量少、车辆利用率低等原因,几个配送中心将用户所需物资集中起来,共同配送。

（4）延迟策略

传统的配送计划安排中,大多数的库存是按照对未来市场需求的预测量设置的,这样就存在预测风险,当预测量与实际需求量不符时,就出现库存过多或过少的情况,从而增加配送成本。延迟策略的基本思想就是对产品的外观、形状及其生产、组装、配送应尽可能推迟到接到顾客订单后再确定。一旦接到订单就要快速反应,因此采用延迟策略的一个基本前提是信息传递要非常快。

实施延迟策略常采用两种方式:生产延迟(或称形成延迟)和物流延迟(或称时间延迟),而配送中往往存在着加工活动,所以实施配送延迟策略既可采用形成延迟方式,也可采用时间延迟方式。具体操作时,常常发生在诸如贴标签(形成延迟)、包装(形成延迟)、装配(形成延迟)和发送(时间延迟)等领域。

（5）标准化策略

标准化策略就是尽量减少因品种多变而导致附加配送成本,尽可能多地采用标准零部件、模块化产品。如服装制造商按统一规格生产服装,直到顾客购买时才按顾客的身材调整尺寸大小。

采用标准化策略要求厂家从产品设计开始就要站在消费者的立场去考虑怎样节省配送成本,而不要等到产品定型生产出来了才考虑采用什么技巧降低配送成本。

三、成本预测与决策

物流成本预测是指根据有关成本数据和企业具体发展情况,运用一定的科学方法,对未来成本水平及其变化趋势作出科学的估计。通过成本预测,掌握未来的成本水平及其变动趋势,有助于减少决策的盲目性,使经营管理者易于选择最优方案,作出正确决策。成本预测是成本管理的重要环节,实际工作中必须予以高度重视。成本预测的特点有以下几点:预测过程的科学性、预测结果的近似性、预测结论的可修正性。

(一)成本预测程序

(1)根据企业总体目标提出初步成本目标。

(2)初步预测在目前情况下成本可能达到的水平,找出达到成本目标的差距。其中初步预测,就是不考虑任何特殊的降低成本措施,按目前主客观条件的变化情况,预计未来时期成本可能达到的水平。

(3)考虑各种降低成本方案,预计实施各种方案后成本可能达到的水平。

(4)选取最优成本方案,预计实施后的成本水平,正式确定成本目标。

以上成本预测程序表示的只是单个成本预测过程,而要达到最终确定的正式成本目标,这种过程必须反复多次。也就是说,只有经过多次的预测、比较以及对初步成本目标的不断修改、完善,才能最终确定正式成本目标,并依据本目标组织实施成本管理。

(二)成本预测的方法

1. 定量预测法

定量预测法是根据比较完备的历史和现状统计资料,运用数学方法对资料进行科学的分析、处理,找出预测目标与其他因素的规律性联系,从而推算出未来的发展变化情况。

定量预测法可以分为两大类,一类是时间序列分析法,一类是因果关系分析法,这里主要介绍时间序列分析法。

时间序列是指同一经济现象或特征值按时间先后顺序排列而成的数列。时间序列分析法是运用数学方法找出数列的发展趋势或变化规律,并使其向外延伸,预测市场未来的变化趋势。时间序列分析法应用范围比较广泛,如对商品销售量的平均增长率的预测、季节性商品的供求预测、产品的生命周期预测等。

2. 趋势预测法

趋势预测分析法也称作时间数列预测分析法。所谓时间数列预测分析法就是指按时间顺序排列有关的历史成本资料,运用一定的数学模型和方法进行加工计算并预测的各类方法。这种方法之所以能够用来进行预测分析,是基于这种假设:即事物的发展具有一定的连贯性,一定的事物过去随时间而发展变化的趋势,也是今后该事务随时间而发展变化的趋势。

3. 定性预测法

定性预测法由熟悉情况和业务的专家根据过去的经验进行分析、判断,提出预测意见,或是通过实地调查的形式来了解成本耗用的实际情况,然后再通过一定的形式(如座谈会、函询调查征集意见等)进行综合,作为预测未来的主要依据。

定性预测法主要是在没有历史资料,或主客观条件有了很大的改变,不可能根据历史资料来推断的情况下应用。

4. 成本预测的高低点法

成本预测的高低点法是指根据企业一定期间产品成本的历史资料,按照成本习性原理和 $y=a+bx$ 直线方程式,选用最高业务量和最低业务量的总成本之差,同两种业务量之差进行对比,先求 b 的值,然后再代入原直线方程,求出 a 的值,从而估计推测成本发展趋势。这种方法简便易行,在企业的产品成本变动趋势比较稳定的情况下,较为适宜。

【例 7-1】 某工厂 1—6 月有关产量和成本的资料如表 7-2 所示,7 月预计产量为 2 900 件。

表 7-2　某工厂 1—6 月产量、成本表

月份	1	2	3	4	5	6	合计
产量(件)	2 250	2 400	2 500	2 400	2 600	2 850	15 000
成本(元)	12 500	13 300	14 500	13 600	14 600	15 500	84 000

则单位变动成本(b)=(155 00－12 500)/(2 850－2 250)=5(元)

固定成本总额(a)=15 500－5×2 850=1 250(元)

则成本方程为 $y=1\,250+5x$

则 7 月预计成本=1 250+5×2 900=15 750(元)

(三)物流成本决策

物流成本决策是在成本预测的基础上,结合其他有关资料,运用一定的科学方法,从若干个方案中选择一个满意的方案的过程。从整个物流过程来说,有配送中心新建、改建、扩建的决策;装卸搬运设备、设施添置的决策;流通加工合理下料的决策等。进行成本决策、确定目标成本是编制成本计划的前提,也是实现成本的事前控制,提高经济效益的重要途径。

1. 物流成本决策的基本程序

（1）确定决策目标。决策的目标要求要具体化、定量化，并且要有明确约束条件。

（2）提出备选方案。

（3）收集整理与备选方案相关的资料。

（4）通过定量分析对备选方案作出初步评价。

（5）考虑其他因素影响，确定最优方案。

2. 物流成本决策中应注意的问题

（1）应全面考虑物流各种成本因素。

（2）注意决策成本。

（3）站在综合物流的角度进行设计方案决策。

（4）注意决策相关和非相关成本的划分。

（5）尽量避免决策失误导致的沉没成本。

（6）考虑企业资源的机会成本。

任务实施

1. 工作准备。

（1）了解仓储成本的基本理论知识，对仓储成本控制策略深入学习。

（2）成立调查小组，了解该企业的库存情况，列出近一年的库存积压或短缺、需求量及订货提前期等情况。

（3）把相关资料进行汇总、整理，准备计算用的工具。

2. 根据实际调查结果对仓储成本进行计算。

3. 综合考虑企业发展趋势，采取相应的降低仓储成本的措施。

课堂实训

1. 工作目标

通过模拟真实的仓储成本分析，使学生认识仓储成本的构成，懂得仓储成本的计算，通过分析和计算仓储成本，能知道采取相应措施进行成本的控制。

2. 工作准备

（1）了解仓储成本的内容。

（2）准备相关的表格。

（3）将全班学生分成若干组。

（4）工作时间安排 2 学时。

3. 工作任务

国内某制造企业规模日益扩大,对仓储需求越来越迫切,打算建立一个专业仓库以满足自身的仓储需求,要求小组成员能对仓储成本做个预算,以供管理者决策。

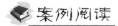 **案例阅读**

7-11 便利店配送系统的变革

7-11 的物流模式先后经历了三个阶段、三种方式的变革。起初,7-11 并没有自己的配送中心,它的货物配送是靠批发商来完成的。以日本 7-11 为例,早期日本 7-11 的供应商都有自己特定的批发商,而且每个批发商一般都只代理一家生产商,这个批发商就是联系信息流和资金流的通道。供应商把自己的产品交给批发商以后,对产品的销售就不再过问,所有的配送和销售都会由批发商来完成。对于 7-11 而言,批发商就相当于自己的配送中心,它所要做的就是把供应商生产的产品迅速有效地运送到 7-11 手中。为了自身的发展,批发商需要最大限度地扩大自己的经营,尽力向更多的便利店送货,并且要对整个配送和订货系统作出规划,以满足 7-11 的需要。

随着 7-11 便利店规模的不断扩大,这种分散化的由各个批发商分别送货的方式无法再满足 7-11 便利店的需要,7-11 开始和批发商及合作生产商构建统一的集约化的配送和进货系统,在这种系统之下,7-11 改变了以往由多家批发商分别向各个便利店送货的方式,改由一家在一定区域内的同类供应商,然后 7-11 统一配货,这种方式称为集约化配送。集约化配送有效地降低了批发商的数量,减少了配送环节,为 7-11 节约了物流费用。

配送中心的好处提醒了 7-11,与其让别人掌控自己的经脉,不如自己把自己的脉。7-11 的物流共同配送系统就这样浮出水面,共同配送中心代替了特定的批发商,分别在不同的区域统一进集货、统一配送。配送中心有一个电脑网络配送系统,分别与供应商及 7-11 店铺相连。为了保证不断货,配送中心一般会根据以往的经验保留 4 天左右的库存,同时,中心的电脑系统每天都会定期收到各个店铺发来的库存报告和要货报告,配送中心对这些报告集中分析,最后形成一张张向不同供应商发出的订单,由电脑网络传递给供应商,而供应商则会在预定的时间内向配送中心派送货物。

7-11 配送中心在收到所有货物后,对各个店铺所需的货物分别打包,等待发送。第二天一早,派送车就会从配送中心鱼贯而出,择路向自己配送区域内的 7-11 连锁店送货,整个过程就这样循环往复。

随着店铺的扩大和商品的增多,7-11 的物流配送越来越复杂,配送时间和配送种类的细分势在必行。以台湾地区的 7-11 为例,全省的物流配送就细分为出版物、常温食品、低温食品和鲜食品四个类别,各个区域的配送中心需要根据不同商品的特征和需求量,每天作出不同频率的配送,以确保食品的新鲜度,以此来吸引更多的顾客。新鲜、即时、便利和不缺货是7-11店铺最大的卖点。

资料来源:http://blog.sina.com.cn/s/blog_4c31b8c80100cgbt.html.

复习与思考

1. 仓储和配送成本都分别由哪些因素构成?其影响因素有哪些?
2. 成本预测可以分为哪几类?

第二节 仓储与配送绩效评估

学习目标

1. 了解物流绩效评估指标的选取;
2. 描述仓储生产绩效评估指标;
3. 描述配送绩效评估指标。

技能要求

1. 学会设计仓储绩效考核表格;
2. 学会设计配送绩效考核表格。

引导案例

年末某企业要对仓储部门进行考核,通过考核来检验今年的业绩情况,比如是否实现今年的目标?还存在哪些问题?从而可以改进企业存在的问题。这项任务公司安排小李去完成,要求设计考核的内容和标准,考核内容要全面,不仅对仓储部门的相关人员要考核,同时也要对仓储部门的绩效进行全面考核。那小李该如何做呢?

一、仓储与配送管理绩效评估指标的选取

绩效评估作为一项有效的管理工具,在物流领域中开始广泛应用。指标体系的确定是绩效评估的核心环节。物流与配送绩效评估指标的确立应以客户至上为理念,按内部绩效评估指标和外部绩效评估指标进行项目划分。有效的绩效衡量和控制,对物流环节中的仓储和配送是非常必要的。

关于物流绩效评估指标,学者提出的观点各不相同,各有侧重点,再加上评估对象的不同,指标体系的选取更是灵活多样。但是,理想的评估指标应满足以下几项基本原则:

能够反映企业自身的特点;能够反映顾客对其企业产品或服务的要求;具有代表性和全面性,与企业的发展目标和战略规划相一致等。

二、仓储管理绩效评估

仓储绩效评估是指在一定的经营期间内仓储企业利用指标对经营效益和经营业绩以及服务水平进行考核,以加强仓储管理工作,提高管理的业务和技术水平。

企业经营效益主要体现在盈利能力、资产运营水平、偿还债务能力和后续发展能力等方面。经营业绩主要通过经营者在经营管理企业的过程中对企业的经营和发展所作贡献反映出来。评估内容重点在盈利能力、资产运营水平、偿还债务能力、服务水平和后续发展能力方面;评估的主要依据是准确反映这些内容的各项定量及定性指标。将这些指标同全国甚至世界同行业、同规模的平均水平比较,从而获得一个公正、客观的评估结论。

(一)仓库生产绩效考核指标的制定应遵循的原则

1. 科学性原则

科学性原则要求所设计的指标体系能够客观、如实地反映仓储生产的所有环节和活动要素。

2. 可行性原则

可行性原则要求所设计的指标便于工作人员掌握和运用,数据容易获得,便于统计计算,便于分析比较。

3. 协调性原则

协调性原则要求各项指标之间相互联系和相互制约,但是不能相互矛盾和重复。

4. 可比较性原则

在对指标的分析过程中很重要的是对指标进行比较,如实际完成与计划相比、现在与过去相比、与同行相比等,所以可比性原则要求指标在期间、内容等方面要求一致,使指标具有可比性。

5. 稳定性原则

稳定性原则要求指标一旦确定,应在一定时期内保持相对稳定,不宜经常变动,频繁修改。在执行一段时间后,经过总结再进行改进和完善。

(二)仓储生产绩效考核指标的管理

在制定出仓储生产绩效考核指标之后,为了充分发挥指标在仓储管理中的作用,仓储部各级管理者和作业人员应进行指标的归口、分级和考核。

1. 实行指标的归口管理

指标制定的目标能否完成,与仓储企业每个员工的工作有直接联系,其中管理者对指标的重视程度和管理方法更为关键。将各项指标按仓储职能机构进行归口管理,分工负责,使每项指标从上到下层层有人负责,可以充分发挥各职能机构的积极作用,形成一个完整的指标管理系统。

2. 分解指标,落实到人

这一系列的仓储生产绩效考核指标需要分解,分级落实到仓库各个部门、各个班级,直至每个员工,使每级部门、每个班级、每个员工明确自己的责任和目标。

3. 开展指标分析,实施奖惩

定期进行指标执行情况的分析,是改善仓储部工作,提高仓储经济效益的重要手段。只有通过指标分析,找出差距,分析原因,才能对仓储部的生产经营活动作出全面的评估,从而促进仓储部工作水平不断提高。

（三）仓储生产绩效考核指标体系

仓储生产绩效考核指标体系是反映仓库生产成果及仓库经营状况各项指标的总和。指标的种类因仓储部在供应链中所处的位置或仓储企业经营性质的不同而有繁有简,有的企业或部门把指标分成六大类,即反映仓储生产成果数量的指标、反映仓储生产质量的指标、反映仓储生产物化劳动和活动的指标、反映仓储生产作业物化劳动占用的指标、反映仓储生产劳动效率的指标和反映仓储生产经济效益的指标。

1. 反映仓储生产成果数量的指标

反映仓储生产成果数量的指标主要是吞吐量、库存量、存货周期率、库存品种数。

（1）吞吐量

吞吐量是指计划期内仓库中转供应货物的总量,计量单位通常为"吨",计算公式:

$$吞吐量 = 入库量 + 出库量 + 直拨量$$

入库量是指经仓库验收入库的数量,不包括待技术验收、不具备验收条件、验收发现问题的数量;出库量是指按出库手续已经交给用户或承运单位的数量,不包括备货代发运的数量;直拨量是指企业在车站、码头、机场、供货单位等提货点办理完提货手续后,直接将货物从提货点分拨转运至客户的数量。

（2）库存量

库存量通常是指计划期内的日平均库存量。该指标同时也反映仓储平均库存水平和库存利用状况。其计量单位为"吨",计算公式为:

$$月平均库存 = \frac{月初库存量 + 月末库存量}{2}$$

$$年平均库存=\frac{各月平均库存量之和}{12}$$

库存量是指仓库内所有纳入仓库经济技术管理范围的全部本单位和代存单位的物品数量,不包括待处理、待验收的物品数量。月初库存量等于上月末库存量,月末库存量等于月初库存量加上本月入库量再减去本月出库量。

（3）存货周转率

库存量指标反映的是一组相对静止的库存状态,而存货周转率更能体现仓库空间的利用程度和流动资金的周转速度。从现代仓储经营的角度来看,仓库中物品的停留时间应越短越好。存货周转率的计算公式为:

$$存货周转率=(销售成本/存货平均余额)\times100\%$$

存货平均余额为年初数加年末数再除以2。

2. 反映仓储生产作业质量的指标

仓储生产质量是指物资经过仓库储存阶段,其使用价值满足社会生产的程度和仓储服务工作满足货主和用户需求的程度。由于库存货物的性质差别较大,货主所要求的物流服务内容也不尽相同,所以,各仓储或物流企业反映仓储生产作业质量的指标体系的繁简程度会有所不同。通常情况下,反映仓储质量的指标主要是,收发差错率(收发正确率)、业务赔偿费率、账实相符率、货物损耗率、缺货率等。

（1）收发差错率(收发正确率)

收发差错率是以收发货所发生差错的累计笔数占收发货物总笔数的百分比来计算,此项指标反映仓储部门收、发货的准确程度。计算公式如下:

$$收发差错率=(收发差错累计笔数/储存货物总笔数)\times100\%$$

$$收发正确率=1-收发差错率$$

收发差错包括因验收不严、责任心不强而造成的错收、错发,不包括丢失、被盗等因素造成的差错,这是仓储管理的重要质量指标。通常情况下,仓储部的收发货差错率应控制在0.5%的范围内。而对于一些单位价值高的物品或有特别意义的物品,客户将会要求仓储部的首发正确率保证是100%,否则将根据合同予以索赔。

（2）业务赔偿费率

业务赔偿率是以仓储部在计划期内发生的业务赔罚款占同期业务总收入的百分比来计算,此项指标反映仓储部门履行合同的质量。计算公式如下:

$$业务赔偿率=(业务赔罚款总额/业务总收入)\times100\%$$

业务赔偿款指在入库、保管、出库阶段,由于管理不严、措施不当造成库存物的损坏或丢失所支付的赔款和罚款,以及为延误时间等所支付的罚款,意外灾害造成的损失不计。业务总收入指计划期内仓储部门在入库、储存、出库阶段提供服务所收取的费用总和。

（3）物品损耗率

货物的损耗率是指保管期间,某种货物自然减量的数量占该种货物入库数量的百分比,此项指标反映仓储货物保管和维护的质量和水平。计算公式如下：

$$物品损耗率＝（货物损耗量/期内货物保管总量）×100\%$$
$$或物品损耗率＝（货物损耗额/货物保管总额）×100\%$$

货物损耗率指标主要用于易挥发、易流失、易破碎的货物,仓储部与货主根据货物的性质在仓储合同中规定一个相应的损耗上限。当实际损耗率高于合同中固定的损耗率时,说明仓储部管理不善,对于超限损失部分要给予赔付;反之,说明仓储部管理更有成效。

（4）账实相符率

账实相符率是指在进行货物盘点时,仓库保管的货物账面上的结存数与存实有数量的相互符合程度。在对库存货物进行盘点时,要求根据账目逐笔与实物进行核对。计算公式如下：

$$账实相符率＝（账实相符笔数/储存货物总笔数）×100\%$$

或

$$账实相符率＝（账实相符件数/期内储存总件数）×100\%$$

通过这项指标的考核,可以衡量仓库账面货物的真实程度,反映保管工作的完成质量和管理水平,是避免货物损失的重要手段。

（5）缺货率

缺货率反映仓库保证供应、满足客户需求的程度。计算公式如下：

$$缺货率＝（缺货次数/用户要求次数）×100\%$$

通过这项指标的考核,可以衡量仓储部进行库存分析的能力和组织及时补货的能力。

3. 反映仓储生产物化劳动和活劳动消耗的指标

反映仓储生产物化劳动和活劳动消耗的指标包括：材料、燃料和动力等库用物资消耗指标;平均验收时间、整车(零担)发运天数、作业量系数等工作时间的劳动消耗指标;进出库成本、仓储成本等综合反映人力、物力、财力消耗水平的成本指标等。

（1）库用物资消耗指标

储存作业的物资消耗指标即库用材料(如防锈油等)、燃料(如汽油和机油等)、动力(如耗电量)的消耗定额。

（2）平均验收时间

平均验收时间即每批货物的平均验收时间,计算公式如下：

$$平均验收时间＝（各批验收天数之和/验收总批数）（天/批）$$

每批货物验收天数是指从货物具备验收条件的第二天起,至验收完毕单据返回财务部门止的累计天数,当日验收完毕并退单的按半天计算。入库验收批数以一份入库单为一批计算。

（3）发运天数

仓库发运的形式主要分为整车、集装箱整箱发运和零担发运，所以发运天数的计算公式也就不同，计算公式分别为：

$$整车平均发运天数 = （各车发运天数之和/发运车总数）（天/车）$$

整车（箱）发运天数是从出库调单到库第二日起，到向承运单位点交完毕止的累计天数，在库内专用线发运的物品，是从调单到库第二日起，至车皮挂走止的累计天数。

$$零担平均发运天数 = （各批零担发运天数之和/零担发运总批数）（天/批）$$

发运天数指标不仅可以反映出仓库在组织出库作业时的管理水平，而且可以反映出当期的交通运输状况。

（4）作业量系数

作业量系数反映仓库实际发生作业与任务之间的关系，计算公式为：

$$作业量系数 = 装卸作业总量/进出库货物数量$$

作业量系数为1是最理想的，表明仓库装卸作业组织合理。

（5）单位进出库成本和单位仓储成本

单位进出库成本和仓储成本综合反映仓库物化劳动和活劳动的消耗。

$$单位进出库成本 = （进出库费用/进出库物资量）（元/吨）$$

$$单位仓储成本 = （储存费用/各月平均库存量之和）（元/吨）$$

4. 反映仓储生产作业物化劳动占用的指标

反映储存生产作业物化劳动占用的指标主要有：仓库面积利用率、仓容利用率、设备利用率等。

（1）仓库面积利用率

仓库面积利用率的计算公式为：

$$仓库面积利用率 = （库房货棚货场占地面积之和/仓库总占地面积）\times 100\%$$

（2）仓容利用率

仓容利用率的计算公式为：

$$仓容利用率 = （仓库平均库存量/最大库容量）\times 100\%$$

（3）设备利用率

设备利用率的计算公式为：

$$设备利用率 = （设备作业总台时/设备应作业总台时）\times 100\%$$

设备作业总台时指各台设备每次作业时数的总和，设备应作业总台时指各台设备应作业时数的总和。计算设备利用率的设备必须是在用的完好设备。

5. 反映仓储生产劳动效率的指标

反映仓储生产劳动效率的指标主要是全员劳动生产率。全员劳动生产率可以用平均每人每天完成的出入库货物量来表示。计算公式如下：

全员劳动生产率(吨/工日)＝全年货物出入库总量(吨)/全员年工日总数(工日数)

6. 反映仓储生产经济效益的指标

反映仓储生产经济效益的指标主要有人均利税率等。

仓储生产绩效考核指标的运用会由于各个仓储企业或仓储部门服务对象的不同而使管理的重点产生较大的差异。

(四)仓储生产绩效考核指标分析的方法

现代仓储企业的各项考核指标是从不同角度反映某一方面的情况,如果仅凭某一项指标很难反映事物的总体情况,也不容易发现问题,更难找到产生问题的原因。因此,要全面、准确地认识仓储企业的现状和规律,把握其发展的趋势,必须对各个指标进行系统而周密的分析,以便发现问题,并透过现象认识内在的规律,采取相应的措施,使仓储企业各项工作水平得到提高,从而提高企业的经济效益。

通过对各项指标的分析,能够全面了解仓储企业各项业务工作的完成情况和取得的绩效,发现存在的问题及薄弱环节,可以全面了解仓储企业设施设备的利用程度和潜力,可以掌握客户对仓储企业的满意程度及服务水平,可以认识仓储企业的运营能力和运营质量及运营效率,从而不断改进各项业务工作,找出规律,为仓储企业的发展规划提供依据。其分析的方法主要有以下几种:

1. 对比分析法

对比分析法是将两个或两个以上有内在联系的、可比的指标(或数量)进行对比,从对比中寻求差距,查原因。对比分析法是指标分析法中使用最普遍、最简单和最有效的方法。运用对比分析法对指标进行对比分析时,一般都应首先选定对比标志来衡量指标的完成程度。根据分析问题的需要,主要有以下几种对比方法:

(1)计划完成情况的对比分析

计划完成情况的对比分析是将同类指标的实际完成数或预计完成数与计划进行对比分析,从而反映计划完成的绝对数和程度,分析计划完成或未完成的具体原因,肯定成绩,总结经验,找出差距,提出措施。

(2)纵向动态对比分析

纵向动态对比分析是将仓储的同类有关指标在不同时间上对比,如本期与基期(或上期)比、与历史平均水平比、与历史最高水平比等。这种对比反映事物的发展方向和速度,说明当前状态的纵向动态,表明是增长或是降低,然后进一步分析产生这一结果的原因,提出改进措施。

（3）横向类比分析

横向类比分析是将仓储的同一时期相同类型有关指标在不同空间条件下对比分析。类比单位的选择一般是同类企业中的先进企业，它可以是国内的，也可以是国外的。通过横向对比，能够找出差距，采取措施，赶超先进。

（4）结构对比分析

结构对比分析是将总体分为不同性质的各部分，然后以部分数值与总体数值之比来反映事物内部构成的情况，一般用百分数表示。例如，在货物保管损失中，我们可以计算分析因保管不善造成的霉变残损、丢失短少、不按规则验收、错收错付而发生的损失等各占的比例为多少。

应用对比分析法进行对比分析时，需要注意以下几点：

首先，要注意所对比的指标或现象之间的可比性。在进行纵向对比时，主要考虑指标所包括的范围、内容、计算方法、计量单位、所属时间等是否相互适应、彼此协调；在进行横向对比时，要注意对比的单位之间必须是经济职能或经济活动性质，经营规模基本相同，否则就缺乏可比性。

其次，要结合使用各种对比分析方法。每个对比指标只能从一个侧面来反映情况，只作单项指标的对比，会出现片面有时甚至是误导性的分析结果。把有联系的对比指标结合运用，有利于全面、深入地研究分析问题。

另外，还需要正确选择对比的基数。对比基数的选择，应根据不同的分析和目的进行，一般应选择具有代表性的基数。如在进行指标的纵向动态对比分析时，应选择企业发展比较稳定的年份作为基数，这样的对比分析才更具有现实意义，否则与过高或过低的年份作比较，都达不到预期的目的和效果。

2. 因素分析法

因素分析法是用来分析影响指标变化的各个因素以及它们对指标各自的影响程度。因素分析法的基本做法是，假定在影响指标变化的诸因素之中，在分析某一因素变动对总指标变动的影响时，只有这一个因素在变动，而其余因素都必须是同度量因素（固定因素），然后逐个进行替代某一项因素单独变化，从而得到每项因素对该指标的影响程度。

在采用因素分析法时，应注意各因素按合理的顺序排序，并注意前后因素按合乎逻辑的衔接原则处理。如果顺序改变，各因素变动影响程度之积（或之和）虽仍等于总指标的变动数，但各因素的影响值就会发生改变，得出不同的答案。

3. 平衡分析法

平衡分析法是利用各项具有平衡关系的经济指标之间的依存情况，来测定各项指标对经济指标变动的影响程度的一种分析方法。

4. 帕累托图法（ABC 分析法）

帕累托图法是基于 19 世纪经济学家维尔弗雷多·帕累托的工作而形成的。帕累托图法虽然简单，却能找到问题及其解决的途径，仓储部也可以通过这种方法分析影响仓库服务质量或作业效率等方面的主要原因。

5. 工序图法

工序图法是一种通过一件产品或服务的形成过程来帮助理解工序的分析方法，用工序流程图标示出各步骤以及各步骤之间的关系。

仓储部可以在指标对比分析的基础上，运用这种方法进行整个仓储流程或某个作业环节的分析，将其中主要问题分离出来，并进行进一步分析。例如经过对比分析发现货物验收时间出现增加的情况，那么就可以运用工序图法，对验收流程"验收准备→核对凭证→实物检验→入库堆码→上架登账"进行分析，以确定导致验收时间增加的主要问题出现在哪一个环节上，然后采取相应的措施。

6. 因果分析图法

因果分析图法也叫石川图（Ishikawa diagram）或鱼刺图（fish-bone chart），每根鱼刺代表一个可能的差错原因，一张鱼刺图可以反映企业或仓储部质量管理中的所有问题。因果分析图可以从物料（material）、机械设备（machinery）、人员（manpower）和方法（methods）四个方面进行，这 4 个"M"即为原因。

4M 为分析提供了一个良好的框架，当系统地将此方法深入进行下去时，很容易找到可能的质量问题并设立相对的检验点进行重点管理。如一些客户对服务的满意度下降，仓储部可以在以上 4 个方面分析原因，以便改进服务质量。

三、配送管理绩效评估

对配送进行绩效评估是配送管理的重要组成部分，也是改进配送服务的必要手段，及时、准确的绩效评估对配送工作经验总结、继续发展起着非常重要的作用。下面我们把绩效评估的表格列举如下，以供配送企业或企业的配送部门参考。

（一）配送服务质量的评估及评分标准

1. 配送前的评估指标

（1）组织结构的完整性，即是否有客户服务部。

（2）可联系性，即客户是否能随时联系到配送部门。

2. 配送中的评估指标

配送中的评估指标见表 7-3。

表 7-3　配送服务中的评估指标

序号	指标名称	指标定义	达标客户数	指标计算结果	指标加权值	备注
1	集货延误率	未按照合同约定时间到达指定集货地点				
2	配送延误率	未按照合同约定时间到达指定配送地点				
3	货物破损率	在集货、城间配送、市内配送及仓库管理中总的货物破损率				
4	在途货物破损率	在集货、城间配送、市内配送中总的破损率，以票数计				
5	货物差错率	在发货过程中，发错、少发及送错的货物占总货物的比率				
6	货物丢失率	在配送过程中货物丢失的比率				
7	签收率	城间配送、市内配送单据签收的比率				
8	签收单返回率	城间配送、市内配送签收单的返回比率				
9	信息准确率	各个部门为使指标能够准确地反映客观事实，要求信息准确、完整				
10	城间配送稳定性	根据延误率、货损率、货差率等指标汇总，考评某一条线路在一定时间内的稳定性				

3. 配送后的评估指标

配送后的评估指标见表 7-4。

表 7-4　配送服务后的评估指标

序号	指标名称	指标定义	达标客户数	指标计算结果	指标加权值	备注
1	通知及时率	到货信息、货损信息、延误信息、及时通知客户率				
2	投诉预警率	在物流各环节，发生问题前给客户满意答复比率				
3	客户满意度	客户及收货方对配送公司整体满意的比率				
4	索赔赔偿率	客户得到索赔的比率				

（二）配送质量的评估指标

对于配送活动的绩效量化指标可以归纳如下。

1. 商品配送量
以实物件为计量单位：
$$商品配送量（吨）＝[商品件数×每件商品的毛量（公斤）]÷1\,000$$
以金额为计量单位：
$$商品配送量（吨）＝配送商品的总金额÷该类商品每吨的平均金额$$

2. 运费损失
按照配送收入计算：
$$损失率＝经济损失之和÷配送业务收入$$
按照商品价值计算：
$$损失率＝经济损失之和÷发送抵达商品的总价值$$

3. 配送费用水平
$$配送费用水平＝配送费用总额÷商品纯销售总额$$

4. 配送费用效益
$$配送费用效益＝经营盈利额÷配送费用支出额$$

5. 货损货差率
$$货损货差率＝货损货差票数÷办理商品发送抵达总票数$$

6. 配送质量评估指标
$$准时配送率＝报告期内准时运送次数÷报告期内配送总次数$$
$$车船满载率＝车船实际装载率÷车船实际装载能力$$

（三）车辆绩效评估指标

1. 车辆绩效评估项目的基本数据资料
基本数据资料有①行车里程（实际行驶里程，空载行驶里程）；②行车时间（实际行驶时间，空载行驶时间）；③装载量（重量，体积）；④车辆配置（载重量，车辆数，出勤比例）；⑤耗油量；⑥工作天数；⑦肇事车辆数，货物故障件数；⑧营运状况（成本，利润）。

2. 评估指标
评估指标见表7-5。

表 7-5　车辆运行质量评估指标

序号	指标名称	指标定义	指标计算结果	备注
1	车辆周转率			
2	车辆实际行驶里程率			
3	车辆装载比率			
4	车辆耗油率			
5	月油效率			
6	轮胎耗用率			
7	人员贡献率			
8	平均车次收入			
9	车辆平均每公里收入			

任务实施

1. 工作准备。

(1) 了解仓储与配送管理绩效的内容。

(2) 成立调查小组,了解该企业的仓储部门指标完成情况。

(3) 准备设计相关表格。

2. 根据实际调查结果对仓储绩效指标进行计算。

3. 结合绩效评估指标,对仓储部门工作情况进行评价。

课堂实训

1. 工作目标

通过案例模拟,使学生认识仓储绩效管理的内容和设计,懂得仓储绩效相关内容的管理和考核。

2. 工作准备

(1) 了解仓储绩效管理的内容。

(2) 准备设计相关的表格。

(3) 将全班学生分成若干组。

(4) 工作时间安排 2 学时。

3. 工作任务

目前一个保税区内的3PL公司有一个20人的仓储团队,20人团队中包括组长1名,副组长1名,单证员3名,其余人员不分岗位,日常工作内容为:收货、清点、上架、取货、核对、盘点、贴标签、装车等。目前,如果每个月有1万元钱要分给这20人,那么通过什么方法考核他们的工作,可以比较公正公平地将工资分给他们? 然后每年年末,又能通过什么考核制度,决定他们的升职、加薪?

案例阅读

京东商城的物流模式

京东快递于2007年开始建设自有物流体系,2009年斥巨资成立物流公司,建立覆盖全国的物流配送体系。近几年,京东商城先后在北京、上海、广州、成都、武汉、沈阳建立六大物流中心,并在个别城市建立二级库房。

2010年建立的"华东物流仓储中心",现如今已承担京东商城一半以上的物流配送任务,成为京东商城目前最大的仓储中心。随着物流市场的不断壮大,京东商城应运推出"211限时达"的物流配送服务,使物流配送更加高效。京东快递的物流配送服务分为四种模式:

1. FBP 模式

FBP配送模式是一种全托管式的物流配送模式。商家与京东商城确定合作后,商家在京东商城上传店铺信息和标价并进行备货,京东商城在消费者产生订单后从仓库进行调货、打印发票,同时进行货物的配送,京东结束交易后与商家进行结算。京东商城根据消费者订单进行货物配送和开具发票,商家查看库存信息及时进行补货,从而在配送过程中减少货物运输的成本,减少物流配送成本。由于商家提前进行备货,京东商城能够第一时间进行货物配送,缩短配送时间,做到京东提出的"211限时达"服务。

2. LBP 模式

LBP配送模式是一种无须提前备货的配送模式。商家与京东商城确定合作后,商家无须备货,只需在12小时内对订单进行包装和发货,36小时内到达京东配送中心,由京东进行货物的配送和发票的开具。京东商城与商家合作时,只提供配送和客服两项服务,减轻了京东库存压力。运用LBP模式的优势在于,产生订单后,商家能够第一时间进行配货,发货相对方便。但是货物在配送时需经过京东仓库,所以运输速度有所延长,配送周期有所延长。同时,加大商家的配送运输成本,降低京东的配送效率。

3. SOPL 模式

SOPL配送模式与LBP配送体系相似,在配送过程中无须提前备货,直接从商家库房发货。商家与京东商城确定合作后,商家无须备货,只需在 12 小时内对订单进行包装和发货,36 小时内到达京东配送中心,由京东进行货物的配送。与 LBP 模式不同的是,SOPL 模式的发票开具环节是由商家完成的,京东在整个物流过程中只发挥仅有的配送服务,其他的工作都由商家自己完成。SOPL 模式的运用,一定程度上减轻了京东仓储的压力,减少了物流配货过程中的配货成本。与 LBP 模式相同,订单的生成和发货从商家开始,会影响货物的发货速度和运输时间,降低配送效率,导致客户满意度下降。

4. SOP 配送模式

SOP 配送模式是一种直接由商家发货的物流配送模式,京东在物流过程中不起任何作用。商家与京东商城合作,京东商城只提供可操作的后台,物流配送的工作以及后期服务全部由商家自己完成。京东商城只要求商家在订单产生后 12 小时内进行配货发送。SOP 模式的整个物流配送过程都由商家独自完成,大大降低了京东商城的物流配送压力,减少了配送支出和运输成本,减轻了京东的库存压力。SOP 模式的优势在于商家已有成型的团队同时操作京东平台。

资料来源:http://www.chinawuliu.com.cn/xsyj/201608/18/314479.shtml.

复习与思考

1. 简述仓储生产绩效考核指标制定应遵循的原则。
2. 简述应用对比分析法需要注意的内容。

本章小结

本章阐述了仓储成本构成、仓储成本的控制策略、仓储与配送生产绩效评估指标等内容。其中重点对仓储成本控制策略的选取、仓储绩效评估指标的应用进行了讲解,以培养学生仓储与配送成本控制与绩效管理能力。

参考文献

一、相关图书

1. 赵启兰.库存管理[M].北京：高等教育出版社,2005.

2. 朱新民.物流仓储[M].北京：清华大学出版社,2007.

3. 陆佳平.包装标准化和质量法规[M].北京：印刷工业出版社,2007.

4. 王登清.仓储与配送管理实务[M].北京：北京大学出版社,2009.

5. 高洁.第三方物流项目管理[M].上海：上海交通大学出版社,2009.

6. 彭扬.信息技术与物流管理[M].北京：中国物资出版社,2009.

7. 李静.配送作业的组织与实施[M].北京：北京理工大学出版社,2010.

8. 吉亮.仓储与配送管理[M].北京：北京大学出版社,2010.

9. 李作聚.回收物流实务[M].北京：清华大学出版社,2011.

10. 杨益华,许洪岩.配送管理实务[M].长沙：中南大学出版社.2012.

11. 中国仓储协会.中国仓储行业发展报告2012[M].北京：中国财富出版社,2012.

12. 程晓华.制造业库存控制技巧[M].北京：中国财富出版社,2013.

13. 张旭凤.库存管理[M].北京：北京大学出版社,2013.

14. 邵祥东.仓储与配送实务[M].北京：北京理工大学出版社,2013.

15. 翁心刚.物流管理基础[M].北京：中国财富出版社,2013.

16. 申纲领.物流案例与实训[M].北京：北京大学出版社,2014.

17. 王远炼.库存管理精益实战手册[M].北京：人民邮电出版社,2015.

18. 何庆斌.仓储与配送管理[M].上海：复旦大学出版社,2015.

19. 赵小柠.仓储管理[M].北京：北京大学出版社,2015.

20. 冷韶华,吴国华.物流案例与实务[M].北京：清华大学出版社,2015.

21. 田源.仓储管理[M].北京：机械工业出版社,2015.

22. 沈默.现代物流案例分析[M].南京：东南大学出版社,2015.

23. 陈胜利,李楠.仓储管理与库存控制[M].北京：经济科学出版社,2015.

24. 孙家庆.仓储与配送管理[M].北京：中国人民大学出版社,2016.

25. 中国物流与采购联合会,中国物流学会.中国物流发展报告(2015-2016版)[M].北京：中国财富出版社,2016.

26. 人力资源和社会保障部教材办公室.仓储管理员[M].北京：中国劳动社会保障出版社,2016.

二、推荐网站

1. 中华人民共和国交通运输部网：http://www.moc.gov.cn.

2. 中华人民共和国商务部网站：http://www.mofcom.gov.cn.

3. 中华人民共和国国家邮政局：http://www.spb.gov.cn.

4. 中国交通运输信息中心：http://www.365tt.com.

5. 中国物流与采购网：http://www.cflp.org.cn.

6. 中国仓储协会：http：//www.caws.org.cn.

7. 中国物流产业网：http：//www.xd56b.com.

8. 北京物流公共信息平台：http：//www.56beijing.org.

9. 《物流技术与应用》杂志：http：//www.edit56.com.

10. 《现代物流》杂志：http：//www.materialflow.com.cn.